Katharina Heyden/Martin Sallmann

Quellen auslegen

Konzepte und Methoden der Historischen Theologie

THEOLOGIE KOMPAKT

Katharina Heyden/
Martin Sallmann

Quellen auslegen

Konzepte und Methoden
der Historischen Theologie

wbg Academic

Die Deutsche Nationalbibliothek verzeichnet diese Publikation in der Deutschen Nationalbibliografie; detaillierte bibliografische Daten sind im Internet über www.dnb.de abrufbar.

wbg Academic ist ein Imprint der wbg.

Die Herausgabe des Werkes wurde durch die Vereinsmitglieder der WBG ermöglicht.
Satz: Lichtsatz Michael Glaese, Hemsbach
Einbandabbildung: Libellus: P. Mich. inv. 263; Recto. University of Michigan Library Digital Collections (siehe S. 112) sowie Martin Seger, Göttliche müly, hg. v. Hans Füssli, Zürich: Christoph Froschauer d. Ä., 1521. Zentralbibliothek Zürich, Sig. Zwingli 106: a.1 (siehe S. 173).
Einbandgestaltung: SchreiberVIS, Seeheim-Jugenheim
Gedruckt auf säurefreiem und alterungsbeständigem Papier
Printed in Germany

Besuchen Sie uns im Internet: www.wbg-wissenverbindet.de

ISBN: 978-3-534-27816-9

Elektronisch ist folgende Ausgabe erhältlich:
eBook (PDF): 978-3-534-27817-6

Inhaltsverzeichnis

Vorwort 9

Einführung 11

Erster Teil: Zugänge zur Historischen Theologie 17

I. Was ist „Historische Theologie"? 17

II. Das Fach innerhalb der Theologie 20

III. Ein dreifaches Spannungsfeld 24

IV. Das Ziel: Intersubjektive Plausibilität 29

V. Zwei Grundkompetenzen: Perspektivenwechsel und Kontextsensibilität 31

Zweiter Teil: Suchen, Finden, Fragen 33

I. Heuristik - die Kunst des Findens 33

II. Was sind historische Quellen und wie finde ich sie? 34

II.1 Relikte und Quellen 34

II.2 Handschriftensammlungen, Archive und Museen 37

III. Was ist eine plausible historische Frage und wie finde ich sie? 43

III.1 Das Erkenntnisinteresse: Ereignisse, Strukturen, Vorstellungen, Ideen 44

III.2 Fragetraditionen, Paradigmenwechsel, Forschungsansätze 46

III.3 Das „Vetorecht der Quellen" 47

III.4 Zwei Ausgangssituationen historischen Forschens 48

III.5 Kriterien für eine plausible historische Fragestellung 50

Anwendungsbeispiel: Die „Zehn Berner Thesen" zur Reformation von 1528 51

IV. Was ist Forschungsliteratur und wie finde ich sie? 53

V. Die gezielte Auswahl von Quellen, Fragestellung und Forschungsliteratur 56

VI. Heuristik im digitalen Zeitalter: Recherchieren im Internet 58

Dritter Teil: Lesen, Untersuchen und Ausdeuten von Textquellen ... 62

I. Drei Weisen, einen Text zu lesen ... 62
I.1 „gemäß der Intention" ... 62
I.2 „zwischen den Zeilen" ... 63
I.3 „gegen den Strich" ... 64
Anwendungsbeispiel: Die „*Traditio Apostolica*" 16 dreifach gelesen ... 66

II. Das Umfeld der Textquelle ... 70
II.1 Autorschaft und Authentizität ... 70
Anwendungsbeispiel: Die (Pseudo-)Isidorischen Dekretalen ... 78
II.2 Zeit und Ort der Entstehung ... 83
Anwendungsbeispiel: Die „Schleitheimer Artikel" ... 90

III. Die äußere Gestalt des Textes ... 93
III.1 Die Textgestalt als Produkt der Überlieferung ... 94
III.2 Zufall und Steuerung in der Überlieferung ... 96
III.3 Der (ursprüngliche) Text ... 98
Anwendungsbeispiel: Die „*Confessiones*" des Augustinus ... 100
III.4 Überarbeitungen und Redaktionen ... 105
Anwendungsbeispiel: Die Redaktionen der Kreuzzugschronik des Frutolf von Bamberg ... 107
III.5 Gattung und Form ... 110
Anwendungsbeispiel: Opferbescheinigung *(libellus)* für Aurelia Bellias ... 111
Anwendungsbeispiel: Martin Luther, „Von guten Werken" ... 119

IV. Die innere Ausgestaltung des Textes ... 122
IV.1 Syntaktik: Die Struktur des Textes ... 126
Anwendungsbeispiel: Die „*Pia desideria*" von Philipp Jakob Spener ... 131
IV.2 Stil und Rhetorik: Die Redekunst im Text ... 133
Anwendungsbeispiel: Huldrych Zwingli an König Franz I. von Frankreich ... 138
IV.3 Semantik: Die Zeichenwelt des Textes ... 140
Anwendungsbeispiel: Mechthild von Magdeburg, „Das Fließende Licht der Gottheit" ... 141
IV.4 Traditionen: Der Text als Netzwerk ... 144
Anwendungsbeispiel: Bibel und Kirchenväter in der „*Confessio Augustana*" ... 149
IV.5 Pragmatik: Der Text als Sprechakt ... 153

V. Wirkungen eines Textes ... 155
V.1 Beabsichtigte Wirkungen ... 155
V.2 Tatsächliche Wirkungen ... 157
Anwendungsbeispiel: Der Streit um das Apostolikum ... 161

VI. Quellenvergleich ... 164

Vierter Teil: Betrachten, Untersuchen und Ausdeuten von Bildquellen ... 165

I. Bilder als Quellen ... 165

II. Die ikonographisch-ikonologische Methode nach Erwin Panofsky ... 167

III. Die Cluster-Analyse ... 172

IV. Synthese: Bildinterpretation in drei Schritten ... 180
IV.1 Betrachten und Beschreiben ... 180
IV.2 Untersuchen und Analysieren ... 181
IV.3 Ausdeuten und Einordnen ... 183
Anwendungsbeispiel: Die Dreifaltigkeitsikone von Andrej Rubljov ... 184

Fünfter Teil: Verstehen, Einordnen und Bewerten historischer Quellen ... 190

I. Historisch-theologische Urteile ... 190

II. Historisch-theologische Potentiale ... 192

Beigaben: Arbeitsmaterialien ... 195

I. Übersicht über die Methoden der Historischen Theologie ... 195

II. Wegleitung für das Erstellen einer schriftlichen Arbeit ... 201

III. Exposé für eine schriftliche Forschungsarbeit ... 202

IV. Grundlegende Literatur ... 203

Personenregister ... 207

Vorwort

Quellen auslegen – das ist das Hauptgeschäft aller Historiker:innen. Dieses Buch möchte in die Praxis des Umgangs mit historischen Quellen im Rahmen der Theologie einführen und zugleich zum Nachdenken über die heutigen Voraussetzungen historisch-theologischer Arbeit mit Quellen anregen. Es verbindet daher die praxisorientierte Einführung in die Methodik historischer Forschung mit Hinweisen auf die größeren philosophischen, kultur- und literaturwissenschaftlichen Diskurse der vergangenen Jahrzehnte. Wir verwenden für dieses Anliegen das Bild einer „Denkwerkstatt mit Werkzeugkiste". Dass die hochkomplexen Diskurse stark verkürzt, oft nur fragmentarisch ausgeführt sind, ist uns bewusst. Aber wir wollten deutlich machen oder zumindest andeuten, dass wissenschaftliche Methodik selbst dem historischen Wandel unterliegt und dass sie nicht unkritisch übernommen werden kann, sondern kreativ und kontextsensibel weiterentwickelt werden muss.

Konzipiert und geschrieben ist das Buch für alle, die sich die historisch-theologische Methodik aneignen und sie kritisch-konstruktiv reflektieren möchten, sei es in der gemeinsamen Erarbeitung der Methodik im Proseminar oder im Selbststudium, sei es als Begleitung späterer Forschungsarbeiten für Qualifikationsarbeiten von der Seminararbeit bis zur Dissertation. Je nach Kontext und individuellem Interesse kann das Buch vollständig oder nur in Auszügen gelesen werden. In der Einleitung geben wir Hinweise zum Gebrauch. Wir danken dem Forschungskolloquium des Instituts für Historische Theologie der Universität Bern sowie den Proseminaren 2019 bis 2021 und namentlich Dr. Maria Lissek als Dozentin für kritische Rückmeldungen zum Manuskript.

Als wir anfingen, über das Buch nachzudenken, waren mit den Werken von Christoph Markschies (1995) und Uwe Kühneweg (2000) zwei Methodenbücher für Kirchengeschichte in Gebrauch und seit über 20 Jahren keine neuen geschrieben worden. Nun erscheinen gleich zwei kurz hintereinander. Die Zeit war offenbar reif dafür. Während wir das Manuskript für das vorliegende Buch fertigstellten, erschien die „Methodik der Kirchengeschichte" von Tobias Jammerthal, David Burkhart Janssen, Jonathan Reinert und Susanne Schuster bei Mohr Siebeck in Tübingen. Wir sehen in dieser Vielfalt eine Bereicherung und die Möglichkeit, verschiedene Ansätze zu vergleichen und miteinander ins Gespräch zu bringen. Welchen spezifischen Beitrag leistet das vorliegende Buch?

Die erste Besonderheit deutet sich bereits im Titel an. „Historische Theologie" – und nicht, wie im deutschen Sprachraum üblich: Kirchengeschichte – ist die Fachbezeichnung, die seit den 1990er-Jahren auch unserem Institut in Bern den Namen gibt. Hinter dem Buch stehen zahlreiche Reflexionen und fortwährende Gespräche darüber, was unsere Vorfahren mit dieser Bezeichnung nahelegen wollten. Wir versuchen unsere Antworten zu geben – in der Hoffnung, dass sie den Leser:innen Denkanstöße zu eigenen Zugängen zum Fach vermitteln können. Die hier vorgestellte fachliche Methodik ist aber unabhängig davon, ob das Fach als „Kirchengeschichte", „Geschichte des Christentums" oder „Historische Theologie" bezeichnet wird. Die zweite, damit zusammenhängende Besonderheit haben wir schon genannt: Sie liegt in der Verbindung von praktischer Einführung und theoretischer Reflexion. Eine dritte Besonderheit besteht darin, dass dieses Buch von einer Fachvertreterin für die Ältere – Antike und Mittelalter umfassende – und einem Fachvertreter für die Neuere (von der Frühen Neuzeit bis in die Gegenwart sich erstreckende) Geschichte des Christentums gemeinsam geschrieben wurde. Wir hoffen, damit allen Epochen der christlichen Geschichte und ihren Anforderungen an eine sachgerechte Methodik gerecht zu werden. Die ausführlichen Anwendungsbeispiele decken alle Epochen ab und berücksichtigen auch den Entstehungskontext des Buches in der Schweiz. An einigen Stellen weisen wir auf epochenspezifische Unterschiede im Blick auf Fragestellungen, Quellenbestände und Methoden hin. Schließlich besteht eine vierte Besonderheit darin, dass wir unter „Quellen" nicht allein Texte verstehen, sondern auch Bilder einbeziehen. Soweit uns bekannt ist, bieten wir zum ersten Mal einen Ansatz für eine eigene Methodik zur Analyse und Interpretation von ikonographischen Quellen im Rahmen Historischer Theologie bzw. der Kirchengeschichte. Damit möchten wir der enormen Bedeutung Rechnung tragen, die Bilder in der Geschichte des Christentums hatten und haben.

Auch Sprache ist historischem Wandel unterworfen. Wir haben uns bemüht, eine inklusive Sprache zu finden, die zugleich gendersensibel und gut lesbar ist. Bei Pluralformen verwenden wir einen Doppelpunkt, der anzeigen soll, dass sämtliche Geschlechter gemeint sind. Im Singular haben wir uns für einen Wechsel zwischen weiblichen und männlichen Formen entschieden, wobei die konkrete Wahl zufällig ist und exemplarisch verstanden werden soll. In der Beschreibung historischer Ereignisse und Personen haben wir dasjenige Genus benutzt, das dem Selbstverständnis der jeweiligen Personen nach heutigem Kenntnisstand am ehesten entspricht. Wir hoffen, dass dieser Kompromiss sich bei der Benutzung des Buches bewährt. Auch in dieser Hinsicht verdanken wir den Mitarbeiter:innen am Institut für Historische Theologie in Bern wichtige Diskussionen und Impulse.

Für die Grafiken danken wir Amer Aiyub, für das Lektorat Birgit Knape, für die Betreuung des Manuskripts Dr. Jan-Pieter Forßmann und Lea Eggers, für die Literaturangaben Anna Lerch und für die Registererstellung Sina von Aesch und Anna Lerch.

Bern, im Juni 2023 Katharina Heyden und Martin Sallmann

Einführung

Historische Theologie

Der Historischen Theologie, wie wir sie auf den folgenden Seiten verstehen und entfalten möchten, geht es um das verstehende Nachvollziehen und kritische Reflektieren der Inanspruchnahme des Christlichen in über zweitausend Jahren Geschichte des Christentums. Die Formulierung „Inanspruchnahme des Christlichen" haben wir von dem deutschen Kirchenhistoriker Albrecht Beutel übernommen. Inanspruchnahme des Christlichen geschieht, wenn Menschen, einzeln oder als Gemeinschaft, in ihrem Denken und Handeln auf Inhalte der christlichen Überlieferung und Tradition Bezug nehmen. Dies kann sehr explizit durch ausdrückliche Rückgriffe auf Inhalte der christlichen Tradition stattfinden. Es kann aber auch lediglich implizit, ja sogar unbewusst geschehen, wenn Menschen von Elementen christlicher Tradition in ihrem Denken und Handeln geprägt sind, ohne diese Prägung zu reflektieren oder überhaupt zu bemerken. Beides soll in der Historischen Theologie zur Sprache kommen. Der Fokus dieses Arbeitsbuches liegt dabei weniger auf der Rekonstruktion von kirchlicher Ereignisgeschichte – diese ist als historischer Kontext selbstverständlich immer im Auge zu behalten und mit den bewährten Methoden der historischen Quellenkritik zu rekonstruieren und zu erzählen –, als vielmehr auf der Deutung, Interpretation und Bewertung historischer Text- und Bildquellen mit Blick auf die explizite oder implizite Inanspruchnahme des Christlichen, die sich in ihnen niederschlägt. Was das in Anspruch genommene ‚Christliche' ist, wird dabei nicht von außen festgelegt, sondern aus den Quellen selbst erhoben. In dieser Hinsicht ist Historische Theologie empirisch-kontextuelle Theologie: Sie erkundet, was Menschen in vergangenen Zeiten für christlich gehalten und was sie für theologisch bedeutsam erachtet haben. Und sie versucht zu verstehen, wie und warum Menschen in ihren konkreten Lebensumständen das Christliche so unterschiedlich und vielfältig, bisweilen auch widersprüchlich, in Anspruch genommen haben. Die Art und Weise, wie Historische Theologie diese Erkundungen unternimmt, macht sie zugleich zu einer hermeneutischen Wissenschaft.

Werkzeugkiste und Denkwerkstatt

Der Umgang mit wissenschaftlichen Methoden kann in mancher Hinsicht mit dem Erlernen eines Handwerks verglichen werden. Es braucht ein solides, durch Erfahrungen erprobtes Wissen um Instrumente und Arbeitsweisen, welche die Lernenden übernehmen können. Und es braucht Intuition und Kreativität, um diese Instrumente und Arbeitsweisen passend auf die je konkreten Texte, Bilder und Artefakte anzuwenden, einzuüben und weiterzuentwickeln. Dieses Arbeitsbuch versteht sich deshalb als „Werkstatt" mit einer „Werkzeugkiste". Es möchte die Nutzer:innen einerseits mit dem etablierten methodischen Instrumentarium der historischen Teildisziplin der Theologie vertraut machen und ihnen zugleich Anregungen bieten, wie sie mit diesem

Methoden

Reflexion · Literatur · Beispiele · Pragmatisch & kompakt · Beigaben

Instrumentarium kreativ umgehen, es mit möglichst großem Erkenntnisgewinn konkret anwenden und auch selbst weiterentwickeln können. Deshalb werden die verschiedenen Methoden nicht nur in technischer Hinsicht vorgestellt. Wir möchten auch damit verbundene grundlegendere Überlegungen zum Umgang mit Geschichte und Geschichtsschreibung im Kontext der Theologie verknüpfen und zum Nachdenken und Diskutieren darüber anregen. Denn die Auswahl und Anwendung der Methoden hängt unmittelbar mit solchen Überlegungen zusammen. Da dies in einem Lehrbuch nicht in der eigentlich gebotenen Ausführlichkeit, sondern immer nur ansatzweise geschehen kann, laden Literaturhinweise zur Vertiefung ein. Um die Verknüpfung von Werkzeugkiste und Werkstatt, vom Lernen des Handwerks und der Reflexion über dessen Voraussetzungen zu veranschaulichen, haben wir eine ganze Reihe von Anwendungsbeispielen eingefügt. Mit diesen Beispielen möchten wir einen kreativen Umgang mit den jeweils besprochenen Methoden anhand interessanter Quellen aus allen Epochen der Christentumsgeschichte vor Augen führen und damit Lust auf historische Forschung machen. Die Beispiele verdeutlichen, so hoffen wir, dass die einzelnen Methodenschritte in der tatsächlichen historischen Arbeit weder sklavisch abgearbeitet noch voneinander isoliert angewendet werden können. Damit bei aller Komplexität die notwendige Klarheit und Knappheit nicht verloren gehen, bietet die Rubrik „Pragmatisch & kompakt" kurze, auf die konkrete Praxis zugeschnittene Zusammenfassungen. Auch die beigegebenen Arbeitsmaterialien werden sich hoffentlich in der Praxis als nützlich erweisen – sei es bei der ersten Proseminararbeit, bei Seminar- und Abschlussarbeiten oder als Wiederauffrischung der Methodik im Rahmen einer Dissertation.

Historische Quellenkritik

Die beiden etablierten Methodenbücher zum Fach Kirchengeschichte sind vor inzwischen über 20 Jahren geschrieben worden: Das „Arbeitsbuch Kirchengeschichte" von Christoph Markschies erschien erstmals 1995 und wurde seither zweimal nachgedruckt, und das Gemeinschaftswerk „Proseminar II: Neues Testament – Kirchengeschichte", in dem Uwe Kühneweg den kirchengeschichtlichen Teil verfasste, kam im Jahr 2000 auf den Buchmarkt. Beide orientieren sich in Aufbau und Terminologie an der seit der Mitte des 19. Jahrhunderts etablierten sogenannten quellenkritischen Methodik, die von den Althistorikern Barthold Georg Niebuhr (1776–1831) und Johann Gustav Droysen (1808–1884) begründet wurde und bis heute das Fundament der Geschichtswissenschaften bildet.

Echtheit und Glaubwürdigkeit

Der Akzent liegt dabei auf der Frage nach der Echtheit und Glaubwürdigkeit von Quellen: Diese werden auf ihren Aussagewert für die Rekonstruktion von Ereignissen und Intentionen handelnder Personen hin befragt. Der klassischen Quellenkritik geht es in erster Linie darum, die literarischen Eigenheiten von Texten – Bildquellen sind kaum im Blick – kritisch zu analysieren, um gewissermaßen „hinter" den Rhetoriken, Tendenzen, Pragmatiken und Intentionen der Autoren Informationen über die ‚historische Wahrheit' zu entdecken. Diese Methodik hat in den unterschiedlichen Fächern, zunächst in der Geschichtswissenschaft, dann aber auch in der Theologie, zu bahnbrechenden Erkenntnissen geführt, ihre Verdienste und bleibende Aktualität stehen außer Frage. In den vergangenen Jahrzehnten wurde in den Kultur- und Geschichtswissenschaften aber intensiv darüber diskutiert, ob ein Verstehen der Vergangenheit im Sinne der quellenkritischen Methodik überhaupt möglich sei und ob bzw. inwiefern historisch-kritische Arbeit den Anspruch erheben könne, mittels Autorenkritik und Quellenvergleich die ‚historische Wahrheit' zu rekonstruieren und zu verstehen. Oder um es mit den oft zitierten Worten des Theologen und Philologen Leopold von Ranke (1795-1883) auszudrücken: zu zeigen, „wie es eigentlich gewesen". Von Ranke richtete sich mit dieser Formulierung gegen den Anspruch, über die Vergangenheit zu richten oder den Sinn der Geschichte zu ergründen. Er wollte die aus seiner Sicht zu selbstbewusst gewordene geschichtsphilosophische Zunft in ihre Grenzen weisen. „Bloß sagen, wie es eigentlich gewesen ist", war in seiner Zeit ein bescheidenes Ziel. Vor dem Hintergrund der Diskussionen um Perspektivenvielfalt und Geschichtskonstruktion seit dem späten 20. Jahrhundert aber wirkt heute auch dieses Ziel zu hoch gegriffen. Können wir überhaupt herausfinden, was tatsächlich geschehen und wie die Vergangenheit wirklich gewesen ist? Und wenn nicht: Welchen Sinn hat dann historische Forschung? Mit welchen Mitteln können wir welche Art von historischer Erkenntnis gewinnen?

Historische Hermeneutik

Das vorliegende Buch nimmt die Methoden der traditionellen Quellenkritik auf, um sie für die historisch-theologische Forschung im 21. Jahrhundert fruchtbar zu machen, versucht aber zugleich auch, den charakteristischen Eigenwert historischer Theologie herauszustellen. Diesen sehen wir vor allem in ihrer hermeneutischen Aufgabe und Kompetenz, also in der Deutung von Ereignissen, Prozessen und Werken, die eine Inanspruchnahme des Christlichen erkennen lassen.

Kontextsensibilität

Im Vergleich mit der traditionellen historischen Quellenkritik sehen wir das Potential einer methodengeleiteten Analyse und Interpretation von Quellen, Texten und Bildern, im Rahmen der Theologie nicht allein darin, Ereignisgeschichte zu rekonstruieren und hierfür die Erzählweisen, Deutungen und Wertungen der Quellen kritisch zu hinterfragen. Vielmehr geht es uns auch darum, diese Erzählweisen, Deutungen und Wertungen in ihrem Eigenwert zu würdigen und zu verstehen, wie Menschen in der Vergangenheit unter Inanspruchnahme des Christlichen handelten und dachten. Um diese Frage zu beantworten, bemühen wir uns, pointiert gesagt, zwar auch um eine möglichst objektive Kritik der Quellen, vor allem aber um ihre kontextsensible Ausdeutung.

In gewisser Hinsicht wird damit das, was in der traditionellen historischen Methodik ein kritisches Durchgangsstadium zur eigentlichen historischen Erkenntnis ist – das Verstehen von Erzählmustern, Deutungen, Wertungen und Absichten in den Quellen – in den Vordergrund des Interesses gerückt. Wir stellen den Wert der Rekonstruktion von Ereignisgeschichte keineswegs infrage, sehen sie aber nicht (mehr) als Hauptaufgabe historischer Arbeit im Rahmen der Theologie an. Hierfür kann die Historische Theologie weitgehend auf die Erkenntnisse und Methoden der Allgemeinen Geschichtswissenschaft zurückgreifen. Im Gegenzug trägt sie mit ihrem spezifischen Fokus und ihrer, nicht zuletzt an der Bibelexegese geschulten, religionshermeneutischen Kompetenz zur Erforschung von Vorstellungs- und Deutungsaspekten in der Geschichtswissenschaft bei. Hermeneutik im Rahmen der Erforschung einer vom Christentum zutiefst geprägten Geschichte schließt die Frage nach dem Verstehen und Deuten von Gegenwart und Vergangenheit im Horizont der Inanspruchnahme des Christlichen durch die jeweiligen Quellen und ihre Urheber:innen ein.

Traditionelle und neue Fachbegriffe

Um dieses hermeneutische Anliegen auch begrifflich zu schärfen, ersetzen wir einige Termini der traditionellen historisch-kritischen Quelleninterpretation, etwa die Unterscheidung in „Äußere und Innere Quellenkritik", aber auch die Bezeichnung einzelner Methodenschritte wie „Echtheitskritik", „Redaktionskritik" oder „Traditionskritik", durch neue Begriffe. So sprechen wir vom „Umfeld der Quelle", von der „äußeren Gestalt" und „inneren Ausgestaltung" sowie von den „Wirkungen der Quelle". Damit der Bezug zur traditionellen historisch-kritischen Quelleninterpretation erkennbar bleibt, weisen wir aber immer auf die traditionellen Fachbegriffe hin, die vielen Theolog:innen auch aus den exegetischen Fächern vertraut sein dürften.

Anregungen

Viele Anregungen zur Textanalyse und -interpretation haben wir aus neueren exegetischen Lehrbüchern erhalten, welche die rezeptionsästhetischen und hermeneutischen Diskussionen aus den Literaturwissenschaften für die Bibelauslegung fruchtbar machen. An erster Stelle ist hier das 2016 erschienene Lehr- und Arbeitsbuch „Methoden der neutestamentlichen Exegese" von Sönke Finnern und Jan Rüggemeier zu nennen. Diesem Buch verdanken wir neben vielen Erkenntnissen zu einzelnen Methodenschritten auch den Impuls, die Dreiteilung historischer Arbeit in „Heuristik – Kritik – Interpretation", wie sie von Johann Gustav Droysen für die Geschichtswissenschaft eingeführt und von Christoph Markschies für die Kirchengeschichte übernommen wurde, zu überdenken. Die konkrete, an hermeneutischen Fragen orientierte Arbeit mit Quellen erweist sich unserer Erfahrung nach als ein permanentes Wechselspiel zwischen „Identifikation" und „Interpretation". Daher steht Interpretation bei uns nicht als Synthese am Ende der Quellenanalyse, sondern kommt immer wieder bei den verschiedenen Methodenschritten vor. Mit der Unterscheidung von Identifikation und Interpretation geht dabei jeweils auch ein unterschiedliches Maß an Objektivität bzw. „intersubjektiver Plausibilität" einher [↗ Intersubjektive Plausibilität, Erster Teil IV.]. Während die Identifikation etwa von literarischen Gattungs- und Formelementen, von rhetorischen Stilmitteln oder verarbeiteten Traditionen durchaus richtig oder auch falsch sein kann, geht es in der Interpretation um mehr oder weniger plausible Ausdeutungen des Umgangs mit diesen in einer Quelle identifizierten Elementen, mit den damit verbundenen Tendenzen und Intentionen.

Weiterentwicklung

Ebenso wie der Inhalt einer Werkzeugkiste ist auch ein wissenschaftliches Instrumentarium kein für alle Zeiten feststehender Bestand. Vielmehr muss es gepflegt, an die jeweiligen Aufgaben angepasst, bisweilen auch „nachgerüstet" und sogar „ausgemistet" werden. Die in diesem Buch vorgestellten Methodenschritte bilden die Grundausstattung für historisch-theologische Forschung. Welche Werkzeuge im Einzelnen gebraucht und wie genau sie angewendet werden, können und müssen die Lehrlinge und Meister:innen der Historischen Theologie von Fall zu Fall entscheiden. Dabei spielen die eigene wissenschaftliche Fragestellung, die Art der zu bearbeitenden Quellen und die eigene Vorbildung der Forschenden eine wichtige Rolle. Nicht jedes Werkzeug eignet sich für jeden Arbeitsvorgang, und unterschiedliche Personen können unterschiedlich gut mit den verschiedenen Werkzeugen umgehen. Was die eine mit dem vorhandenen Gerät mühelos fertigbringt, gelingt dem anderen nicht ebenso, aber er findet vielleicht einen überraschenden Weg oder entwickelt sogar ein ganz neues Instrument. Historisch-theologische Forschung lebt zum einen von der Anwendung und Pflege etablierter Methoden, zum anderen aber auch von deren Weiterentwicklung sowie von innovativen Neuansätzen. Zu beidem möchten die folgenden Kapitel anregen.

Literatur

Albrecht Beutel: Von Nutzen und Nachteil der Kirchengeschichte. Begriff und Funktion einer Theologischen Kerndisziplin, in: Zeitschrift für Theologie und Kirche, Bd. 94 (1997), S. 84–110; erneut abgedruckt in: ders.: Protestantische Konkretionen. Studien zur Kirchengeschichte, Tübingen 1998, S. 1–27.

Sönke Finnern/Jan Rüggemeier: Methoden der neutestamentlichen Exegese. Ein Lehr- und Arbeitsbuch, Tübingen 2016.

Tobias Jammerthal/David Burkhart Janssen/Jonathan Reinert/Susanne Schuster: Methodik der Kirchengeschichte. Ein Lehrbuch, Tübingen 2022.

Christoph Markschies, Arbeitsbuch Kirchengeschichte (UTB 1857), Tübingen 1995 (Nachdruck 2001).

Martin Meiser/Uwe Kühneweg/Rudolf Leeb/Petra v. Gemünden/Thomas Schmeller: Proseminar II Neues Testament – Kirchengeschichte. Ein Arbeitsbuch, Berlin/Köln 2000.

Lenelotte Möller/Hans Ammerich: Einführung in das Studium der Kirchengeschichte, Darmstadt 2014.

Leopold v. Ranke: Vorrede zu: Geschichte der germanischen und romanischen Völker 1494–1535, Bd. 1, Leipzig/Berlin 1824, S. V–VIII.

Erster Teil:
Zugänge zur Historischen Theologie

I. Was ist „Historische Theologie"?

Beginnen wir mit den Wortbedeutungen: „Theologie" ist ein aus den beiden griechischen Wörtern θεός = Gott und λόγος = Rede, Wort, Lehre entlehnter Begriff und bedeutet zunächst „Rede von Gott". Das Christentum hat sich seit dem 2. Jahrhundert in Auseinandersetzung und Konkurrenz mit philosophischen Schulen und Traditionen der hellenistisch-römischen Welt als „wahre Philosophie" verstanden und entsprechend Redeweisen und Lehren von Gott entwickelt, die stark von philosophischen Denkmustern und Sprechweisen geprägt sind. Im Mittelalter wurde Theologie in Westeuropa zunächst an Kloster- und Kathedralschulen, später an Universitäten als scholastische Theologie, also als Schultheologie mit strenger wissenschaftlicher Methodik unterrichtet. In der abendländischen Tradition und an den Universitäten europäischer Prägung steht der Begriff Theologie daher vor allem für die rationale Selbstreflexion und Entfaltung des christlichen Glaubens. Es lässt sich intensiv und sehr kontrovers darüber diskutieren, ob dieser im Christentum etablierte Begriff von Theologie auf andere religiöse Traditionen übertragen werden kann, ohne dass deren Eigenheiten negiert oder verfälscht werden. Im Kontext dieses Lehrbuches, das sich auf die christliche Theologie beschränkt, kann und muss diese Diskussion jedoch nicht geführt werden.

Wortbedeutung

Auch im Wort „historisch", das dem griechischen Verb ἱστορεῖν entlehnt ist, steckt ein Wort für „reden". Hier liegt der Fokus aber stärker auf dem erzählenden Reden. In klassischen griechischen Werken, allen voran bei Homer, wurde ἱστορεῖν bzw. das Nomen ἱστορία meist für das Erzählen von Mythen oder Geschichten verwendet – und damit für einen anderen Modus des Redens als den der rationalen Argumentation.

Die Bezeichnung „Historische Theologie" verbindet also zwei Weisen des Redens: die Erzählung von Vergangenheit und das argumentative Reden von Gott. Deshalb scheint uns dieser Name besonders gut geeignet für eine Wissenschaft, die die Inanspruchnahme des Christlichen in der Vergangenheit erforscht.

Es ist aber keineswegs selbstverständlich, die historische Teildisziplin der Theologie als „Historische Theologie" zu bezeichnen. An den meisten deutschsprachigen Universitäten heißt das entsprechende Fach „Kirchengeschichte", „Kirchen- und Dogmengeschichte" oder „Geschichte des Christentums". Der

Fachbezeichnungen

Charme der Bezeichnung „Historische Theologie" besteht unserer Ansicht nach darin, dass sie die zwei Redeweisen, rationales und erzählendes Reden von Gott, aufnimmt und verbindet. Die Bezeichnung umfasst damit ein wesentliches Charakteristikum des Faches im Namen. Historische Theologie, wie wir sie verstehen, rekonstruiert die verschiedenen Redeweisen, Lehren, Lebensweisen und Ereignisse, die Menschen in der Vergangenheit mit Bezug auf Gott ausgebildet haben, und versucht, diese in kritischer Reflexion für die Gegenwart fruchtbar zu machen.

Gegenstand und Methodik

Dies geschieht in Anwendung der auch in den allgemeinen Geschichtswissenschaften etablierten Methodik. Historische Theologie geht methodisch keine Sonderwege. Sie unterscheidet sich von der Allgemeingeschichte aber durch ihr thematisches Interesse daran, wie Menschen in der Vergangenheit unter expliziter oder impliziter Inanspruchnahme des Christlichen gehandelt, gedacht und gewirkt haben. Sie rekonstruiert also nicht nur, *was* Menschen in der Vergangenheit getan und bewirkt haben, sondern fokussiert darauf, *wie* sie ihr Tun mit Bezug auf den christlichen Glauben legitimiert und reflektiert haben. Mit dieser vom Selbstverständnis der Akteur:innen ausgehenden Definition - Inanspruchnahme des Christlichen - sind ein spezifisch hermeneutisches Interesse und eine kritische Funktion der Historischen Theologie verbunden. Indem sie nicht nur etablierte Lehrmeinungen, Lebenswege und Kirchenbildungen erforscht, hält Historische Theologie im Bewusstsein, dass die Möglichkeiten, christlich zu leben und zu denken, stets vielfältiger waren und noch sind, als die historisch erfolgreichen und jeweils aktuellen kirchlichen Verwirklichungsformen es nahelegen. Von dem Dichter und Essayisten Kurt Tucholsky (1890-1935) stammt die Empfehlung: „Wer die Enge seiner Heimat begreifen will, der reise. Wer die Enge seiner Zeit ermessen will, studiere Geschichte."

Semiotisch-symbolischer Ansatz

Mit dieser Empfehlung hängt dann auch das Potential der Historischen Theologie zusammen, aus der Beschäftigung mit den vielfältigen Inanspruchnahmen des Christlichen in der Vergangenheit Impulse für die Gegenwart zu gewinnen. Im Idealfall geschieht dies nicht in einer simplen Suche nach großen Vorbildern und historischen Exempeln, denen es heute nachzueifern gelte. Denn diese haben ja in ganz anderen Welten gelebt, als wir es heute tun. Angemessener, aber auch anspruchsvoller ist es, wenn der Nutzen der Geschichte für die Gegenwart in einem doppelten hermeneutischen Bemühen erhoben wird.

Mit einem semiotischen-symbolischen Ansatz bestimmt Volker Leppin den Ort der Kirchengeschichte als theologischer Wissenschaft im „Zwischenraum" zwischen allgemeiner Geschichtswissenschaft und normativer Theologie. Wie jede Religion sei auch das Christentum ein Zeichensystem der Weltdeutung. Dieses Zeichensystem kann in seinen empirischen historischen Ausprägungen mit den Methoden der allgemeinen Geschichtswissenschaft untersucht und beschrieben werden. Kirchengeschichte braucht also keine eigene Methodologie. Das jedoch, worauf das religiöse Zeichensystem verweist - Gott - kann methodisch nicht erwiesen, sondern nur vom forschenden Subjekt als Realität angenommen (oder auch nicht angenommen) werden. Selbstverständlich zeichnet sich gute historische Wissenschaft immer dadurch aus, dass die Forschenden ein Verständnis für die Prämissen und Weltbilder ihrer Forschungsobjekte haben (vgl. dazu unten den Abschnitt III. zur historischen Diskursanalyse). Es ist aber ein Unterschied, ob die forschende Person die Prämissen und Weltbilder ihres Forschungsgegenstandes teilt oder nicht. Wird nun das christliche Zeichensystem im Kontext der Theologie unter Annahme der Realität Gottes untersucht, so weitet sich der Referenzrahmen: Die historische Forschung richtet sich nicht allein auf eine vergangene, fremde Welt und die darin vorfindlichen Zeichensysteme, sondern sie findet zugleich in einem Denkraum statt, in dem nach christlichen Zeichensystemen gefragt wird, die heute plausibel sind. Das Zeichen (σημεῖον), das in einer vergangenen und fremden Welt beobachtet werden kann, wird dann zu einem Symbol (griechisch σύμβολον, das Zusammengeworfene), in dem diese vergangene Welt und ihr auf Gott verweisendes Zeichen(system) mit der auch heute noch behaupteten Gegenwart Gottes zusammentreffen. Wir könnten auch sagen: Die Gegenwart wird zum theologischen Resonanzraum für die in der Vergangenheit entdeckten Zeichen(systeme). Darum hat die historische Erforschung des Christentums auch das Potential, an der weiteren Ausprägung des christlichen Zeichensystems in kritischer Auseinandersetzung mit der Gegenwart und konstruktivem Bemühen um Gegenwart und Zukunft mitzuwirken, also: Theologie im engeren Sinn zu betreiben.

Impulse für die Gegenwart

Wer aus der Vergangenheit Impulse für die eigene Gegenwart ziehen will, muss die eigene Zeit ebenso differenziert und kontextsensibel betrachten wie die Vergangenheit. Wer oder was sind die jeweils treibenden Kräfte, Ereignisse und Strukturen auf individueller, gesellschaftlicher und globaler Ebene? Mit welchen spezifischen theologischen Herausforderungen ist die eigene Zeit konfrontiert? Auf welchen Resonanzraum trifft heute, was als Inanspruchnahme des Christlichen in vergangenen Zeiten beobachtet wurde? Geschichte und Gegenwart sind in der historischen Arbeit eng aufeinander bezogen. Die interesselose Beschäftigung mit der Vergangenheit gibt es nicht. Wer aber einen kritisch-differenzierten Blick auf die eigene Gegenwart und ihre Kontextgebundenheit hat, wird auch mit geschärftem Blick in die Vergangenheit schauen können und in ihr sowohl positive als auch negative Potentiale für die Gestaltung der eigenen Gegenwart entdecken. Es gibt Formen der Inanspruchnahme des Christlichen, die es heute zu überwinden gilt, und solche, die wiederzuentdecken und weiterzuentwickeln sich lohnen würde. In der kontextsensiblen und im besten Sinn kritischen Unterscheidung dieser Potentiale liegen Aufgabe und Wert Historischer Theologie für die Gegenwart.

Literatur

Bernd Jaspert (Hg.): Kirchengeschichte als Wissenschaft, Münster 2013.

Volker Leppin: Kirchengeschichte zwischen historiographischem und theologischem Anspruch. Zur Bedeutung der Semiotik für das Selbstverständnis einer theologischen Disziplin, in: Wolfram Kinzig/Volker Leppin/Günther Wartenberg (Hg.): Historiographie und Theologie. Kirchen- und Theologiegeschichte im Spannungsfeld von geschichtswissenschaftlicher Methode und theologischem Anspruch, Leipzig 2004, S. 223–234.

Hubert Wolf: Krypta. Unterdrückte Traditionen der der Kirchengeschichte, München 2015.

II. Das Fach innerhalb der Theologie

Konstruktive Funktion

Welche Bedeutung kommt der Historischen Theologie im Fächerkanon der gesamten Theologie zu? In Spätantike und Mittelalter galten Fundamentaltheologie und Dogmatik als die wichtigsten Aufgaben der Theologie: Erstere als Begründung und Rechtfertigung, Letztere als Darstellung der Lehrinhalte. Die historische Perspektive wurde in erster Linie im Interesse der Treue zur Tradition eingenommen. Dem Verständnis von Tradition als einer Fortführung der göttlichen Offenbarung in der Geschichte der Kirche entsprechend, mussten dogmatische Aussagen als mit der Lehre der Kirche in der Vergangenheit übereinstimmend erwiesen werden. Die Reformatoren des 16. Jahrhunderts stellten dieses Verständnis von Tradition in ihrer Kritik an der spätmittelalterlichen Kirche fundamental infrage. Sie betonten, dass es in der Geschichte der Kirche zu Missständen gekommen sei, denen nur durch einen Rückgriff auf die biblischen Schriften und das frühe Christentum mit seinen Lehrbildungen und Lebensformen begegnet werden könne. Gegen das Traditionsprinzip wurde das Schriftprinzip gesetzt: Historische Theologie hatte die Aufgabe, die Übereinstimmung kirchlicher Lehre und Praxis mit der Heiligen Schrift zu prüfen und dadurch sowohl Wahrheiten zu befestigen als auch Irrtümer und Missbräuche zu widerlegen.

Kritische Funktion

Erst im 18. Jahrhundert, namentlich bei dem Theologen Johann August Ernesti, kam der Gedanke auf, dass es in der Historischen Theologie auch darum gehe, die Vielfalt der Glaubensbezeugungen und der theologischen Entwicklungen in der Geschichte des Christentums zu dokumentieren und dafür selbstständiges Quellenstudium zu betreiben. Im Zuge der Aufklärung wurde der Geschichtswissenschaft eine grundlegend kritische Funktion gegenüber der Formulierung von allgemein gültigen Wahrheiten zugesprochen. So prägte der deutsche Philosoph Gotthold Ephraim Lessing in seinem Werk „Über den Beweis des Geistes und der Kraft“ aus dem Jahr 1777 die Rede vom „garstigen Graben der Geschichte“. Er wollte damit deutlich machen, dass aus der Geschichte keine ewig gültigen dogmatischen Wahrheitsansprüche abgeleitet werden können: „Das, das ist der garstige breite Graben, über den ich nicht kommen kann, so oft und ernstlich ich auch den Sprung versucht habe." (Lessing, S. 125)

Theologische Enzyklopädie

In der Folge fächerte sich der Methodenkanon der Theologie auf. Im Rahmen einer „Theologischen Enzyklopädie" etablierte sich eine Vierteilung der theologischen Disziplinen in exegetische, historische, systematische und symbolische bzw. praktische Theologie. Als Gegenstand der historischen Theologie wurde nun nicht mehr nur die Geschichte der jüdischen und christlichen Tradition, sondern die Religionsgeschichte allgemein verstanden, weil man, so August Hermann Niemeyer, „die christlichen Ideen mit den religiösen Ideen anderer Völker in Parallele" setzen müsse, um „das Gemeinsame in den Religionen und das Verschiedene in ihnen gehörig aufzufassen und zu würdigen" (Niemeyer, § 129f.). Im 19. Jahrhundert galten die Geschichtswissenschaften allgemein als Leitwissenschaften, auch in der Theologie wurde ein historischer Zugang in allen Teildisziplinen zu einer Selbstverständlichkeit. Im enzyklopädischen Entwurf Friedrich Daniel Ernst Schleiermachers von 1830 war die historische Theologie „der eigentliche Körper des theologischen Studiums", welcher das Fundament, die philosophische Theologie, und das Haupt, die praktische Theologie, verbindet und zusammenhält (Schleiermacher, § 27f.).

Seither wurde der enzyklopädische Status der historischen Perspektive in der Theologie immer wieder kontrovers diskutiert. Einige markante Positionen werden im Folgenden kurz vorgestellt:

Karl Barth

Im 19. Jahrhundert entwickelte sich die „Kirchengeschichte" bzw. „Historische Theologie" zur maßgebenden Disziplin der Theologie. Die sog. Dialektische Theologie wandte sich daher vehement gegen die „Historisierung" der Theologie, was sich auch auf die Einschätzung der „Kirchengeschichte" in ihrer Funktion für die Theologie auswirkte. 1932 äußerte sich Karl Barth dazu im ersten Teilband seiner „Kirchlichen Dogmatik", in der er die Lehre vom Wort Gottes als Prolegomena der christlichen Dogmatik darlegte: „Die sogenannte Kirchengeschichte antwortet auf keine selbstständig zu stellende Frage hinsichtlich der christlichen Rede von Gott und ist darum nicht als selbstständige theologische Disziplin aufzufassen. Sie ist die unentbehrliche Hilfswissenschaft der exegetischen, der dogmatischen und der praktischen Theologie." (Barth, S. 3) Während die biblische Theologie der Frage nach der Begründung, die praktische Theologie der Frage nach dem Ziel und die dogmatische Theologie der Frage nach dem Inhalt der Rede von Gott dient, sei die „Kirchengeschichte" deren immerhin „unentbehrliche", aber eben doch theologisch nicht eigenständige „Hilfswissenschaft".

Gerhard Ebeling

Gerhard Ebelings programmatischer Vortrag mit dem Titel „Kirchengeschichte als Geschichte der Auslegung der Heiligen Schrift", der 1947 im Druck erschien, ist als Antwort auf Barths Definition zu verstehen. „Auslegung" war dabei im weiten Sinn gemeint, sodass auch kirchliche Entwicklungen und christliche Lebensvollzüge in das Blickfeld rückten. Heinrich Bornkamm variierte diesen Ansatz 1949 mit der Definition „Geschichte des Evangeliums und seiner Wirkungen in der Welt" (Bornkamm, S. 17).

Kurt Dietrich Schmidt

Dieser Versuch, auch der Kirchengeschichte ein theologisches Eigengewicht zu verleihen, spiegelt sich auch in Kurt Dietrich Schmidts „Grundriss der Kirchengeschichte", der erstmals von 1949 bis 1954 in vier Teilbänden erschien. Aus der dritten Auflage von 1960 stammt der Satz: „Die Kirchengeschichte ist nichts weniger als die Geschichte des in der Welt fortwirkenden Christus. Christus aber wirkt Kirche. Deshalb bildet die Kirchengeschichte auch einen unaufhebbaren Bestandteil der Theologie." (Schmidt, S. 9) Der evangelische Kirchenhistoriker misst über Christus der Kirche und damit auch der Kirchengeschichte theologische Relevanz zu.

Hubert Jedin

Der römisch-katholische Kirchenhistoriker Hubert Jedin gelangt mit seiner Definition zu einem vergleichbaren Ergebnis, setzt aber bei der Kirche ein, die von Christus gestiftet ist: „Der Gegenstand der Kirchengeschichte ist das Wachstum der von Christus gestifteten Kirche in Zeit und Raum." (Jedin, S. 2) Weil die Kirche grundlegender Inhalt der Dogmatik ist, ist auch die „Kirchengeschichte" eine theologische Disziplin.

Ökumenische Kirchengeschichte

In der zweiten Hälfte des 20. Jahrhunderts wurden die Ansätze für Kirchengeschichte vielfältiger. Es entstanden jetzt erstmals auch „ökumenische Kirchengeschichten" in den 1970er-Jahren, erneuert in den 2000er-Jahren und für die Schweiz in den 1990er-Jahren. In den 1970er-Jahren wurde eine „Kirchengeschichte als Missionsgeschichte" in Angriff genommen. Rudolf von Thadden plädierte für eine „weltliche Kirchengeschichte" (so der Titel einer Aufsatzsammlung 1989), die er in die Gesellschafts- und Kulturgeschichte eingebunden sah; Victor Conzemius für eine Kirchengeschichte als „nichttheologische" Disziplin.

Albrecht Beutel

Albrecht Beutels Definition als „Geschichte der Inanspruchnahme des Christlichen", die wir in diesem Buch aufnehmen, reflektiert einerseits die Offenheit gegenüber den historischen Phänomenen des Christlichen und weiß andererseits um die normativen Ansprüche der christlichen Traditionen.

Historical Theology

Aufschlussreich ist auch ein Seitenblick auf den englischsprachigen Diskurs: „Historical Theology" stand hier, vor allem im anglikanisch und römisch-katholisch geprägten Umfeld, für die Pflege der dogmatischen und theologischen Traditionen im Interesse der systematischen Theologie und der kirchlichen Praxis, zum Beispiel in der Liturgie.

Elisabeth Ann Clark

Diese wurde als Folge des Aufschwungs der Sozial- und Kulturwissenschaften seit den 1970er-Jahren zunehmend infrage gestellt. So begann die feministische Theologin Elisabeth Ann Clark einen Vortrag zum Thema „The State and Future of Historical Theology" im Jahr 1981 mit den Worten: „What is the present state and probable future of historical theology in the field of patristics? The question can be succinctly answered: less theology, more history." (Clark 1983, S. 16) Tatsächlich hat sich in den darauffolgenden Jahrzehnten die Erforschung des frühen Christentums als ein eigenständiges, interdisziplinäres Forschungsfeld entwickelt, das längst nicht mehr allein auf kirchliche Zusammenhänge ausgerichtet ist. Allerdings macht sich auch bereits eine Gegenbewegung bemerkbar: Die von dem anglikanischen Theologen John Milbank begründete „Radical Orthodoxy" würde die Antwort von Elisabeth Clark auf die Frage nach der Zukunft historischer Theologie wohl genau umdrehen und „less history, more theology!" fordern. Denn diese Bewegung propagiert die Rückbesinnung auf den bleibenden Wert von Texten und Lehrbildungen aus dem ersten christlichen Jahrtausend, von der sie sich für das heutige Christentum eine vom Geist der frühen Kirche durchdrungene Inspiration erhofft. Auch wenn wir das Anliegen teilen, aus der Vergangenheit Anstöße für die Gegenwart zu gewinnen, sehen wir die notwendige Sensibilität für die Unterschiedenheit, ja Fremdheit von vormoderner Welt und Gegenwart in diesen Ansätzen nicht ausreichend berücksichtigt. Zudem muss bei normativen Rückgriffen auf die Alte Kirche immer gefragt werden, welche institutionelle Form aus der großen Vielfalt von „Inanspruchnahmen des Christlichen" denn als verbindlich angesehen wird.

John Milbank

Literatur

Karl Barth: Die kirchliche Dogmatik, Bd. I/1: Die Lehre vom Wort Gottes. Prolegomena zur Kirchlichen Dogmatik, München 1932, Studienausg. Bd. 1, Zürich 1986.

Heinrich Bornkamm: Grundriß zum Studium der Kirchengeschichte (Grundrisse zur evangelischen Theologie. Grundriß des Theologiestudiums, Bd. 2), Gütersloh 1949.

Elisabeth Ann Clark: Women in the Early Church (Message of the Fathers of the Church, Bd. 13), Wilmington 1983, [2]1987.

Victor Conzemius: Kirchengeschichte als „nichttheologische" Disziplin. Thesen zu einer wissenschaftstheoretischen Standortbestimmung, in: Tübinger Theologische Quartalsschrift, Bd. 166, Tübingen 1975, S. 187–197.

Gerhard Ebeling: Kirchengeschichte als Geschichte der Auslegung der Heiligen Schrift (Sammlung gemeinverständlicher Vorträge und Schriften aus dem Gebiet der Theologie und Religionsgeschichte, Bd. 189), Tübingen 1947.

Heinzgünter Frohnes/Hans-Werner Gensichen/Georg Kretschmar (Hg.): Kirchengeschichte als Missionsgeschichte, erschienen Bd. I: Heinzgünter Frohnes/Uwe Walter Knorr (Hg.): Die Alte Kirche, München 1974; Bd. II/1: Knut Schäferdiek (Hg.): Die Kirche des Früheren Mittelalters, München 1978.

Hubert Jedin: Einleitung in die Kirchengeschichte, in: Handbuch der Kirchengeschichte, Bd. 1: Von der Urgemeinde zur frühchristlichen Grosskirche, hg. v. dems., Freiburg/Basel/Wien 1999 (Nachdruck der Sonderausg. von 1985), S. 1–55.

Thomas Kaufmann/Raymund Kottje/Bernd Moeller/Hubert Wolf (Hg.): Ökumenische Kirchengeschichte, 3 Bde., Darmstadt 2006–2008.

Wolfram Kinzig: Wie theologisch ist die „Historische Theologie"? Bemerkungen zur Geschichte eines Begriffs und seiner heutigen Bedeutung, in: Klaus Fitschen/Wolfram Kinzig/Armin Kohle/Volker Leppin (Hg.): Kirchengeschichte und Religionswissenschaft. Methoden und Fallstudien (Arbeiten zur Kirchen- und Theologiegeschichte, Bd. 51), Leipzig 2018, S. 49–91.

Raymund Kottje/Bernd Moeller (Hg.): Ökumenische Kirchengeschichte, 3 Bde., Mainz/München 1970–1974.

Gotthold Ephraim Lessing: Über den Beweis des Geistes und der Kraft, in: ders., Gotthold Ephraim Lessings Sämmtliche Schriften, Teil 5, hg. v. Karl Lachmann, Nachdruck Berlin/Boston 2022, (Berlin 1777), S. 115–128 (online: https://doi.org/10.1515/9783112394366).

John Milbank/Catherine Pickstock/Graham Ward (Hg.): Radical Orthodoxy. A New Theology, London/New York 1999.

August Hermann Niemeyer: Theologische Encyklopädie und Methodologie. Ein sicherer Wegweiser für angehende Theologien, Leipzig 1830.

Lukas Schenker/Lukas Vischer/Rudolf Dellsperger (Hg.): Ökumenische Kirchengeschichte der Schweiz, Freiburg/Basel 1994, [2]1998; fr. Ausg.: Lukas Vischer/Olivier Fatio (Hg.): Histoire du christianisme en Suisse. Une perspective oecuménique, Genf/Freiburg 1995.

Friedrich Schleiermacher: Kurze Darstellung des Theologischen Studiums zum Behuf einleitender Vorlesungen (1830). Kritische Ausgabe hg. v. Heinrich Scholz, Darmstadt 1993.

Kurt Dietrich Schmidt: Grundriss der Kirchengeschichte, 9., durchg. Aufl., Göttingen 1990 (1949–1954).

Rudolf von Thadden: Weltliche Kirchengeschichte. Ausgewählte Aufsätze, Göttingen 1989.

III. Ein dreifaches Spannungsfeld

Wie jede historische Wissenschaft bewegt sich auch die historische Theologie in einem dreifachen Spannungsfeld von Fakten und Fiktionen in den Quellen, von Rekonstruktion und Konstruktion in der historischen Analyse und von historischen Ereignissen und guter Erzählung in der Darstellung.

Objektivität – Subjektivität

Herauszufinden, „wie es eigentlich gewesen ist" - darin sah Leopold von Ranke (1795-1886), einer der Begründer der modernen Geschichtswissenschaft, die Aufgabe des Faches. Um dieses Ziel zu erreichen, sei der Historiker zu größtmöglicher „Objektivität" gegenüber seinen Gegenständen verpflichtet. Aber was genau bedeutet Objektivität in der Geschichtswissenschaft? Ist sie überhaupt möglich, da Historiker:innen doch immer als Subjekte - und daher unvermeidlich subjektiv - auf ihre Quellen schauen? Und wird es der Vielschichtigkeit der Vergangenheit gerecht, wenn nur die Frage betrachtet wird, „wie es eigentlich gewesen ist"? Prägen nicht auch Vorstellungen, Überzeugungen und Erzählungen die Geschichte? Diese Fragen werden in der Wissenschaftstheorie seit der zweiten Hälfte des 20. Jahrhunderts intensiv und kontrovers diskutiert. Ohne die Diskussionen hier im Einzelnen präsentieren und nachvollziehen zu können, sollen doch einige Grundgedanken geäußert werden, die für die im Folgenden dargestellte Methodik wegleitend sind.

Fakten und Fiktionen

Historische Quellen präsentieren die Vergangenheit fast immer in einer Mischung aus Fakten und Fiktionen. Das macht zugleich den Reiz der Quellen aus wie auch die Schwierigkeit, ihnen zu entnehmen, „wie es eigentlich gewesen ist". Das Ideal der traditionellen historischen Quellenkritik ist es, grob gesagt, alle erzählenden und deutenden Elemente in einer Quelle zu identifizieren, die Intentionen der Autor:innen darin zu erkennen und durch diese Erkenntnis zu den dahinter liegenden historischen Fakten vorzustoßen. In dieser

Fakten-Kompetenz liegt eine enorme ideologiekritische Potenz der Geschichtswissenschaft außerhalb und innerhalb der Theologie, die nicht nur für die Rekonstruktion von Ereignisgeschichte, sondern auch als Korrektiv ideologischer Rückgriffe auf die Vergangenheit von großem Nutzen sein kann. Nicht nur Einzelpersonen, sondern auch Kollektive und Institutionen verweisen gern auf ihre Geschichte, um Programme für die Gegenwart oder Ideen für die Zukunft zu begründen. Dass der Historismus des 19. Jahrhunderts mit der Nationenbildung in Europa einherging, ist kein Zufall: Das Zusammengehörigkeitsgefühl wurde unter Verweis auf die gemeinsame (und meistens grandiose) Vergangenheit befördert. Der englische Politikwissenschaftler Benedict Anderson prägte dafür den Begriff der „imagined communities". Im Umgang mit solchen ideologischen Rückgriffen auf Geschichte spielen die historischen Wissenschaften mit ihrem unbeugsamen Interesse für belegbare Fakten eine wichtige Rolle - umso mehr, als politische Ziele auch im 21. Jahrhundert häufig mit sogenannten „fake facts" begründet werden.

Geschichte als Konstruktion

Dass der Mensch sich zu einem Erkenntnisgegenstand wirklich objektiv verhalten könne, wurde aber vor allem von der philosophischen Strömung des „Konstruktivismus" in Zweifel gezogen. Ihre Vertreter gehen davon aus, dass ein Gegenstand erst im Verlauf des Erkenntnisprozesses von den Betrachtenden konstruiert wird. Folglich kann auch Geschichte nicht einfach re-konstruiert werden. Vielmehr ist, wie zum Beispiel der deutsche Historiker Reinhart Koselleck (1923-2006) betont hat, jede Rekonstruktion von Vergangenheit Konstruktion durch die Historikerin.

Poststrukturalismus

Dass dies nicht im einsamen Gespräch des Individuums mit sich selbst geschieht, sondern im gemeinsamen Aushandeln von Wahrnehmungen und Interpretationen, ist im Kontext des sogenannten „Poststrukturalismus" betont worden. Diese Denkbewegung wurde wesentlich von französischen Philosoph:innen geprägt. Sie betonen die Eigenart von Kommunikation und Sprache im Erkenntnisprozess und ihre Bedeutung für die Identitätsbildung von Individuen und Gruppen. So hat der Sprachwissenschaftler und Philosoph Jaques Derrida (1930-2004) die Suche nach dem Ursprung und der Wahrheit von Zeichen als metaphysisch abgelehnt und dagegen vom unabschließbaren Spiel der Zeichen gesprochen.

Die Radikalität dieses Ansatzes wird in der These vom „Tod des Autors" deutlich, die erstmals von dem Literaturwissenschaftler Roland Barthes (1915-1980) im Jahr 1967 formuliert wurde [↗Tod des Autors, Dritter Teil II.1]. Die Urheberin eines Textes sei nicht mehr als bedeutungsstiftende Instanz relevant, sondern lediglich als Vermittlerin von Zeichen, mit denen die Rezipient:innen „weiterspielen". Das Bestreben, die ursprüngliche Intention eines Autors in bzw. hinter einem Text zu erforschen, wird obsolet. Der Text selbst ist vielmehr Teil des unabgeschlossenen und unabschließbaren Spiels der Zeichen. Die Leser:innen des Textes werden zu Co-Autor:innen.

Diskursanalyse

Auf diesen Ansatz reagierte der Philosoph und Kulturwissenschaftler Michel Foucault (1926-1984) mit seinen Reflexionen über die Entstehung und Geltung von Wissen und die Rolle, welche die Macht dabei spielt. Für die Bewertung von historischen Quellen ist besonders die durch ihn begründete „Diskursanalyse“ wichtig geworden. Sie weist darauf hin, dass Menschen nicht zu jeder Zeit alles denken können, sondern dass es von den jeweiligen Wissensständen und Machverhältnissen abhängt, was sich wie denken und sagen lässt. Wirklichkeit und Wahrheit sind nicht einfach da und müssen erkannt werden, sondern sie konstituieren sich mittels kultureller Äußerungen, welche wiederum in Wissensordnungen und Diskursformationen - Foucault nennt sie „Episteme“ - eingebettet sind. Um einer historischen Quelle gerecht werden zu können, müssen diese Kontexte berücksichtigt werden.

Narrative

Dass im Prozess der Sinngebung und Identitätsstiftung sogenannte „Meistererzählungen“ oder „große Narrative“ eine wichtige Rolle spielen, zeigte der ebenfalls französische postmoderne Philosoph und Literaturtheoretiker Jean-François Lyotard (1924-1998). Meistererzählungen (französisch: méta récrits) oder auch Metanarrative (englisch: meta narratives) sind für ihn sinnstiftende Erzählungen, die Werte und Emotionen vermitteln und dadurch einer Gesellschaft Legitimation und Identität verleihen. Für das Funktionieren eines solchen Narrativs sind weniger die historischen Fakten bestimmend, sondern vielmehr ihre gegenwärtigen Wirkungen. So hat etwa der Mythos „vom Tellerwäscher zum Millionär“ ganze Generationen von Bürger:innen der USA in ihrem Denken, Fühlen und Handeln geprägt. Geschichtswissenschaft kann solche Narrative mit produzieren und wissenschaftlich untermauern, aber auch - mit Verweis auf widersprechende Fakten - aufdecken und kritisieren. Darin liegt ihr ideologiekritischer Impuls. In der sogenannten Postmoderne sind vor allem nationalstaatliche Mythen, aber auch die Rede vom aufgeklärten, autonomen und moralischen Menschen als „Meistererzählung“ enttarnt, kritisiert und destruiert worden.

Kulturelles Gedächtnis

Noch größere zeitliche Räume nimmt das Konzept vom „kulturellen Gedächtnis“ in den Blick, das von den beiden deutschen Kulturwissenschaftlern Jan und Aleida Assmann (*1938 und *1947) entwickelt wurde. Sie knüpften damit an das von dem französischen Philosophen Maurice Halbwachs (1877-1945) entwickelte Konzept vom „kollektiven Gedächtnis“ an. Das kulturelle Gedächtnis bezeichnet „die Tradition in uns, die über Generationen, in jahrhunderte-, ja teilweise jahrtausendelanger Wiederholung gehärteten Texte, Bilder und Riten, die unser Zeit- und Geschichtsbewusstsein, unser Selbst- und Weltbild prägen“ (Assmann, S. 70). Auch das kulturelle Gedächtnis ist kontextbezogen, es variiert vor allem gesellschaftlich und geographisch. So ist das kulturelle Gedächtnis Europas (auch in den „säkularisierten“ Gesellschaften) stark von christlichen, dasjenige Ostasiens hingegen von hinduistischen Texten, Bildern und Riten geprägt. Wichtig ist auch hier die identitätsprägende

Kraft der Geschichte für die jeweilige Gegenwart einer Gesellschaft: „In ihrer kulturellen Überlieferung wird eine Gesellschaft sichtbar: für sich und für andere. Welche Vergangenheit sie darin sichtbar werden und in der Wertperspektive ihrer identifikatorischen Aneignung hervortreten läßt, sagt etwas aus über das, was sie ist und worauf sie hinauswill." (S. 16)

Invented Traditions

In diesem Zusammenhang sei auf einen letzten, in den Kulturwissenschaften sehr einflussreichen Begriff hingewiesen. Um neuzeitliche Rückgriffe auf Geschichte im Interesse von Identitäts- und Autoritätskonstruktionen zu kennzeichnen, haben die Historiker Eric Hobsbawm (1917-2012) und Terence Ranger (1929-2015) in einem 1983 veröffentlichten Sammelband den Begriff „invention of traditions" geprägt. Dabei geht es nicht nur um Narrative, sondern auch um Rituale und materiale Kulturgüter, etwa Kleidung. Hobsbawm berichtet beispielsweise von akademischen Ritualen während seiner eigenen Zeit am Londoner King's College, die frisch eingeführt, aber mit der Aura mittelalterlicher Tradition zelebriert wurden. Häufig handelt es sich bei „invented traditions" nicht um reine Erfindungen ohne jeden faktischen Anhaltspunkt in der Vergangenheit, sondern um kreative Neukompositionen und Anreicherungen von tatsächlich alten Traditionen. Deshalb sollte besser nicht von „erfundenen", sondern eher von „konstruierten Traditionen" gesprochen werden.

Konsequenzen

Was lässt sich aus diesen Eckpunkten der philosophischen und kulturwissenschaftlichen Diskurse der vergangenen Jahrzehnte für die historische Theologie lernen? Zweifellos hat die historische Theologie, wie jede Geschichtswissenschaft, einen hohen Wirklichkeitsbezug, da sie sich auf tatsächlich existierende Artefakte und Texte unserer Vorfahren bezieht. Allerdings haben wir zu diesen vergangenen Wirklichkeiten heute keinen unmittelbaren Zugang mehr. Historische Wissenschaft muss Zeugnisse aus fernen Zeiten und Welten für heutige Leser:innen übersetzen. Sie befragt diese Zeugnisse sowohl auf ihren Informationsgehalt über die vergangene Wirklichkeit als auch auf die den Quellen inhärenten Deutungen und Wertungen. Da Letzteren im Rahmen der Theologie besondere Aufmerksamkeit zukommt, sind Reflexionen über die Subjektivität, die Sinngebung und die Bedingungen von Erkenntnis für die historische Theologie besonders wichtig. Die Diskurse und Einsichten zu Fragen der Autorschaft nehmen wir in der Weise auf, dass wir im Folgenden nicht von „dem Autor" oder „der Autorin" und ihren Intentionen ausgehen, sondern vom „Text" bzw. „Bild" und nach deren Intentionen fragen.

Geschichten und Geschichte

Zudem ist die Erkenntnis wichtig, dass „Geschichten" (stories) und „Geschichte" (history) keine Gegensätze sind, sondern vielmehr Geschichte aus und in Geschichten gemacht wird. Die geschichtsprägende Kraft von Erzählungen ist für die Religionsgeschichte von immenser Bedeutung. Das Ziel von Analyse und Interpretation der Quellen ist also nicht allein, hinter den Erzählungen, Deutungen und Wertungen – oder auch gegen sie – die „wahre Geschichte“ zu entdecken, sondern auch diese Erzählungen, Deutungen und Wertungen selbst aufzudecken und für Erkenntnisse über Ereignisse, Zusammenhänge, Vorstellungen und Weltdeutungen im Bereich des Christlichen fruchtbar zu machen. Dabei ist der macht- und ideologiekritische Impuls angesichts der dunklen Seiten der Christentumsgeschichte für die Historische Theologie besonders wichtig. Historische Theologie kann und sollte sowohl zur Wahrung, Weitergabe und Weiterentwicklung von Traditionen als auch zur selbstkritischen Reflexion des Christentums beitragen. Damit arbeitet sie am kulturellen Gedächtnis (post)christlicher Gesellschaften mit – und trägt somit zu deren kollektiver Identität bei. Sie tut dies, indem sie die Zeugnisse der Vergangenheit im ursprünglichen und besten Sinn kritisch (von griechisch: κρίνειν = unterscheiden) – also im Blick auf ihre Wirkabsichten und Wirkungen in der Geschichte unterscheidend betrachtet und bewertet. Historische Theologie ist somit sowohl der Kritik als auch der Konstruktion verpflichtet: Indem sie Faktenwissen produziert und reflektiert, prüft sie die Inanspruchnahmen des Christlichen in der Vergangenheit ebenso kritisch wie heutige programmatische Rückgriffe auf die Vergangenheit. Aber sie kann dies gar nicht anders tun, als selbst auch Geschichten und Geschichte zu (re)konstruieren, und zwar mit dem ihr zur Verfügung stehenden Wissen, mit den Frageperspektiven und Erkenntnisinteressen ihrer eigenen Zeit. Sie produziert also selbst auch Geschichtserzählungen, Narrative und Traditionen, welche von den nachfolgenden Generationen wiederum kritisch an den Fakten geprüft und auf ideologische Intentionen hin befragt werden müssen.

Literatur

Benedict Anderson: Imagined communities. Reflections on the Origin and Spread of Nationalism, London 1983, überarb. Aufl., London/New York 2006, Nachdruck 2016.

Jan Assmann: Das kulturelle Gedächtnis. In: Thomas Mann und Ägypten. Mythos und Monotheismus in den Josephsromanen Beck, München 2006, 76–75.

Roland Barthes: La mort de l'auteur, Paris 1968.

Michel Foucault: Archäologie des Wissens, Frankfurt am Main 1981.

Hans-Georg Gadamer: Hermeneutik und Methodik, Heidelberg 1987.

Maurice Halbwachs: La mémoire collective, Paris 1950, 2e éd. revue et augm. 1968, éd. critique établie par Gérard Namer, Paris 1997.

Eric Hobsbawm/Terence Ranger (Hg.): The Invention of Traditions, Cambridge 1983, ^{25}2016.

Reinhart Kosellek: The Practice of Conceptual History. Timing, History, Spacing Concepts (Cultural Memory in the Present), Stanford 2002.

Jean-François Lyotard: La condition postmoderne. Rapport sur le savoir, Paris 1985, Graz 1986, dt. Ausg.: Peter Engelmann (Hg.): Das postmoderne Wissen. Ein Bericht, aus dem Franz. von Otto Pfersmann, Graz/Wien 1986, Wien ^{6}2009.

Bernhard Pörksen (Hg.): Schlüsselwerke des Konstruktivismus, Wiesbaden ^{2}2015.

Dietrich Ritschl/Hugh Oldbury Jones: „Story“ als Rohmaterial der Theologie (Theologische Existenz heute, Bd. 192), München 1976.

IV. Das Ziel: Intersubjektive Plausibilität

Wenn wir die skizzierten Diskurse über Subjektivität, Sinnstiftung und soziale Dynamiken von Erinnerung und Geschichtsschreibung ernst nehmen, kann es in der historischen Arbeit heute nicht mehr um „die historische Wahrheit" als solche oder „die Objektivität der Forschenden" gehen. Niemand kann heute sagen, „wie es wirklich gewesen ist". Zugleich ist Geschichtsschreibung nicht einfach eine Sache des Individuums, sondern von enormer gesellschaftlicher Bedeutung. Das entscheidende Kriterium für „gute" Geschichtsschreibung kann also nicht mehr (objektive oder subjektive) historische Wahrheit sein. Es ist vielmehr die Frage, welche (Re-)Konstruktionen der Vergangenheit, welche Erklärungsmuster und welche Narrative sich intersubjektiv für die je eigene Gegenwart als plausibel erweisen und bewähren. Da dies nur im Diskurs verhandelt werden kann, ist Geschichtsschreibung ein unabgeschlossener und jeweils kontextabhängiger Prozess. Welche „Geschichte", welche Erzählung der Vergangenheit für die je eigene Zeit am überzeugendsten ist, muss zwischen den Zeitgenoss:innen und im Dialog zwischen Gegenwart und Vergangenheit je neu ausgehandelt werden.

Faktoren für Plausibilität

Welche Faktoren entscheiden über intersubjektive Plausibilität, was macht also gute historische Wissenschaft, und damit auch gute Historische Theologie, aus? Die folgende Liste nennt einige, aber sicherlich nicht alle Faktoren, die zu intersubjektiv plausibler historischer Arbeit beitragen können:

- Reflexion der eigenen Kontextualität: Welche kulturellen und kirchlichen Hintergründe prägen die forschende Person oder Gemeinschaft und ihren Zugriff auf die Vergangenheit, und auf welche Weise werden sie wirksam? Lassen sich bestimmte Vorverständnisse, Interessen oder „blinde Flecken" im Blick auf die eigene Identität ausmachen? Wenn sie erkannt und ihre möglichen Auswirkungen auf den Umgang mit Geschichte erkannt sind, stellen sie kein Hindernis für die intersubjektive Plausibilität dar, sondern können diese sogar befördern.
- Klar formulierte Forschungsfragen: Ein verständlich formuliertes Erkenntnisinteresse ist eine wichtige Bedingung für die Überprüfbarkeit der Ergebnisse und Antworten. Ist die Frage sinnvoll gestellt? Handelt es sich überhaupt um eine echte Frage, oder soll nur ein bereits bestehendes Narrativ bestätigt werden?
- Nachvollziehbare Wege der historischen Erkenntnis: Um sich nicht dem Vorwurf willkürlicher Auslegung der Quellen auszusetzen, müssen Historiker:innen aufzeigen können, auf welche Weise sie zu ihren jeweiligen Erkenntnissen gekommen sind. Hierbei spielen die angewandten Methoden eine entscheidende Rolle. Das Wort „Methode" ist ein Lehnwort aus dem Griechischen (μέθοδος) und bedeutet wörtlich: „nachgehen, um jeman-

den zu suchen, einzuholen, zu fangen". Es kommt also darauf an, den Erkenntnisweg nachvollziehbar darzustellen, um andere überzeugen zu können. Oder um im Bild von Werkstatt und Werkzeugkiste zu bleiben: Die Historikerin muss darüber Rechenschaft ablegen können, mit welchen Materialien und Instrumenten und nach welchem Bauplan sie ihr Werk (eine neue Erzählung von Geschichte) geschaffen hat.

- Ein überzeugendes Verhältnis von historisch gesichertem Wissen und eigenständiger Ausdeutung der Quellen: Häufig sind diejenigen Erkenntnisse intersubjektiv am plausibelsten, die einen Mittelweg zwischen dem Rückgriff auf Bewährtes und der Innovation finden. In jedem Fall ist es wichtig, beides offenzulegen: Wo greife ich auf bereits etabliertes Wissen und selbstverständliche Überzeugungen zurück? Welche Erkenntnisse oder Deutungen sind neu (und müssen daher besonders aufmerksam überprüft werden)? Und wie verhalten sich Neuinterpretation und Altbewährtes zueinander?
- Einbettung in den Forschungsdiskurs: Eine solide Auseinandersetzung mit anderen - sowohl die eigene Arbeit bestärkenden als auch sie herausfordernden und ihr widersprechenden - Ansichten und Ansätzen trägt zur Überzeugungskraft der eigenen historischen Arbeit bei. Auch hierbei ist ein ausgewogenes Verhältnis oft am überzeugendsten. Grundsätzlich sollten nur solche Forschungsmeinungen referiert werden, die einen wirklichen Bezug zur eigenen Arbeit aufweisen. Zwar gibt es die plötzlichen Einsichten in der Einsamkeit der Studierstube, doch müssen auch sie der Leserschaft plausibel vermittelt werden.

Grenzen der intersubjektiven Plausibilität

Das Kriterium der intersubjektiven Plausibilität hat auch Grenzen. So stellt sich die Frage, ob es nicht auch hinderlich für echte Innovation und Originalität sein kann, wenn dem Konsens der Forschungsgemeinschaft die entscheidende Bedeutung beigemessen wird. Nicht zuletzt ein Blick in die Geschichte des Christentums lässt sensibel werden für die Ambivalenz von Macht und Mehrheiten. Immer wieder haben Menschen unter Inanspruchnahme des christlichen Glaubens Minderheitenmeinungen als die eigentlich wahren vertreten - und sind damit in Konflikt mit Macht und Mehrheit geraten. Und welche Rolle spielt die rhetorische und argumentative Überzeugungskraft im Verhältnis zum Wahrheitsgehalt einer Aussage? Gibt es nicht auch historische Situationen und politische Machtkonstellationen, etwa in Diktaturen, in denen die intersubjektive Plausibilität durch argumentative Überzeugung versagt, weil sie (ideologisch) übergangen und systemisch ausgeschlossen wird?

Diese Einwände weisen darauf hin, dass intersubjektive Plausibilität als Wahrheitskriterium nicht einfach mit Mehrheitsmeinung gleichgesetzt werden darf. Auch wenn die *communis opinio* im wissenschaftlichen Diskurs zu Recht eine wichtige Rolle spielt, ist sie keine Garantin für historische Wahrscheinlichkeit, geschweige denn Wahrheit. Die historischen Bedingungen von Forschungsdiskursen müssen ebenso mitbedacht werden wie die Vertrauenswürdigkeit der einzelnen Forschenden.

V. Zwei Grundkompetenzen: Perspektivenwechsel und Kontextsensibilität

Im Konzert der theologischen Fächer steht die Historische Theologie zwischen den exegetischen und den systematischen Disziplinen, und zwar nicht nur im Blick auf die relevanten Zeiträume, sondern auch in methodischer Hinsicht. Sie stellt, wie die Systematische Theologie, häufig Fragen, deren Beantwortung eine gezielte Quellenauswahl erfordert. Im Umgang mit diesen Quellen bedient sie sich aber vornehmlich exegetischer Methoden, indem sie nicht nur nach dem Inhalt, sondern ebenso nach der Form und „Machart" einer Quelle fragt, also nicht nur das Was, sondern auch das Wie einer historischen Quelle analysiert und interpretiert.

Fremdheit und Nichtwissen

Der zeitliche Abstand, der die Historiker:innen von ihrem Untersuchungsgegenstand trennt, erfordert zwei Kompetenzen, die als spezifischer Beitrag der Historischen Theologie zum Ganzen der Theologie bezeichnet werden können: Perspektivenwechsel und Kontextsensibilität. Wer eine historische Quelle wirklich verstehen möchte, muss einerseits in der Lage sein, die Perspektive der Autorin bzw. des Urhebers dieser Quelle nachzuvollziehen. Dies erfordert die Fähigkeit und Bereitschaft, zumindest teilweise von den eigenen (Vor-)Urteilen abzusehen, fremde Weltsichten und Anliegen möglichst wertfrei nachzuvollziehen und in die eigene Sprache und Kultur zu übersetzen.

Die beiden Grundkompetenzen Perspektivenwechsel und Kontextsensibilität können am besten eingeübt werden, indem die Forscher:innen sich in der konkreten historischen Arbeit immer wieder bemühen, die Fremdheit der behandelten Quellen und Epochen wahrzunehmen und das eigene Nichtwissen und Nichtverstehen angemessen zu berücksichtigen.

Kontextualität

Historische Arbeit bleibt aber nicht bei diesem wertfreien Nachvollzug ihrer Quellen stehen, sondern hat auch die Aufgabe, diese in das jeweils aktuelle Wissen bzw. Bild von der Vergangenheit einzuordnen und in diesem Rahmen zu bewerten. Hierfür ist ein besonderes Gespür für die Kontextualität allen Denkens, Fühlens und Handelns notwendig. Was konnten die Menschen in jener Zeit und unter den damaligen Umständen überhaupt wissen, wie konnten sie handeln? Wie ist ihr Denken und Handeln im zeitgenössischen Umfeld zu bewerten? Und was ist zu beachten, wenn wir aus der Geschichte etwas für heute lernen wollen? Einer der größten und gröbsten Fehler im Umgang mit der Vergangenheit besteht darin, Personen, Prozesse und Strukturen nach den Maßstäben der jeweils eigenen Zeit zu be- und häufig dann auch zu verurteilen. Es ist die Aufgabe der historischen Wissenschaften, diesem Fehler durch eine solide Methodik im Umgang mit den Quellen entgegenzutreten - und dabei ihr kritisches Potential einzusetzen. Es geht darum, die Kontextgebundenheit sowohl der vergangenen als auch der eigenen Zeiten zu erfassen, die Kontexte so präzise wie möglich zu beschreiben - und aus dem Vergleich womöglich Impulse und Anstöße für die eigene Gegenwart zu gewinnen. Wenn dies gelingt, vermag historische Arbeit die Theologie vor ideologischen Verhärtungen einerseits und nihilistischer Selbstrelativierung andererseits zu bewahren. Historische Theologie ist in diesem Sinn immer kritische und kontextuelle Theologie.

Pragmatisch & Kompakt

Historische Theologie

Historische Theologie erforscht Inanspruchnahmen des Christlichen in der Vergangenheit. Ihre Methodik unterscheidet sich grundsätzlich nicht von der allgemeinen Geschichtswissenschaft. Sie legt aber mit Blick auf die Inanspruchnahmen des Christlichen einen besonderen Schwerpunkt auf hermeneutische Fragen. Historische Theologie ist kontextuelle Theologie, die kritische und konstruktive Elemente verbindet. Auf dieser Grundlage kann sie auch einen Beitrag zur Klärung gegenwärtiger Fragen in Theologie und Gesellschaft leisten.

Zweiter Teil:
Suchen, Finden, Fragen

I. Heuristik – die Kunst des Findens

Begriff

Der Begriff „Heuristik“ ist vom griechischen Verb εὑρεῖν = finden abgeleitet. Johann Gustav Droysen hat die Heuristik in seinem „Grundriss der Historik“ (1868) als „Bergmannskunst“ des Historikers bezeichnet: „Die Heuristik schafft den Stoff zur historischen Arbeit herbei, sie ist die Bergmannskunst, zu finden und ans Licht zu holen“ (Droysen, § 20). Droysen bezog die Kunst des Findens auf das Quellenmaterial, das aus den Tiefenschichten der Vergangenheit als „Rohstoff“ der historischen Arbeit aus dem Bergwerk der Vergangenheit zutage gefördert werden muss. Heute, gut 150 Jahre später, ist aber auch die wissenschaftliche Aufarbeitung dieses Materials so umfangreich geworden, dass die „Kunst des Findens“ ebenso auf das Aufspüren von geeigneter Forschungsliteratur angewendet werden muss. Die Kunst besteht darin, genau jene Quellen und Forschungsbeiträge zu finden, die zur Bearbeitung einer bestimmten Fragestellung geeignet sind. Aber auch das Finden geeigneter Fragen ist alles andere als eine triviale Angelegenheit. Oft entsteht der Eindruck, dass viele Fragen schon gestellt (und auch beantwortet) und die meisten Quellen bereits von früheren Forschenden untersucht (und auch plausibel gedeutet) worden sind. Daher ist es wichtig, sich sinnvolle Schneisen durch die Forschungsgeschichte zu schlagen, um zu guten Fragen und geeigneten Quellen vorzudringen. All dies – die Suche nach geeigneten Quellen, nach anregenden Forschungsfragen und nach hilfreicher Forschungsliteratur – gehört zur Heuristik, der „Kunst des Findens“.

In der folgenden Darstellung gehen wir von den Quellen aus, wenden uns dann Fragestellungen und Erkenntnisinteressen sowie schließlich wissenschaftlicher Literatur zu. In der konkreten historischen Arbeit greifen diese drei Aspekte jedoch ineinander. Am Anfang historisch-theologischer Forschung kann ein Quellenbestand, eine Fragestellung oder auch eine Forschungsthese stehen. Je nach Ausgangspunkt müssen die anderen Aspekte auf sinnvolle Weise ins Spiel gebracht werden.

Literatur

Johann Gustav Droysen: Grundriss der Historik, Leipzig 1868, Halle ^{4}1925 (E-Book 2020).

II. Was sind historische Quellen und wie finde ich sie?

Eigentlich ist die ganze Welt ein riesiger Fundus an Quellenmaterial für die Geschichtswissenschaft. Denn die Welt von heute ist ein Produkt der Vergangenheit. Ausgestaltung und Bewirtschaftung der Landschaften, Lebensformen, Gebäude, kulturelle Gewohnheiten, religiöse Überzeugungen, persönliche Charaktere - all das ist entstanden, hat sich entwickelt und trägt Spuren und Prägungen der Vergangenheit an sich. Im Alltag nehmen wir uns selbst und unsere Umwelt nicht primär als Produkte der Vergangenheit wahr. Nach Geschichte zu fragen, ist also ein spezifischer Zugriff auf Wirklichkeit.

II.1 Relikte und Quellen

Nicht alle Relikte (von lat. *relictum* = das Zurückgelassene, das Übriggebliebene) aus der Vergangenheit sind sogleich auch historische Quellen. Aber jedes Relikt der Vergangenheit *kann* zu einer historischen Quelle werden. Ob und wie dies geschieht, liegt an den historisch fragenden Personen, die mit den Quellen umgehen. Der Begriff „Quelle“ kennzeichnet also nicht die aus vergangenen Zeiten erhaltenen Gegenstände, Texte, Bilder und Tatbestände an sich, sondern deren Funktion für die Geschichtswissenschaft.

Bedeutung der Frage

Ob und wofür ein Relikt der Vergangenheit eine brauchbare Quelle ist, hängt von der Fragestellung ab, die an dieses Relikt herangetragen wird. Ein herumliegender Stein, eine ungelesene mittelalterliche Handschrift, eine in einer Datenbank hinterlegte Fotografie sind keine historischen Quellen, solange sie nicht hervorgeholt, befragt und gedeutet werden. Gelingt es aber, dem Stein, dem Text, dem Bild - einzeln betrachtet oder in der Zusammenschau mit anderen Relikten - Informationen und Erkenntnisse über die Vergangenheit zu entlocken, dann werden sie, für diesen konkreten Fall, für diese bestimmte Fragestellung zu einer historischen Quelle (gemacht). Erst indem wir den herumliegenden Stein oder einen überlieferten Text zu seinem Aussagegehalt über die Vergangenheit befragen, werden diese Objekte zu Quellen. Historische Wissenschaft muss also die Relikte der Vergangenheit auswählen und ansprechen, um sie ihrerseits zum Sprechen zu bringen, damit diese zu historischen Quellen werden können.

Überreste und Traditionen

Dabei ist zu beachten, dass manche Relikte der Vergangenheit für den alltäglichen Gebrauch bestimmt waren und nur zufällig heute noch vorhanden sind, während andere bewusst zur Erinnerung hergestellt und aufbewahrt wurden. Dies unterscheidet etwa Reste einer Hausmauer von einem Denkmal, den Einkaufszettel von einer Chronik oder den photographischen Schnappschuss von einem Gemälde. Beide können prinzipiell und mit viel Gewinn zu einer historischen Quelle gemacht werden, aber es ist immer mit zu bedenken, dass dies im einen Fall *entsprechend der Intention*, im anderen *entgegen der Intention* der Urheber:innen geschieht. Um diesen Unterschied zu markieren, wird in der historischen Quellenkritik - wiederum im Anschluss an Johann Gustav Droysen - häufig zwischen „Überresten" und „Traditionen" unterschieden. Als „Überreste" gelten dann all jene Relikte, die absichtslos, also ohne Berichtsintention überliefert wurden und als Gebrauchsgegenstände einfach von der Vergangenheit „übriggeblieben" sind. Das deutsche Wort „Rest" in vom lateinischen Verb *restare* = zurück-stehen, übrig bleiben abgeleitet. „Traditionen" (von lateinisch *tradire* = übergehen, überliefern) hingegen wurden absichtsvoll, zum Zweck der Erinnerung für nachfolgende Generationen hergestellt, aufbewahrt, vielleicht sogar vervielfältigt und gesammelt. Solchen Texten und Bildern wurde also bereits „Quellenpotential" zugesprochen, bevor wir unsere Fragen an sie richteten und sie damit zu Quellen unserer historischen Arbeit machten.

Arten von Relikten

Außerdem lassen sich Relikte der Vergangenheit nach ihrer Form und Materialität unterscheiden in

- gegenständliche (z.B. Mauern, Gebrauchsgegenstände, Skulpturen),
- abstrakte (z.B. Vorstellungen, Brauchtum, Werte) sowie
- semiotische (z.B. Texte, Bilder, Ton- und Filmaufnahmen).

Allerdings sind die Grenzen sowohl zwischen gegenständlicher, abstrakter und semiotischer Überlieferung als auch zwischen Überresten und Traditionen fließend. Ein Kaufvertrag über ein Haus zu Beginn des 15. Jahrhunderts etwa ist nicht nur ein Text, sondern auch ein Sachgegenstand. Er zeugt ebenso von einem bestimmten Kaufgeschehen wie von der Qualität von Tinte und Papier im späten Mittelalter. Vielleicht wurde er in einem Stadtarchiv aufbewahrt, um bei eventuellen Konflikten nachfolgender Generationen als Zeugnis konsultiert werden zu können. Dann wäre er eine absichtlich überlieferte „Tradition". Wenn das Haus in einer späteren Zeit aber in einem Krieg zerstört wurde, hat der Vertrag diesen Zweck verloren. Jedoch wurde er womöglich nicht aus dem Archiv entfernt, einfach weil niemand daran dachte, es zu tun. Damit ist der Vertrag zu einem nur zufällig bewahrten „Überrest" geworden. Oder aber er wurde absichtlich aufbewahrt in der Annahme, das Papier könnte späteren Generationen als Quelle dienen.

Wenn eine Historikerin diesen Kaufvertrag heute wieder aufspürt, kann sie ihn mit einer gezielten Fragestellung zu einer historischen Quelle machen. Und dies in unterschiedlicher Weise: Sie kann ihn entweder als eine Tradition des 15. Jahrhunderts oder als einen Überrest nach dem Dreißigjährigen Krieg (1618-1648) ansehen. Sie kann ihm Informationen über die Schreibmaterialien im 15. Jahrhundert, über die damals geltenden Preise für Immobilien oder über die Topographie der entsprechenden Stadt entnehmen. Im ersten Fall hätte sie das Schriftstück als Gegenstand in seiner Materialität betrachtet, in den anderen beiden als semiotisch-textliche Überlieferung zu historischen Tatbeständen untersucht.

Es hängt also wesentlich von der historischen Frage ab, ob ein Relikt überhaupt und zu welcher Art von Quelle gemacht wird.

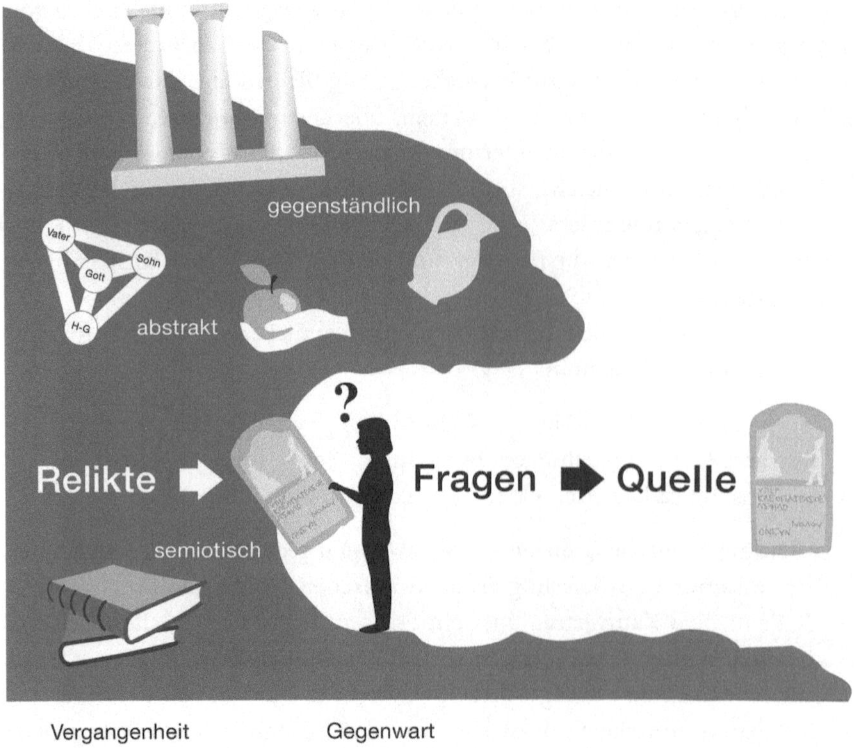

Grafik 1 Geschichte ist ein Produkt der Auseinandersetzung von Menschen in der Gegenwart mit der Vergangenheit. Geschichtsquellen entstehen, indem ein fragendes Subjekt Relikte aus dem „Bergwerk" (Leopold von Ranke) der Vergangenheit birgt und sie auf ihren Informationsgehalt und Erkenntniswert hin befragt. Relikte und Quellen können gegenständlicher, abstrakter und semiotischer Art sein.

Nachbardisziplinen

Nicht nur die Allgemeinen Geschichtswissenschaften und die Historische Theologie machen Relikte der Vergangenheit durch Fragen zu Quellen. Die Archäologie widmet sich fast ausschließlich den gegenständlichen Hinterlassenschaften, die historische Philosophie den abstrakten Ideen, die Philologien der Sprachgestalt von überlieferten Texten und die Kunstgeschichte den bildlichen oder architektonischen Objekten. Natürlich gibt es zahlreiche Überschneidungen: Inschriften beispielsweise werden gleichermaßen von Archäolog:innen, Philolog:innen und Historiker:innen als Quellen genutzt, aber häufig mit fachspezifischen Frageperspektiven.

Weil die Erkenntnisse anderer historisch arbeitender Wissenschaftszweige von großer Wichtigkeit für die Historische Theologie sind, werden diese häufig als „Hilfswissenschaften" bezeichnet. Dieser Begriff trägt jedoch eine problematische Hierarchisierung in sich und wird der Tatsache nicht gerecht, dass diese Disziplinen in gleicher Weise differenziert und komplex arbeiten wie die eigene. „Nachbardisziplinen" wäre der passendere Begriff. Wichtiger als die Benennung ist aber, die Fachsprache und die wichtigsten Methoden der relevanten Nachbardisziplinen ansatzweise zu kennen, um ihre Erkenntnisse für die eigene Forschung nutzen zu können und um interdisziplinär gesprächsfähig zu sein.

Begriff „Quelle"

Da im Rahmen der Historischen Theologie primär mit Text- und Bildquellen gearbeitet wird, beschränken wir uns in diesem Buch auf den methodischen Umgang mit diesen beiden Quellenarten. Das Wort „Quelle" löst die Assoziation von etwas Frischem, Sprudelndem, Reichhaltigem aus. Aber nicht immer fließen die Informationen so ganz von allein aus dem historischen Material. Häufig müssen die Zugänge erst freigelegt werden. Manche Quellen überschütten ihre Leser:innen und Betrachter:innen auch mit Informationen und Wertungen, dann sind kritische Rückfragen vonnöten, um zu plausiblen historischen Erkenntnissen zu gelangen. In der Frühen Neuzeit propagierten Renaissancegelehrte und Reformatoren mit dem Ruf: *ad fontes!* die Rückbesinnung auf antiken Quellen, weil sie sich davon einen vom „finsteren Mittelalter" unverstellten Zugang zur alten Weisheit und hellen Wahrheit der Antike im Allgemeinen und des ursprünglichen Christentums im Besonderen versprachen. Aber auch diese Assoziation der ursprünglichen Reinheit und Wahrheit besonders alter Quellen ist nicht unproblematisch, denn jede historische Quelle ist ein Produkt ihrer Zeit und bringt die Erkenntnisse ihrer Zeit mit den Mitteln ihrer Zeit zur Sprache. Und oft erweisen sich Quellen mit einer besonderen Nähe zu einem historischen Ereignis als besonders stark geprägt von den Interessen und Perspektiven ihrer Urheber:innen. Die im Folgenden vorgestellten Ansätze und Methoden zum Umgang mit Quellen wollen diesen Herausforderungen in kritischer Kreativität begegnen.

Literatur

Christoph Markschies, Arbeitsbuch Kirchengeschichte (UTB 1857), Stuttgart 1995, S. 85–102

Martin Meiser/Uwe Kühneweg/Rudolf Leeb/Petra v. Gemünden/Thomas Schmeller: Proseminar II Neues Testament – Kirchengeschichte. Ein Arbeitsbuch, Stuttgart/Berlin/Köln 2000, S. 227–285 (mit hilfreichen Einführungen in drei wichtige Nachbardisziplinen der Historischen Theologie: „Christliche Archäologie und Kunst" von Rudolf Leeb, S. 227–259, „Linguistik und Textauslegung" von Petra v. Gemünden, S. 260–275, und „Sozialgeschichtliche Auslegung" von Thomas Schmeller, S. 276–285).

II.2 Handschriftensammlungen, Archive und Museen

Wer schriftliche Quellen bearbeiten möchte, die (noch) nicht in Editionen vorliegen oder vorliegende Editionen an dem ihnen zugrundeliegenden Material überprüfen möchte, muss Handschriftenabteilungen in Bibliotheken (zusammengesetzt aus griechisch: βιβλίον = Buch, Schrift und θήκη = Kasten, Behälter) oder Archive (von griechisch: ἀρχεῖος = Amtsgebäude, daher Aufbewahrungsort für Akten) aufsuchen. Der Zugang zu den dort gesammelten

Quellen ist zwar zunehmend auch digital möglich [↗ Digitale Recherche, Zweiter Teil VI.], doch sollen hier auch einige Hinweise für physische Besuche an diesen für Historiker:innen faszinierenden Orten gegeben werden. Das Wissen um die Funktionsweise solcher Sammlungen ist auch für Recherchen im Internet hilfreich, da die Sammlungs- und Ordnungsprinzipien häufig dieselben sind.

Die Anziehungskraft von Handschriftensammlungen und Archivgut besteht für historisch Interessierte darin, dass sie einen unmittelbaren Zugang zum historischen Material, zu den Originalen der Vergangenheit ermöglichen. Besonders im Zuge des „material turn" ist das Interesse an der materialen Beschaffenheit und Gestaltung auch von Textzeugnissen gewachsen: Sie sind eben nicht nur Medien der Übermittlung von Inhalten, sondern auch physische Zeugen der Vergangenheit.

Zugleich spiegeln Handschriftensammlungen und Archive als Institutionen der Quellensammlung und -bewahrung das Geschichtsverständnis ihrer je eigenen Zeit: Was wurde und wird gesammelt, mit welchem Interesse und Ziel? Archive und Handschriftenabteilungen stehen der Öffentlichkeit grundsätzlich zur Verfügung, die Nutzer:innen werden von spezifisch ausgebildetem Personal betreut. In der Abwägung zwischen öffentlichem Interesse und Schutz des historischen Materials wird von Fall zu Fall entschieden, welche Handschriften und Archivalien in welcher Form und unter welchen Bedingungen zur Einsicht herausgegeben werden. Der Besuch einer Handschriftenabteilung oder eines Archivs sollte daher sorgfältig vorbereitet und mit den vor Ort zuständigen Personen abgestimmt werden.

Handschriftenabteilungen

Sammlungen mittelalterlicher Handschriften sind meist als Abteilungen in größere Bibliotheken integriert, führen aber eigene Lesesäle und Kataloge. Handschriften oder auch Manuskripte (von lateinisch *manu scriptum* = das mit der Hand Geschriebene) sind bis zur Erfindung und Durchsetzung des Buchdrucks im 15. Jahrhundert die Medien der Textüberlieferung gewesen. Als Schriftträger wurden Papyrus oder Pergament verwendet. Das Papier kam im 11. Jahrhundert über Kulturkontakte mit der arabischen Welt nach Europa.

Theologische Schriften und Geschichtswerke wurden seit der Spätantike vor allem in den Skriptorien von Klöstern und Kathedralschulen kopiert und gesammelt, seit dem Spätmittelalter auch an weltlichen Höfen oder von einzelnen Gelehrten. Häufig enthält ein Codex mehrere Schriften, die auch nicht immer vollständig enthalten sind. Die Herstellung eines Codex war immer ein Gemeinschaftswerk zwischen Auftraggeber:innen und Schreibern sowie Illustratoren. Im Zuge der Säkularisierung vieler Klöster seit dem 16. Jahrhundert und mit dem aufkommenden gesamtgesellschaftlichen Interesse an historischem Material seit dem 18. Jahrhundert gelangten viele Sammlungen – manchmal auf verschlungenen Umwegen – in größere Bibliotheken. Dort wurden sie zumeist als ursprüngliche Sammlungen beibehalten, was sich noch heute in manchen Signaturen niederschlägt.

Signaturen

Für das Auffinden von Manuskripten in Bibliotheken oder Archiven ist der Umstand wichtig, dass Signaturen von Handschriftensammlungen nicht Angaben zu Autoren und Werktiteln enthalten, sondern zum Ort der Aufbewahrung, zur Bezeichnung der Sammlung, häufig auch zur Sprache des Codex (z. B. gr. oder graecus für griechische, lat. oder latinus für lateinische Handschriften) sowie die Nummerierung der Handschrift. Ich muss also wissen, an welchem Ort ein Manuskript eines bestimmten Werkes vorhanden ist und welche Signatur der Codex hat. Kritische Werkeditionen [↗ Kritische Edition, Dritter Teil III.3] listen jeweils alle für die Edition verwendeten Handschriften mit der Signatur auf. Die meisten digitalen Kataloge ermöglichen aber auch die Suche nach Werktiteln, was das Auffinden von Handschriften enorm erleichtert.

Kataloge

Die allermeisten Handschriftenbestände historischer Bibliotheken sind heute sehr gut in Katalogen erschlossen. Diese vermitteln das Wissen von ihrer jeweiligen Entstehungszeit bis zum Ende ihrer Fortschreibung. Viele dieser Kataloge sind in der großen Zeit der Bibliotheksgründungen im 18. und 19. Jahrhundert entstanden und in lateinischer Sprache verfasst. Daher beauftragen viele Bibliotheken ihr wissenschaftliches Personal mit der Überarbeitung oder Neuerstellung von Katalogen ihrer Handschriftensammlungen. Moderne Kataloge präsentieren meist ursprünglich zusammengehörende Sammlungen und listen für jede Signatur eine genaue Beschreibung der Handschrift auf: Herkunft und Besitzgeschichte, Angaben zur Datierung und, wenn möglich, zum Schreiber sowie zu den Inhalten. Außerdem bieten sie Hinweise auf wichtige Forschungsliteratur zu der jeweiligen Handschrift. Einträge in modernen Handschriftenkatalogen sind also Forschungsbeiträge und ähneln Lexikoneinträgen, während ältere Kataloge häufig lediglich zum Auffinden von Handschriften und Texten in Handschriften zu gebrauchen sind.

Marginalien

Das Studium einer Handschrift kann Informationen bringen, die in Editionen üblicherweise nicht enthalten sind, aber für die Interpretation eines Textes von Bedeutung sein können – vor allem dann, wenn nach der Rezeptionsgeschichte gefragt wird. So können Randnotizen (Marginalien) auf das Verständnis früherer Leser oder auf deren Schwierigkeiten beim Verstehen hinweisen. Die Zusammenstellung eines Codex kann Informationen zum (theologischen) Interesse der Auftraggeber:innen geben.

Inkunabeln

Die meisten Bibliotheken besitzen neben Manuskripten auch „Inkunabeln“ oder „Wiegendrucke“ (lat. *incunabula* = Windeln, Wiege). Diese bezeichnen die Druckerzeugnisse bis einschließlich des Jahres 1500, die von Einzelblattdrucken bis zu dicken Büchern reichen. Die Inkunabeln orientierten sich im Aufbau und den Druckschriften an den Handschriften. Erst um 1500 emanzipierten sich die Buchdrucke vom handschriftlichen Vorbild. Es entstanden Bibeln, liturgische Schriften oder Schriften für die religiöse Praxis. Die Einblattdrucke umfassten etwa Ablassbriefe, Verzeichnisse, Kalender, amtliche Miteilungen oder erbauliche Inhalte wie Gebete. Solche gedruckten Flugblätter und Flugschriften mit mehreren Seiten spielten im 16. Jahrhundert eine wesentliche Rolle zur Verbreitung der reformatorischen Ideen und zu deren Bekämpfung. Für die Bibliotheken sind die Inkunabeln von ähnlich großem Wert wie die mittelalterlichen Handschriften.

Archive

Archive beherbergen Texte unterschiedlichster Art, die Auskunft über das Leben und Wirken der betreffenden Gesellschaft geben. Handschriftliche Dokumente, etwa eine Gründungsurkunde, belegen die Anfänge einer Stadt oder den Ursprung einer Institution, Testamente bezeugen die Grundlage wichtiger Stiftungen, Verträge zeigen die politischen oder wirtschaftlichen Beziehungen zu den Nachbarn auf, handschriftliche Protokolle, gebunden in dicken Folianten, enthalten die Beratungen und Entscheidungen der politischen Gremien. Auch Bestände von Personen oder Familien, die für eine Gesellschaft als prägend erachtet wurden oder werden, finden sich in den Archiven wieder. Sie werden oft als „Privatarchive" bezeichnet, um den Unterschied zu Archivalien aus der öffentlichen Verwaltung zu markieren. Korrespondenzen können sowohl in privaten als auch in öffentlichen Beständen liegen, etwa die Brautbriefe wichtiger Theologen im betreffenden Privatarchiv oder diplomatische Korrespondenzen zwischen Städten oder Ländern.

Archivalien

Bereits in der Antike und im Mittelalter legten Regierungen, prominente Familien oder Klöster Archive zur Aufbewahrung wichtiger Schriften wie Gesetze, Verträge, Listen und Chroniken an. Mit den frühmodernen Staaten, die sich in der Frühen Neuzeit entwickelten, entstanden gut organisierte, effiziente Verwaltungen, die handschriftliche Dokumente sammelten und aufbewahrten, wie Urkunden zum eigenen Ursprung, Dokumente, welche die Rechte und Pflichten mit den Untertanengebieten regelten, Verträge mit Nachbarstaaten, Protokollbücher der weltlichen Obrigkeiten, Korrespondenzen mit den Beamten der Untertanengebiete oder Anordnungen für die Untertanen. Auch gedruckte Texte wie Verlautbarungen der weltlichen Obrigkeit gegenüber den Untertanen, beispielsweise Kleiderordnungen oder Ordnungen zum Wirtshausbesuch, wurden gesammelt. In der modernen Zeit weiteten sich die Bestände aus, weil die öffentlichen Verwaltungen begannen, ihre Dokumentationen den Archiven zu übergeben.

Hauptaufgaben der Archive

Auswählen und Aufbewahren gehören zu den Hauptaufgaben der Archive. Leben und Handeln, Ausrichtung und Gestalt, Vielfalt und Ordnungen einer Gesellschaft sollen damit sichtbar bleiben – auch und besonders für spätere Generationen. Daher werden in den Archiven die Quellenbestände für die Geschichtswissenschaft der Zukunft gesammelt. Die Geschichtswissenschaft ruht letztlich auf den Grundlagen, welche die Archive zusammentragen.

Sie sind für eine Gesellschaft essentiell, weil Archive das Grundmaterial für Auskünfte über die Vergangenheit und die Gegenwart und damit über das Selbstverständnis einer Gesellschaft bergen.

Ordnungsprinzipien: Pertinenz und Provenienz

Es gibt zwei grundlegende Modelle der Ordnung von Archivbeständen: Das Pertinenzprinzip legt der Ordnung eine Systematik nach Themen oder Bezügen zugrunde, wie beispielsweise Territorien, Personen, Sachen, wobei der Zusammenhang der Entstehung der Archivalien keine Rolle spielt. Das Provenienzprinzip legt demgegenüber die Herkunft der Archivalien als Ordnung zugrunde. Die Erzeuger der Quellenbestände, etwa die öffentlichen Verwaltungen und ihre Abteilungen oder die öffentlich-rechtlich anerkannten Kirchen, werden als Kriterien für die Gliederung der Archivbestände genommen. Damit kann die Entstehung und Entwicklung der Archivbestände verfolgt werden. In den Archiven mit langer Geschichte gibt es oft Hinweise darauf, dass die Archivalien mehrfach umgeordnet und neu gegliedert wurden. Allerdings können diese Entwicklungen nicht immer oder nur mühsam rekonstruiert werden, was nicht unwesentlich ist, weil eine solche Rekonstruktion das Auffinden und die Kontextualisierung der Archivalien ermöglichte.

Überlieferungszufall

Nicht selten kommt es auch zu Kuriositäten: Im Berner Staatsarchiv gibt es die Signatur „U.P." für „Unnütze Papiere". Unter dieser Signatur sind 38 Bände mit Akten aus der Frühen Neuzeit versammelt, die eigentlich für den Mülleimer bestimmt waren, aber aus Zufall oder Nachlässigkeit nie entsorgt wurden. Die Akten zu Finanz-, Gewerbe-, Bau- und Justizwesen wurden im Jahr 1817 bei Inventarisierungsarbeiten des Archivs der Staatskanzlei als unnütz aussortiert und in Müllsäcken gelagert. Diese wurden durch Zufall im 20. Jahrhundert auf einem Estrich wiederentdeckt. In dieser Zeit wurde der Quellenwert dieser Dokumente für die Alltags-, Sozial- und Justizgeschichte als sehr hoch eingeschätzt, sodass die Akten wieder in das Archiv einsortiert wurden. Heute gilt die Sammlung als wichtiger Bestand für die Erforschung der Berner Reformation – ein schönes Beispiel für die Bedeutung von Zufall und Steuerung in der Überlieferung und Sammlung von Quellen.

Überlieferungsinteressen

Die Tatsache, dass Handschriftensammlungen und Archive institutionell eng mit den jeweiligen Machthabenden verknüpft waren und sind, ist bei der Recherche nach Archivgut und der historischen Bewertung der Quellen unbedingt zu berücksichtigen. Denn was aufbewahrt wurde und was nicht, hing stark von den Interessen und Bedürfnissen der jeweils Herrschenden ab. Archivbestände dokumentieren also in erster Linie diese Bedürfnisse und Interessen. Auch wenn all die im Laufe von Jahrzehnten und Jahrhunderten „kassierten" Dokumente nicht mehr ausgewertet werden können, lohnt es sich im Sinne der Reflexion über das „Nichtwissen" [↗ Nichtwissen, Erster Teil V.] zu erwägen, welche Ausschnitte der Wirklichkeit ein Archivbestand repräsentiert und welche nicht.

Wer etwa die Rolle der Kirchen in der Deutschen Demokratischen Republik erforschen möchte, muss bedenken, dass das Ministerium für Staatssicherheit in den Wirren der sogenannten Wende von 1989 eine systematische Vernichtung von Archivbeständen angeordnet hat. In wenigen Tagen wurden Tausende geheimdienstliche Dossiers vernichtet, welche in den Jahrzehnten zuvor akkurat abgelegt worden waren, weil der Geheimdienst mit der Überwachung der Bürger:innen und deren Dokumentation eine zentrale Rolle für die Machtsicherung der Sozialistischen Einheitspartei (SED) spielte. Diese Akten und die Informationen, die sie enthielten, sind unwiederbringlich verloren – und zwar nicht nur für die Geschichtswissenschaft, sondern auch für die juristische Aufarbeitung von erlittenem Unrecht. So kann zum Beispiel nicht mehr mit Sicherheit erhoben werden, wie viele kirchliche Amtsträger als Informelle Mitarbeiter (IM) für die Staatssicherheit gearbeitet und welche Personen und Gruppen sie ausspioniert haben.

Findbücher und Repertorien

Für das ganze Archiv und für die einzelnen Sammlungen gibt es in der Regel „Repertorien" oder „Findbücher", welche die entsprechenden Bestände inhaltlich und in ihrer Ordnung beschreiben. Diese Findbücher enthalten Register und Listen der Archivalien mit den Signaturen. Alte Findbücher sind noch handschriftlich verfasst, spätere Varianten wurden mit Maschine geschrieben. In den vergangenen 20 Jahren wurden diese Findbücher digitalisiert und stehen in mächtigen, archivübergreifenden Onlinekatalogen zur Verfügung. Diese digitalen Kataloge erlauben unterschiedliche Zugriffe auf die Archivalien: Es kann nach den Urheber:innen oder den Besitzer:innen, den Inhalten, zeitlichen Phasen oder den sammelnden Institutionen (z. B. Kirchenarchiv) der Bestände gefragt werden. Bei schwierigen Fragestellungen kann es auch hilfreich sein, Auskünfte des Personals in Anspruch zu nehmen, das in der Regel ausgezeichnet ausgebildet ist und die Bestände des Archivs hervorragend kennt.

Museen und Magazine

Materiale Hinterlassenschaften werden heute von Museen gesammelt, restauriert und konserviert. Allermeist ist nur ein ganz kleiner Teil der Sammlungen in Ausstellungen für die Öffentlichkeit zugänglich. Das meiste befindet sich in verborgenen Magazinen, die nicht immer über Kataloge erschlossen sind. Hier also sind die wahren Fundgruben der Materialkultur zu entdecken. Da der Fokus der Historischen Theologie und dieses Buches nicht auf materialen, sondern auf literarischen und ikonographischen Quellen liegt, belassen wir es bei wenigen Bemerkungen.

Museen, wie wir sie heute kennen, sind eine Erfindung des sogenannten Historismus im 19. Jahrhundert. Die Gebäude sind ebenso imposant wie die für Archive und Bibliotheken. Häufig ist die Architektur an antike Tempel angelehnt – ein Hinweis auf den fast schon sakralen Charakter, den jene Zeit den Sammlungen und Ausstellungen beimaß. Sie dienten nicht allein der Vermittlung von Wissen, sondern waren auch für die Identität und Repräsentation der aufstrebenden Nationen von Bedeutung. Die Vorgänger der modernen Museen waren zunächst die Wunder- und Schatzkammern von weltlichen und religiösen Herrschern und Institutionen. Ein eindrückliches Beispiel ist etwa die barocke Kunst- und Naturalienkammer des Waisenhauses der Franckeschen Stiftungen in Halle, die von den dort ausgebildeten Missionaren nach und nach mit über 3000 exotischen Natur- und Kulturobjekten bestückt wurde. Vom Reichtum kirchlicher Sammlungen kann jeder Domschatz einen Eindruck vermitteln.

Dekontextualisierung

Stärker noch als bei Schriftstücken fällt bei Museen und Sammlungen ins Gewicht, dass die Fundstücke allermeist nicht mehr in ihrem ursprünglichen Herkunfts- und Gebrauchskontext zu finden sind. Mit den klassischen Beschriftungen, Erläuterungen und zunehmend kreativen museumspädagogischen Mitteln versuchen Kurator:innen, die verlorenen historischen Kontexte der Ausstellungsstücke zumindest imaginativ zu präsentieren. Dahinter steckt natürlich eine immense historische Rekonstruktionsarbeit - und bisweilen auch ein gutes Maß Spekulation und Phantasie.

Raubgut

Die Dekontextualisierung von Ausstellungsstücken in Museen verweist aber auch auf ein kulturpolitisches Problem, das in den letzten Jahren im Zusammenhang mit dem Kolonialismus intensiv diskutiert wird. Viele Museen in Westeuropa und in Nordamerika besitzen und präsentieren Kulturgüter, die westliche Forschende auf Ausgrabungen und Expeditionen in fremde Länder mitgebracht haben. Nicht immer, aber oft genug handelt es sich dabei zweifelsfrei um Raubgut. Und selbst wenn die Mitnahme von Fundstücken vertraglich geregelt war, stellt sich heute die Frage, ob die ehemaligen Kolonialmächte nicht moralisch verpflichtet sind, diese häufig äußerst wertvollen Schätze der Vergangenheit an die Herkunftsländer zurückzugeben.

Literatur

Thomas Müller-Bahlke: Die Wunderkammer der Franckeschen Stiftungen. Fotografien von Klaus Eberhard Göltz, Halle 2012, 2., überarb. u. erw. Aufl., Halle 2013.

Michael R. Ott/Rebecca Sauer/Thomas Meier (Hg.): Materiale Textkulturen. Konzepte – Materialien – Praktiken, Berlin/Boston 2015.

Volker Sellin: Einführung in die Geschichtswissenschaft, erw. Neuausg. Göttingen ^{2}2008 (1995), S. 54–68: Archive, Bibliotheken, Museen.

III. Was ist eine plausible historische Frage und wie finde ich sie?

Erst durch gezieltes Fragen, hatten wir gesagt, werden Relikte der Vergangenheit zu historischen Quellen. Dabei kommt es in der historischen Wissenschaft nicht nur - und vielleicht nicht einmal in erster Linie - darauf an, korrekte Antworten zu geben, sondern plausible historische Fragen zu stellen. Dies gilt grundsätzlich in allen Wissenschaften. Während es aber in den sogenannten Naturwissenschaften richtige und falsche Antworten auf Fragen gibt, verhält es sich in den Geisteswissenschaften umgekehrt: Die Qualität der Forschung lässt sich weniger an den Antworten, als vielmehr an den Fragen selbst erkennen. Letztlich ist geisteswissenschaftliches Denken aber immer zirkulär. Es geht keinen linearen Weg vom Ausgangspunkt einer Frage zum Endpunkt der Antwort, sondern vollzieht sich in Kreisbewegungen. Der Sachverhalt, das Problem oder die Quelle, welche die Forscher:innen verstehen wollen, werden so lange mit Fragen umgeben, von Fragen eingekreist, bis die Fragen das Phänomen so präzise wie nur möglich erfassen. Der Philosoph Martin Heidegger (1889–1976) hat von einem „hermeneutischen Zirkel" gesprochen und gesagt: „Entscheidend ist nicht, aus dem Zirkel heraus-, sondern in ihn nach der rechten Weise hineinzukommen." (Heidegger, S. 153). Ob die Forscher:innen in den Kreislauf des Verstehens „in der rechten Weise" hineinkommen, hängt von der Qualität der Fragen ab.

III.1 Das Erkenntnisinteresse: Ereignisse, Strukturen, Vorstellungen, Ideen

Zu einer plausiblen Fragestellung gehört die Reflexion darüber, was ich den Quellen überhaupt entnehmen will und kann, was also mein primäres Erkenntnisinteresse sein soll. Es lassen sich vier grundlegende Erkenntnisrichtungen unterscheiden:

Ereignisgeschichte

(1) Geht es darum, den Verlauf bestimmter Ereignisse so präzise wie möglich zu rekonstruieren? Dies ist die Frageperspektive der Ereignisgeschichte. Hierfür werden idealerweise alle für ein fragliches Ereignis relevanten Quellen gesichtet und miteinander verglichen. Absichten und Tendenzen einzelner Quellen müssen als solche identifiziert, kritisch hinterfragt und mit den Aussagen, Absichten und Tendenzen anderer Quellen abgeglichen werden, um zu einer plausiblen Darstellung des fraglichen Ereignisses zu gelangen.

Strukturgeschichte

(2) Oder sollen nicht einzelne Ereignisverläufe, sondern Zusammenhänge und Strukturen offengelegt werden, die sich aus den verschiedenen Ereignissen ergeben haben oder ihnen zugrunde lagen? Dies ist die Frageperspektive der Struktur- oder Sozialgeschichte. Hierfür ist häufig eine größere Anzahl an Quellen zu sichten und auf ihre gemeinsamen Grundvoraussetzungen hin zu befragen. Die Aussageabsicht der einzelnen Quelle ist dabei meist weniger relevant als alles, was unbewusst in die Quelle hineingeflossen ist.

Vorstellungsgeschichte

(3) Es ist aber auch möglich, den Fokus wegzulenken von dem, „was eigentlich geschehen ist" (Ereignisse), oder von dem, „wie es eigentlich war" (Strukturen), und nach der Weltsicht und Selbstinterpretation in Texten

und Bildern der Vergangenheit zu fragen. Welche Vorstellungen hatten die Urheber:innen selbst von den Ereignissen und Strukturen, die ihre Welt prägten? Wie verstanden sie sich selbst und andere in diesen Ereignissen und Strukturen? Das ist die Frageperspektive der Vorstellungs- oder Mentalitätsgeschichte.

(4) Eine vierte Frageperspektive konzentriert sich darauf, Weltdeutungen und philosophisch-theologische Lehren zu erfassen, in ihrem jeweiligen historischen Kontext zu verstehen und in ihren Entwicklungen nachzuzeichnen. Das ist die Frageperspektive der Ideen- oder Geistesgeschichte oder auch der „intellectual history". Diese wird im Kontext der Theologie auch spezifischer als Theologie- und Dogmengeschichte bezeichnet. Ideengeschichte

(5) Oft geht es auch darum, die Ausgestaltung und Entwicklung im biographischen Zusammenhang einer Person nachzuvollziehen. Es werden dann alle Quellen, die zum Leben einer Person gehören, gesucht und befragt, etwa Quellen zur Familie, zu Bildungsgang, beruflicher Tätigkeit und personellem Umfeld sowie die Werke und wichtigen Ereignisse im Leben dieser Person. Wichtig für Biographien sind aber auch die zeitgeschichtlichen Kontexte, Fragen nach Strukturen oder Vorstellungswelten, die das Denken und Handeln dieses Menschen prägten. Die biographische Perspektive ist komplex, weil sie immer mehrere Fragerichtungen kombinieren muss. Lebensgeschichte

Natürlich lassen sich diese Perspektiven nicht haarscharf voneinander trennen. Häufig ist gerade eine Kombination von Frageperspektiven besonders reizvoll und ergiebig. Um etwa zu einem angemessenen Verständnis der Kreuzzüge zu gelangen, müssen sowohl die konkreten Kriegszüge (Ereignisgeschichte) und die politischen Ordnungen Europas (Strukturgeschichte) als auch die mittelalterlichen Vorstellungen von bewaffneter Pilgerfahrt und heiligem Krieg (Ideengeschichte) in den Blick genommen werden. Für ein vertieftes Verständnis der Darstellung der „Fremden" oder „Anderen" in den Kreuzzugschroniken wiederum hat sich die Vorstellungsgeschichte als sehr hilfreich erwiesen. Es ist in jedem Fall nützlich, sich bewusst zu machen, worauf bei der Arbeit mit den Quellen jeweils der Akzent liegen soll.

Literatur

Hans-Werner Goetz: „Vorstellungsgeschichte". Menschliche Vorstellungen und Meinungen als Dimension der Vergangenheit. Bemerkungen zu einem jüngeren Arbeitsfeld. Geschichtswissenschaft als Beitrag zu einer Methodik der Quellenauswertung, in: Archiv für Kulturgeschichte, Bd. 61 (1979), S. 253–271.

Martin Heidegger: Sein und Zeit, ^{17}Tübingen 1993.

Stefan Jordan: Theorien und Methoden der Geschichtswissenschaft, Schöningh 2008.

Andreas Mahler/Martin Mulsow (Hg.): Texte zur Theorie der Ideengeschichte, Stuttgart 2014, 5. aktual. u. rev. Aufl., Paderborn 2021.

III.2 Fragetraditionen, Paradigmenwechsel, Forschungsansätze

Als Fragende stehen wir in Fragetraditionen, die uns vorausgehen und das kollektive Erkenntnisinteresse prägen. Es gibt aber immer wieder auch bahnbrechende Neuansätze, die nicht nur einzelne Wissensgebiete und Forschungsdiskurse bestimmen, sondern einen grundlegenden Wandel von Begriffen, Konzepten und Erkenntnisinteressen in Gang setzen und häufig über die einzelnen Disziplinen hinaus wirksam werden.

Solche fundamentalen Neuorientierungen werden als „Paradigmenwechsel" oder „Turns" bezeichnet. In die Wissenschaftssprache eingebürgert hat sich aber auch die Rede von „Ansätzen" oder „Zugängen" bzw. englisch „approaches". Die Abgrenzung dieser Begriffe ist nicht trennscharf, weil die mit ihnen bezeichneten Phänomene eng miteinander zusammenhängen.

Paradigmenwechsel

Die Rede vom „Paradigmenwechsel" bezieht sich meist auf einzelne wissenschaftliche Theorien und bezeichnet den Wandel grundlegender Rahmenbedingungen in der Methodologie oder Begriffsbildung. Das griechische Wort παράδειγμα bedeutet Beispiel, Vorbild, Muster oder Denkweise. Der amerikanische Physiker und Wissenschaftstheoretiker Thomas Samuel Kuhn (1922-1996) bezeichnete als Paradigmata grundlegende Denkweisen oder Weltsichten, die eine wissenschaftliche Disziplin zu einer bestimmten Zeit dominieren und ihre Frageperspektiven mitbestimmen. Ein epochemachender Paradigmenwechsel war zum Beispiel derjenige vom geozentrischen zum heliozentrischen Weltbild. Für die Theologie ist etwa die „Theologie nach Auschwitz" zu nennen, in der das Paradigma des zugleich allmächtigen und gütigen Gottes vor dem Hintergrund der Verbrechen der Nationalsozialisten im sog. Dritten Reich radikal infrage gestellt wurde. Auch für die Theologie der Reformatoren im 16. Jahrhundert kann ein „Paradigmenwechsel" vom strafenden zum rechtfertigenden Gott konstatiert werden.

Turns

„Turns" sind ebenfalls grundlegende Wenden, die mehrere Disziplinen ergreifen und sowohl das Frageinteresse als auch die Schlüsselbegriffe und Methoden betreffen. So haben etwa die sprachphilosophischen Arbeiten von Ferdinand de Saussure (1857-1913) und Ludwig Wittgenstein (1889-1951) das Bewusstsein für die Bedeutung der Sprache für das Selbstverständnis des Menschen geschärft und in den 1970er-Jahren einen „linguistic turn" in den Geisteswissenschaften ausgelöst. Der „spatial turn" bezeichnet die seit Ende der 1980er-Jahre zunehmende Reflexion über die Bedeutung von (konkreten und abstrakten) Räumen. Und wenig später brachte der „iconic turn" die Relevanz von Bildern und Bildhaftigkeit für das Leben und Denken der Menschen zu Bewusstsein.

Approaches

Das Wissen um disziplinäre Paradigmenwechsel und disziplinenübergreifende „turns" ist wichtig für die Rekonstruktion von Forschungsdiskursen. Aus ihnen ergibt sich der eigene Zugang („approach") zu einem Thema, also die grundlegende Frageperspektive, mit der auf die Quellen zugegangen wird. Häufig sind solche Forschungsansätze individuell und differenziert zu beschreiben, manche „approaches" sind aber so einflussreich geworden, dass sie mit einem feststehenden Begriff bezeichnet werden. Dies gilt zum Beispiel für den postkolonialen Ansatz („postcolonial approach"), der die langfristigen Einflüsse der Kolonialherrschaft auf die konkrete Geschichte der Kolonialisierten, aber auch auf Denkweisen und Forschungsmethoden der (ehemaligen) Kolonialmächte kritisch hinterfragt und Impulse aus den „linguistic" und „cultural turns" aufnimmt, um Machtfragen im weiten Sinn kritisch zu reflektieren. Eine konkrete Anwendung des Postkolonialismus auf die Geschichtswissenschaft stellen die Ansätze von Verflechtungsgeschichte („entangled history") und Globalgeschichte („global history") dar. Hier wird Geschichte nicht anhand von einzelnen herausragenden Ereignissen und Persönlichkeiten erzählt, sondern als ein komplexes Geschehen von Verbindungen und Beziehungen, Einflüssen und Rückwirkungen erforscht und dargestellt.

Beim Umgang mit Paradigmenwechseln, „turns" und „approaches" ist zu beachten, dass ihnen immer auch etwas „Modisches" anhaftet. Dies ist für sich genommen kein Problem und weist darauf hin, dass Geschichte immer mit den Fragen der jeweiligen Gegenwart erforscht wird. Die grundlegenden Wenden haben hierbei ein unverzichtbares kritisches Potential. Letztlich aber müssen die Quellen daraufhin befragt werden, ob sie mit einem bestimmten Zugang mehr oder bessere Erkenntnis über die Vergangenheit hervorbringen oder nicht. Es gilt also, eine überzeugende Balance aus neuen und etablierten Forschungsansätzen zu finden. An dieser Stelle kommt das „Vetorecht der Quellen" ins Spiel.

Literatur

Doris Bachmann-Medick: Cultural Turns. Neuorientierungen in den Kulturwissenschaften, (Rowohlts Enzyklopädie, Bd. 55675), orig. Ausg. Reinbek bei Hamburg [6]2016 (Nachdruck 2018).

Thomas Samuel Kuhn: The Structure of Scientific Revolutions (International Encyclopedia of Unified Science, Bd. 2, Nr. 2), Chicago 1962; dt. Ausg.: Die Struktur wissenschaftlicher Revolutionen, Frankfurt am Main 1967, [26]2001, Sonderausg. 2003.

III.3 Das „Vetorecht der Quellen"

Sinnvolle historische Fragen lassen sich nur in einem dynamischen Prozess und im Dialog mit den Quellen finden. Der Geschichtstheoretiker Reinhart Koselleck (1923-2006) hat die Rede vom „Vetorecht der Quellen" eingeführt. Quellen „verbieten uns", so Koselleck, „Deutungen zu wagen oder zuzulassen, die aufgrund eines Quellenbefundes schlichtweg als falsch oder als nicht zulässig enthüllt werden können. Falsche Daten, falsche Zahlenreihen,

Reinhart Koselleck

falsche Motiverklärungen, falsche Bewußtseinsanalysen: all das und vieles mehr läßt sich durch Quellenkritik aufdecken“ (Koselleck, S. 45f.). Wir können den Begriff vom „Vetorecht der Quellen“ auch auf die Formulierung historischer Fragen anwenden: Die Quellen verbieten es uns, Fragen zu stellen oder Forschungsansätze anzuwenden, die sich aufgrund des zur Verfügung stehenden Quellenbefundes als überhaupt nicht oder nicht angemessen beantwortbar erweisen. Oder, um es mit einem in der Theologie beliebten Wortspiel zu sagen: Das „Vetorecht der Quellen“ bewahrt davor, „Eisegese“ statt „Exegese“ zu betreiben - also etwas in die Quellen hineinzulesen, anstatt sie auszudeuten.

Literatur

Reinhart Koselleck: Standortbindung und Zeitlichkeit. Ein Beitrag zur historiographischen Erschließung der geschichtlichen Welt, in: Reinhart Koselleck/Wolfgang Justin Mommsen/Jörn Rüsen (Hg.): Objektivität und Parteilichkeit (Theorie der Geschichte. Beiträge zur Historik, Bd. 1), München 1977, S. 17–46.

III.4 Zwei Ausgangssituationen historischen Forschens

Grundsätzlich können zwei Ausgangssituationen historischen Arbeitens unterschieden werden: Entweder liegt eine Quelle vor (oder wird, zum Beispiel für eine Seminararbeit, vorgegeben), die mit einer sinnvollen Fragestellung und geeigneten Methodenschritten bearbeitet werden soll. Oder der Ausgangspunkt ist eine Fragestellung oder Ausgangsthese, zu deren Beantwortung bzw. Überprüfung ein geeigneter Quellenbestand erst gefunden und mit passenden Methoden bearbeitet werden muss. Beide Ausgangssituationen bergen ihre spezifischen Chancen und Herausforderungen.

Von der Quelle zur Frage

Im ersten Fall, wenn also die Fragestellung von einer vorgegebenen Quelle her entwickelt wird, steht die historische Quelle ganz im Mittelpunkt und wird sehr sorgfältig untersucht. Ihr Potential für die historische Erkenntnis soll möglichst umfassend ausgeschöpft werden. Es besteht aber die Gefahr, dass die Frage lediglich den Aussagegehalt oder die Wertungen der Quelle wiederholt. Dann aber verliert die Frage ihre weitere Erschließungskraft. Eine plausible Frage sollte helfen, eine Quelle besser zu verstehen, als dies beim ersten Lesen der Fall ist, sie sollte helfen, Tiefenschichten aufzudecken, die einem lediglich auf den Inhalt fokussierten Lesen oder Betrachten verborgen bleiben. Daher ist die Rückfrage, ob durch die Fragestellung die Quelle neu, anders und besser als bisher verstanden werden kann, eine wichtige, versichernde Prüfung. Ist ein solches weiterführendes Verstehen der Quelle zu erwarten, dann könnte es sich um eine plausible Frage handeln. Ist dies nicht zu erwarten, dann sollte eine Frage mit mehr Erschließungspotential gesucht werden.

Von der Frage zur Quelle

Im zweiten Fall, wenn also eine Fragestellung oder Ausgangsthese vorgegeben ist, muss besonders auf das „Vetorecht der Quellen“ geachtet werden, denn es besteht die Gefahr, dass die Quellen nach der Frage oder Ausgangsthese „zurechtgebogen“ werden. Diese Gefahr ist besonders groß, wenn eine für die eigene Gegenwart oder Existenz wichtige Frage behandelt wird - eine Frage etwa, die ich für mich persönlich schon beantwortet habe, die für das Selbstverständnis einer Gemeinschaft von großer Bedeutung ist oder bei der sehr starke Vormeinungen bestehen. Gerade für Theolog:innen liegt hier vielleicht eine besonders naheliegende „Versuchung“, weil es in der Theologie bisweilen um sehr grundsätzliche, existentielle Fragen und starke Überzeugungen geht. Andererseits darf die produktive Kraft des Vorurteils, von welcher der Philosoph und Hermeneutiker Hans-Georg Gadamer (1900–2002) in seinem Buch „Wahrheit und Methode“ gesprochen hat, nicht unterschätzt werden. Nach Gadamer ist das Vorurteil die unabdingbare Voraussetzung, der Ausgangspunkt für jedes Verstehen, aber ebenso wichtig ist die Bereitschaft, sich vom „Text etwas sagen zu lassen“, d.h. nicht die Vorurteile einfach vom Text bestätigen zu lassen.

Hans-Georg Gadamer

Die Art der Fragestellung hat einen wesentlichen Einfluss auf die Wahl der Analyse-Methoden. Deshalb ist es notwendig, sich über das Hauptinteresse der Forschungsarbeit klar zu werden [↗Erkenntnisinteresse, Zweiter Teil III.1]: Zielt es auf die Rekonstruktion von Ereignisgeschichte und Strukturen? Oder geht es um das Verstehen von Ansichten, Deutungen und Wertungen in den Quellen? Im ersten Fall wird das Augenmerk auf Datierung und Lokalisierung der Quelle liegen [↗ Datierung und Lokalisierung, Dritter Teil II.1–2], es wird nach möglichst vielen und exakten Informationen zum infrage stehenden

Grafik 2 Die beiden Ausgangssituationen historischen Forschens, ihre spezifischen Gefahren und Gegenmittel.

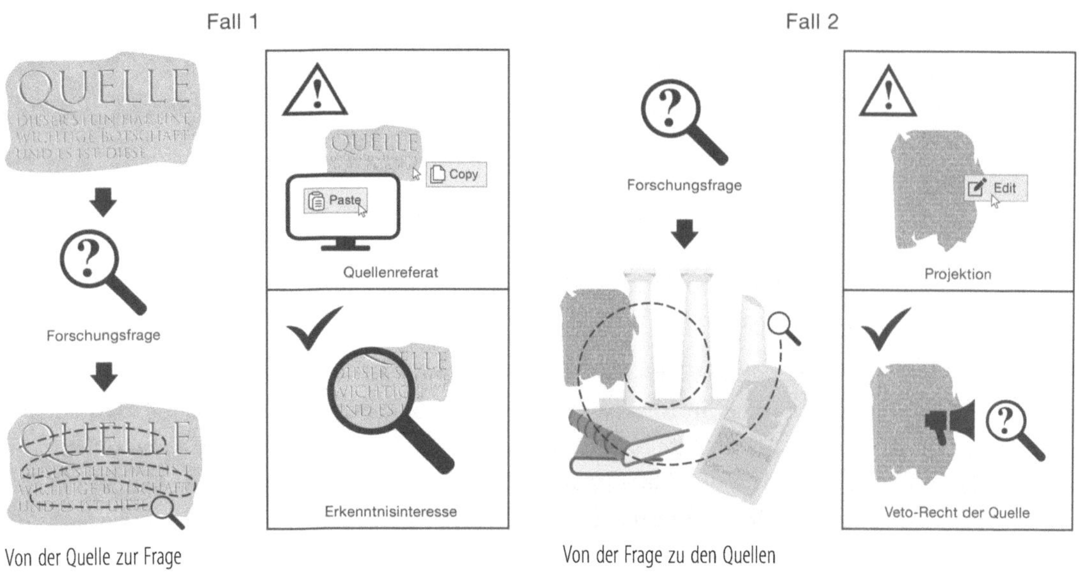

Ereignis gesucht. Die sprachliche Ausgestaltung wie auch erkennbare Wertungstendenzen der Quelle müssen kritisch hinterfragt und allenfalls Vergleichsquellen beigezogen werden. Im zweiten Fall wird der Fokus dagegen auf den Methodenschritten der inneren Ausgestaltung der Quelle liegen. Aufbau, Semantik, Pragmatik, Tendenzen der Quelle müssen sorgfältig analysiert und kontextsensibel interpretiert werden.

Frageintention und Erkenntnisinteresse

Außerdem lohnt es sich, über die Frageintention und den Charakter der angestrebten Antwort(en) nachzudenken. Zielt meine Forschung eher auf normative oder auf deskriptive Erkenntnisse? Ist sie stark von Frageinteressen der eigenen Gegenwart geprägt, oder nimmt sie ein historisches Phänomen um seiner selbst willen in den Blick? Ich kann etwa eine christliche Abhandlung über den Propheten Muhammad und den Islam aus dem Mittelalter mit der Absicht lesen, um zu prüfen, welche Motive für die heutige Auseinandersetzung mit dem Islam noch fruchtbar sein können und welche nicht. Ich kann die Quelle aber auch daraufhin befragen, welche Kenntnis vom Islam sie spiegelt, und sie als einen Moment in der Geschichte der Begegnung beider Religionen einordnen. Beide Frageperspektiven schließen einander nicht aus, sondern ergänzen sich. In beiden geht es um ein Verständnis der Quelle in ihrem jeweiligen historischen Kontext. Aber die Frageperspektiven bringen doch spezifische Herausforderungen mit sich: Bei deskriptiven Fragen ist darauf zu achten, dass die wissenschaftliche Arbeit sich nicht auf ein Quellenreferat beschränkt. Außerdem muss mitbedacht werden, was die Quelle allenfalls nicht mitteilt [↗ Nichtwissen und Fremdheit, Erster Teil V.]. Bei normativen Fragestellungen ist ein Bewusstsein für die unterschiedlichen historischen Kontexte der Quelle auf der einen und der Fragenden auf der anderen Seite besonders wichtig, damit keine anachronistischen Schlüsse gezogen werden.

Literatur

Hans-Georg Gadamer: Wahrheit und Methode. Grundzüge einer philosophischen Hermeneutik, 7., durchges. Aufl. Tübingen 2010, bes. 261–290 (1960).

III.5 Kriterien für eine plausible historische Fragestellung

Folgende Kriterien können dabei helfen, eine plausible historische Frage zu erkennen und zu formulieren:

(1) Sie sollte verständlich, anregend und präzise sein.
(2) Sie sollte im Blick sowohl auf den konkreten Quellenbestand als auch auf die betrachtete historische Epoche nachvollziehbar zu behandeln sein.
(3) Sie darf die Antwort nicht bereits voraussetzen, sondern allenfalls thetische Vorannahmen (z. B. frühere Forschungserkenntnisse oder eigene Anfangsvermutungen) beinhalten, die jedoch überprüfbar sein müssen.

(4) Sie sollte das Potential haben, angepasst zu werden oder weitere Fragen zu ermöglichen.
(5) Sie sollte sich sinnvoll in einen bestehenden Forschungsdiskurs einfügen.

Natürlich gibt es auch bei der Bewertung einer Frage als „plausibel" oder „nicht plausibel" keine absolute Objektivität. Auch hier ist das Ziel die intersubjektive Plausibilität, von der bereits die Rede war [↗ Intersubjektive Plausibilität, Erster Teil IV.].

Anwendungsbeispiel

Die „Zehn Berner Thesen" zur Reformation von 1528

Ausgangssituation: Von der Quelle zur Frage

Wie die Ausführungen oben zum leitenden Erkenntnisinteresse schon darlegen, gibt es nicht einfach eine „gute oder richtige Frage" an sich. Vielmehr können sich aus den Quellen und dem Erkenntnisinteresse der Lesenden unterschiedliche Fragen ergeben. Ein einfaches Beispiel an einem einzigen Text soll dies veranschaulichen. Die Ausganssituation ist also ein vorgegebener Quellentext, aus dem eine Fragestellung entwickelt wird.

Themen

Die beiden Berner Reformatoren Berchtold Haller und Franz Kolb stellten für die Berner Disputation Anfang 1528 zehn „Schlussreden" auf, die als Grundlage für die Gespräche dienen sollten. Aus diesem Zusammenhang und der Gattung der Disputationsthesen legt es sich nahe, nach dem theologischen Profil der Thesen zu fragen. Die zehn Berner Thesen bieten eine konsolidierte und konzentrierte Antwort. Die bekannten kontroverstheologischen Themen kommen vor: Messe, Heilige, Fegefeuer, Bilder, Zölibat sowie Gesetz und Gebote, konkrete Fragen der kirchlichen Praxis, aber auch grundlegende Themen, nämlich Kirche und Jesus Christus.

Gewichtung

Wer weiter danach fragt, wie diese Themen zusammenhängen und wie sie allenfalls gewichtet sind, wird den Anfang und den Schluss sowie die Gliederung betrachten. Die Reihe beginnt mit einer Definition der Kirche Christi (These 1), ihren Gesetzen und Geboten (These 2) sowie der Vermittlung des Heils allein durch Christus (These 3), um sich dann den schon erwähnten kontroverstheologischen Themen wie Messe, Heilige, Fegefeuer, Bilder und Zölibat zuzuwenden. Von der Kirche Jesu Christi und der exklusiven Stellung Christi in der Heilsvermittlung als Grundlage werden dann die umstrittenen Themen angegangen, wobei in absteigender Reihe die Heilsmittel behandelt werden, am Schluss die Ehe der Priester.

Gliederung

Gibt es neben dieser inhaltlichen Gewichtung ein „Muster" oder ein „organisierendes Prinzip", das die Thesen prägt [↗ Syntaktik, Dritter Teil IV.1]? Die erste These handelt von der Kirche, die aus dem Wort Gottes geboren werde und deren Haupt Christus sei. Damit wird die Kirche als *creatura verbi* definiert und in christologischer Akzentuierung präsentiert. Mit dieser Definition wird zugleich der Ort der reformatorischen Auseinandersetzung mit der etablierten Kirche gesetzt. Die ausdrückliche Erwähnung Christi als Haupt der Kirche wendet sich implizit gegen den Papst als Haupt der sichtbaren Kirche. Diese Linie der Kontroverse nimmt die zweite These auf, denn die Kirche mache keine Gesetze und Gebote ohne Gottes Wort. Alle kirchlichen Gebote seien menschliche Satzung und nur so weit bindend, als sie im göttlichen Wort gründeten. Damit wird der kirchlichen Tradition die Normativität abgesprochen. Und schließlich wird in der dritten These Christus als einzige Erlösung und Bezahlung für alle Sünden der Welt bezeichnet, sodass es keinen anderen Verdienst zur Seligkeit und keine Genugtuung der Sünden brauche. Schon in der affirmativen theologischen Grundlegung der Eröffnung wird also die kontroverstheologische Auseinandersetzung der folgenden Thesen vorbereitet.

Kontext

Die Zehn Berner Thesen wurden in Rücksprache mit Zwingli in Zürich niedergeschrieben. Wer dessen 67 Thesen beizieht, wird schnell feststellen, dass dort einerseits die Themen, die auch die Berner Thesen aufgreifen, schon vorkommen und andererseits Themen behandelt sind, die in den Berner Thesen fehlen. Zwingli hält ausdrücklich fest, dass im Glauben an das Evangelium unser Heil, im Unglauben aber unsere Verdammnis liege (These 15). In den Berner Thesen fehlt eine solche ausdrückliche These zum Glauben. Über die Gründe für diese Abwesenheit kann nur spekuliert werden. Die Anlage der Berner Thesen wird nicht vom Glauben, vom Akt des Vertrauens des einzelnen Gläubigen oder der Gemeinschaft der Gläubigen in der Kirche her entwickelt. Auch die Aneignung des Heils in Jesus Christus, der als alleiniger Vermittler zwischen Gott und Mensch wirkt, wird auf der Seite des Menschen nicht zum Thema. Da es wesentlich um die Abwehr von missbräuchlichen Heilsmitteln geht, werden die „objektiven" Orientierungspunkte, Wort Gottes und Jesus Christus, genannt, die dann in den strittigen Themen angewendet werden, die „subjektive" Seite der Aneignung durch die Gläubigen kommt dagegen nicht zur Sprache. Diesen „induktiven" Ansatz beim Glauben der Gläubigen wird der Heidelberger Katechismus (1563) wählen mit seiner berühmten ersten Frage: „Was ist dein einziger Trost im Leben und im Sterben?" Fehlende Themen können nur festgestellt, letztlich aber nicht schlüssig begründet werden. Aus abwesenden Inhalten kann kein stringentes Argument gewonnen werden (*argumentum e silentio*). Vielmehr wird es sich um Vermutungen handeln, die mehr oder weniger wahrscheinlich bleiben.

Quellenvergleich

Weder unter den Zürcher Thesen noch unter den Berner Thesen gibt es ein eigenes Thema oder einen selbstständigen Artikel zur Heiligen Schrift und zu ihrer begründenden Funktion. Sowohl die erste Berner These, welche die Kirche als aus dem Wort Gottes geboren bestimmt, als auch die zweite Berner These, die deren Gesetze und Gebote nicht ohne Gottes Wort bestehen sieht, verweisen aber ausdrücklich auf die grundlegende Norm (*norma normans*), die in der Kirche gelten soll. In jeder der folgenden kontroverstheologischen Themen wird dann auf die „Schrift", die „biblische Schrift" oder das „göttliche Wort neuen und alten Testaments" verwiesen und damit die erkannten Missstände abgewiesen.
Auch Zwingli kann ausdrücklich die „heilige Schrift" nennen, die nichts von einem Fegefeuer (These 57), einer Priesterweihe (These 61) oder anderen als das Wort Gottes verkündenden Priestern (These 62) wisse. In der großen Mehrheit der Thesen aber greift er immer wieder auf biblische Stellen, Bilder, Begriffe oder Zitate zurück, ohne diese explizit auszuweisen. Die 67 Thesen atmen sozusagen biblische Sprache. Sowohl die Berner als auch die Zürcher Thesen beziehen sich also – freilich in ganz unterschiedlicher Weise – auf die biblischen Schriften.

Intention

In der Einleitung zu den Berner Thesen, welche die Autoren, den bevorstehenden Anlass und dessen Datum nennt, wird auch die Funktion der Heiligen Schrift für die „Schlussreden" erwähnt. Die zwei Reformatoren, die mit anderen zusammen das Evangelium bekennen, wollen jedem Antwort und Bericht geben, und zwar „aus heiliger biblischer Schrift neuen und alten Testaments". Damit ist die Grundlage der Disputation, wie sie seit der ersten Zürcher Disputation 1523 gilt, nämlich das Schriftprinzip, erwähnt. Dieses ist sowohl in den zwei eröffnenden, grundlegenden Thesen als auch in den kontroverstheologischen Themen explizit aufgenommen. Wie die zwei Berner Reformatoren hatte auch Zwingli in der Einleitung zu seinen „Schlussreden" angeboten, seine Artikel mit der Schrift zu begründen oder sich durch diese eines Besseren belehren zu lassen. Die Schrift charakterisiert er dabei ausdrücklich als „theopneustos", das heiße von Gott „eingesprochen" (eigentlich „von Gott eingehaucht") und nimmt diese implizit in der Ausformulierung seiner Thesen auf, sodass diese von biblischem Gedankengut durchdrungen sind. So erweisen sich Fragen nach den konkreten Forderungen für die kirchliche Praxis, nach den theologischen Implikationen oder nach dem Umgang der Thesen mit den biblischen Schriften als sinnvoll. Sie können strukturelle Tiefenschichten der Quelle aufdecken. Dagegen wird der Text kaum belastbare Antworten darauf geben können, warum das reformatorische Prinzip *sola fide* nicht ausführlich thematisiert wird. Für eine Untersuchung des reformatorischen Glaubensverständnisses müssten daher andere Quellen beigezogen werden.

Literatur

Heiner Faulenbach/Eberhard Busch (Hg.): Berner Thesen von 1528, in: Reformierte Bekenntnisschriften, Bd. 1/1: 1523–1534, Neukirchen-Vluyn 2002, S. 197–202 (Einleitung von Wilhelm Heinrich Neuser) u. S. 203–205 (Quellentext).

Gottfried W. Locher: Die Berner Disputation 1528, in: 450 Jahre Berner Reformation. Beiträge zur Geschichte der Berner Reformation und zu Niklaus Manuel, Bern 1980 (Archiv des Historischen Vereins des Kantons Bern, Bd. 64/65, 1980/1981), S. 138–155.

IV. Was ist Forschungsliteratur und wie finde ich sie?

Abrenzung Quellen – Forschungsliteratur

Wir hatten oben gesagt, dass zur Heuristik, zur Kunst des Findens, nicht nur das Auffinden von Quellen, sondern auch von geeigneter Forschungsliteratur gehört. Die Abgrenzung von Quellen und Forschungsliteratur ist nicht immer einfach oder eindeutig, aber pragmatisch notwendig - zumal in vielen deutschsprachigen historischen Publikationen im Literaturverzeichnis „Quellen" und „Sekundärliteratur" gesondert aufgeführt werden. Manchmal werden auch Primär- und Sekundärquellen unterschieden (in englischen Publikationen „Primary Sources" und „Secondary Sources"). Als (Primär-)Quellen gelten, grob gesagt, alle Werke, die einer eigenen Analyse unterzogen werden. Forschungs- oder Sekundärliteratur ist alles, was für zusätzliche Informationen sowie zur Überprüfung und Diskussion der eigenen Analyse und Interpretation der Quellen herangezogen wird. Mit anderen Worten: Alle Literatur, welche die Quellen behandelt oder zu deren Verständnis beiträgt, ist Forschungsliteratur.

Für Antike, Mittelalter und Frühe Neuzeit ist diese Unterscheidung oft recht einfach und eindeutig vorzunehmen. Mit dem Aufkommen des modernen Verständnisses von Wissenschaft seit ungefähr 1800 können die Grenzen jedoch verschwimmen - vor allem dann, wenn zu dieser Epoche selbst geforscht wird. Dann können sowohl die Quellen als auch frühe Forschungsliteratur dazu aus dem gleichen Zeitraum stammen. Die Differenzierung, welche Werke als Quellen und welche als Forschungsliteratur verwendet werden, fällt oft nicht leicht. Dennoch ist es, vor allem aus forschungspragmatischen Gründen, sinnvoll, an der Unterscheidung festzuhalten, weil sie dazu zwingt, über die Priorisierung und die Funktion einzelner Werke für die eigene Forschung zu reflektieren und Rechenschaft zu geben.

Es gibt verschiedene Gattungen von Forschungsliteratur:

Überblickswerke

- Überblickswerke geben einen von mehreren ausgewiesenen Fachexpert:innen erstellten Einblick in die Quellenbestände, Forschungsdiskurse, Konzepte, Definitionen und die wichtigste Literatur zu bestimmten Begriffen und Forschungsfeldern. Dabei sind *Lexika* und *Enzyklopädien* in Stichworte oder Lemmata (gr. λῆμμα = das Genommene, Angenommene) in alphabetischer Reihenfolge gegliedert und möglichst knapp gefasst, was einen schnellen Überblick ermöglicht. *Handbücher* hingegen setzen sich meist aus Kapiteln zusammen, die eher im Prosastil wissenschaftlicher Aufsätze geschrieben sind. Die Herausgeber:innen sind jeweils verantwortlich für die Konzeption, Qualitätssicherung, Einheitlichkeit und die redaktionelle Bearbeitung der Werke. Da die Erstellung von Überblickswerken häufig sehr komplex und aufwendig ist, präsentieren sie den Forschungsstand meist mit einer zeitlichen Verzögerung. Demgegenüber erlauben digitale Formate eine ständige Aktualisierung. Überblickswerke eignen sich für einen ersten Einstieg in ein Thema, um schnell eine Übersicht über Definitionen, Quellenbestände und den Stand der Forschung zu gewinnen. Eine Zusammenstellung von Standardwerken bietet die Beigabe IV.

Monographien

- Monographien sind Bücher, die in der Regel von einer einzigen Person als zusammenhängendes Werk zu einem spezifischen Thema verfasst wurden (von gr. μόνος = einzig und γραφή = Schrift). Sie zeichnen sich durch eine große konzeptionelle und/oder thematische Stringenz aus. Häufig gehen Monographien auf wissenschaftliche Qualifikationsschriften (Dissertationen oder Habilitationsschriften) zurück. Auch an der Entstehung einer Monographie sind aber in der Regel mehr als nur die Autorin oder der Autor beteiligt. In gut funktionierenden Verlagen begleiten Lektor:innen die Entstehung des Buches. Erscheint eine Monographie in einer Schriftenreihe, so entscheiden die Herausgeber:innen der Schriftenreihe, häufig aufgrund von Fachgutachten (sog. Peer-Review = Begutachtung durch Fachkolleg:innen), über die Aufnahme und machen den Autor:innen nicht selten auch Auflagen oder Empfehlungen zur Überarbeitung, sodass auch hier eine Qualitätsprüfung garantiert ist.

- Sammelbände vereinen verschiedene kürzere Beiträge (in der Regel im Umfang zwischen ca. 10 und 40 Seiten) zu einem Thema, einer Fragestellung oder einer Epoche, die von verschiedenen Autor:innen oder auch von einer einzigen Person verfasst sind. Im letzteren Fall handelt es sich häufig um eine Zusammenstellung von bereits früher publizierten Beiträgen, weshalb für die Rekonstruktion von Forschungsdiskussionen auf das Datum der Erstpublikation zu achten ist. Sammelbände mit Beiträgen verschiedener Autor:innen gehen häufig auf wissenschaftliche Tagungen zurück und präsentieren die überarbeiteten Vorträge. Klassische Sammelbände sind auch Festschriften, die zu Ehren renommierter Forscher:innen, häufig anlässlich von Jubiläen oder Emeritierungen, von deren Schüler:innen und Kolleg:innen verfasst und herausgegeben werden. Sammelbände
- Aufsätze in wissenschaftlichen Zeitschriften können in sehr unterschiedlicher Länge und entweder von einer Person oder von einer Personengruppe verfasst sein. Sie widmen sich in der Regel spezifischen und überschaubaren Fragen und Problemen und zeichnen sich (im besten Fall) durch eine klare Argumentationsstruktur aus. Über die Aufnahme in eine bestimmte Zeitschrift entscheiden die Herausgeber:innen aufgrund der Passgenauigkeit des Artikels zur thematischen/fachlichen Ausrichtung der Zeitschrift und aufgrund der wissenschaftlichen Qualität. Häufig werden auch hier Fachgutachten (sog. Peer-Reviews) eingeholt. Aufsätze in Zeitschriften haben von allen genannten Gattungen von Forschungsliteratur die kürzesten Fristen zwischen Abfassung und Publikation. Sie bieten daher in der Regel den aktuellsten Forschungsstand. Aufsätze
- Rezensionen sind in Zeitschriften oder auf Rezensionsportalen publizierte Besprechungen von Monographien, Sammelbänden und Überblickswerken, welche von fachlichen Expert:innen möglichst zeitnah zur Publikation verfasst werden. Sie dienen der Vorstellung des Buches in seinen wichtigsten Inhalten und Thesen, der Einordnung in den Forschungskontext und der kritischen Reflexion. Rezensionen sind nützlich, um sich eine Meinung über ein spezifisches Buch zu bilden und helfen häufig auch, sich einen Überblick über die aktuellen Forschungsfragen und -diskussionen zu verschaffen. Rezensionen

Nicht nur Quelleneditionen, sondern auch Handbücher, Monographien und Sammelbände werden häufig in Schriftenreihen präsentiert. Bis vor Kurzem waren diese Reihen, ebenso wie die wissenschaftlichen Zeitschriften, noch recht fachspezifisch ausgerichtet. Ungefähr seit Beginn des 21. Jahrhunderts spiegelt sich die zunehmende Tendenz zur Interdisziplinarität in der Wissenschaft auch in den Titeln und Profilen von Zeitschriften und der Schriftenreihen. So versammelt etwa die 2014 etablierte Zeitschrift „Entangled Religions“ Beiträge aus der Religionswissenschaft, der Theologie, der Geschichts- Schriftenreihen wissenschaft, der Archäologie, den Sozialwissenschaften und der Anthropologie.

Bibliographien

Ein guter Ansatzpunkt für das Auffinden von Forschungsliteratur sind die Bibliographien in Überblickswerken oder neueren Zeitschriftenartikeln. Es gibt Schriftenreihen, die eigene, möglichst vollständige Bibliographien zu bestimmten Themen führen (z. B. Pietismus und Neuzeit zum weltweiten Pietismus oder die Zwingliana zum schweizerischen Protestantismus). Die Recherche nach weiterer Forschungsliteratur erfolgt meist über die Suchfunktionen in digitalen Bibliothekskatalogen. Wer gezielt Raum für Zufallsfunde schaffen will, kann sich an ein Bücherregal in einer Bibliothek stellen und den Blick über die Buchrücken schweifen lassen, um dann den einen oder anderen Band herauszuziehen und darin zu stöbern. Physische Bibliotheken - vor allem Fachbibliotheken - haben hierbei den Vorteil, dass ihre Bestände allermeist systematisch geordnet sind, sodass thematisch zusammengehörende Publikationen nahe beieinanderstehen.

V. Die gezielte Auswahl von Quellen, Fragestellung und Forschungsliteratur

Balance zwischen Quellen und Forschungsliteratur

Eine wichtige und schwierige Frage der Heuristik betrifft die gezielte Auswahl der Quellen sowie das gute Verhältnis zwischen Quellenstudium und Nutzung von Forschungsliteratur. Grundsätzlich besteht die Herausforderung darin, einerseits so viel Forschungsliteratur zu konsultieren, dass die eigenen, aus den Quellen gewonnenen Erkenntnisse nicht im luftleeren Raum schweben - und andererseits so wenig, dass der Aufwand überschaubar und im vorgegebenen Zeitraum zu bewältigen bleibt. Vollständigkeit anzustreben, ist meistens unmöglich und weder für die Autor:innen noch für die Leserschaft sinnvoll oder wünschenswert. Das richtige Maß ist von verschiedenen Faktoren abhängig: etwa von der Art der wissenschaftlichen Arbeit (Essay, Seminararbeit, Abschlussarbeit, Dissertation, Artikel), von der zur Verfügung stehenden Zeit, vom eigenen Lesetempo oder von der Erreichbarkeit der Bibliotheken.

Forschungsfrage als Richtschnur

In jedem Fall aber hat hier die eigene Forschungsfrage eine wichtige Funktion. Sie kann als Richtschnur für die Auswahl und den Umgang mit Quellen und Sekundärliteratur dienen: Nur das, was zur Bearbeitung der eigenen Forschungsfrage notwendig und dienlich ist, sollte konsultiert werden. Allerdings muss auch die Forschungsfrage im Dialog mit den Quellen und der bereits früher geleisteten Forschung entwickelt werden, sodass sich auch hier eine - hoffentlich produktive! - Kreisbewegung ergibt. Dabei sollte, dem „Vetorecht der Quellen“ entsprechend, das eigenständige Quellenstudium grundsätzlich Priorität vor der Forschungsliteratur haben.

Das Erscheinungsdatum einer Publikation ist wichtig, aber nicht automatisch ausschlaggebend für die Auswahl von Forschungsliteratur. Anders als in den Naturwissenschaften gilt in den Geisteswissenschaften nicht die Regel, dass die neueste Literatur grundsätzlich der älteren vorzuziehen sei. Die Halbwertzeit von Forschungsliteratur ist in den Geisteswissenschaften deutlich länger, weil der Wissensstand weniger eindeutig definiert werden kann. Ob eine jüngere Publikation automatisch die bessere, überzeugendere Interpretation einer Quelle oder die bessere Rekonstruktion eines historischen Ereignisses oder Zusammenhangs präsentiert als eine ältere, muss je neu geprüft werden. Neuere Literatur kann den Vorteil haben, dass sie die wichtigsten älteren Beiträge berücksichtigt und daher zur Rekonstruktion von Forschungsdiskursen nützlich ist - aber auch das ist nicht garantiert. Letztlich müsste jeder Forschungsbeitrag ebenso sorgfältig und kritisch analysiert werden wie eine historische Quelle.

Erscheinungsdatum

Weil dies aber in der Praxis nicht immer möglich ist, gilt es, sich einen effektiven Umgang mit Forschungsliteratur anzueignen. Erfahrungsgemäß ist dieser in den verschiedenen Stadien des Arbeitsprozesses unterschiedlich:

Produktiver Umgang mit Forschungsliteratur

- Als Einstieg in ein Thema eignen sich am besten Artikel aus Überblickswerken wie Lexika oder Handbüchern. Sie können helfen, sich relativ schnell eine grobe Übersicht über grundlegende Begriffe, Forschungsfragen und aktuelle Diskussionen sowie über die Quellenbestände und die wichtigste Sekundärliteratur zu verschaffen - und somit, die eigene Forschungsfrage zu formulieren und passende Quellen zu finden.
- Aus der ersten Lektüre der Quellen ergeben sich meist spezifische Fragen, die für die gezieltere Literaturrecherche wichtig sind: Welche Informationen brauche ich, um die äußere Gestalt der Quelle zu verstehen und sie in ihren historischen Kontext einzuordnen (Autorschaft, Zeit und Ort, Zeitgeschehen)? Neben der Überblicksliteratur wird hier manchmal auch bereits die Konsultation von spezifischeren Beiträgen erforderlich [↗ Äußere Gestalt, Dritter Teil III.].
- Während der Analyse der inneren Ausgestaltung der Quelle sind häufig Wörterbücher, Konkordanzen und Artikel zu Detailfragen hilfreich.
- Wenn die innere Ausgestaltung der Quelle mit Hilfe der Methodenschritte analysiert ist, ergeben sich wiederum neue, spezifischere Fragen, die zur gezielten Recherche und Lektüre weiterer Forschungsliteratur veranlassen: Anhand welcher Artikel oder Monographien kann ich meine eigenen Beobachtungen und Thesen zur Quelle oder zum Thema überprüfen?

VI. Heuristik im digitalen Zeitalter: Recherchieren im Internet

Systematische Suche und Zufallsfunde

Beim Suchen nach geeigneten Quellen und relevanter Forschungsliteratur sind Geschicklichkeit, Erfahrung und auch ein wenig Glück gefragt. Auch hier ist Vollständigkeit in den allermeisten Fällen weder möglich noch erstrebenswert. Es kommt vielmehr darauf an, sowohl der gezielten Suche als auch den Zufallsfunden im Arbeitsprozess genügend Raum zu geben. Einen ersten Zugang bieten einerseits Literaturlisten in Überblickswerken und andererseits systematische Schlagwortsuchen in Bibliothekskatalogen. Zufallsfunde ergeben sich häufig bei der Lektüre von Forschungsliteratur, die auf andere Beiträge verweist - oder aber durch einfaches Stöbern, sei es am Bücherregal oder im Internet.

Umgang mit digitalen Medien

Im Zeitalter des Internets wird es zunehmend selbstverständlich, die Beantwortung einer Frage digital, und zwar meist mithilfe einer Suchmaschine (wie „Google“ oder „Bing“) anzugehen. Dagegen ist prinzipiell nichts einzuwenden, doch Nutzer:innen müssen sich im wissenschaftlichen Kontext der großen Möglichkeiten, aber auch der Herausforderungen von Internetrecherchen bewusst sein und entsprechend agieren. Zunächst eine ebenso banale wie zentrale Einsicht: Das Internet enthält und bietet nur, was irgendwann einmal von Menschen eingespeist und programmiert worden ist. Darin unterscheidet sich das Internet nicht von Archiven, Bibliotheken und Museen. Die Folgerung: „Was ich bei Google nicht finde, gibt es nicht“, wäre daher fatal. Wichtiger (und etwas weniger banal) ist das Bewusstsein dafür, dass sämtliche Inhalte zwar von konkreten Menschen eingespeist wurden, diese aber häufig - im Unterschied zu Bibliotheken und Archiven - anonym bleiben und keine Rechenschaft über die Prinzipien der Auswahl und der Präsentation geben. Die maschinelle Durchsuchbarkeit von digitalen Texten und die automatisierten Verknüpfungen im Internet bergen andererseits enormes Potential für überraschende Funde, neues Wissen und innovative Fragen. Mit den Digital Humanities hat sich seit Beginn des 21. Jahrhunderts eine eigene, sehr dynamische akademische Disziplin entwickelt, die sich der wechselseitigen Befruchtung von technischem Fortschritt und geisteswissenschaftlichen Fragestellungen und Methoden widmet. Die rasante Entwicklung relativiert auch die eingangs aufgestellte Behauptung, das Internet „wisse“ und „könne“ nur, was Menschen ihm beibringen. Das ist im Prinzip zwar richtig, aber der technische Fortschritt im Bereich der „künstlichen Intelligenz“ ermöglicht schon heute Verknüpfungen, welche von Menschen nicht geleistet werden könnten. In gewisser Weise generieren Computer und Internet also auch neues Wissen. Dieses Wissen in Einsichten und Erkenntnisse zu überführen, es kritisch zu bewerten und konstruktiv anzuwenden, bleibt jedoch bis auf Weiteres der menschlichen Intelligenz vorbehalten.

Im Blick auf Forschungsliteratur im Internet ist zu beachten, dass neuere Literatur wegen bestehender Lizenzbeschränkungen häufig nicht frei zugänglich ist. Zwar verfolgen die großen Forschungsinstitutionen (Deutsche Forschungsgemeinschaft, Schweizerischer Nationalfonds, Österreichischer Fonds zur Förderung der wissenschaftlichen Forschung) eine intensive Open-Access-Politik, sodass die allerneuesten Titel häufig (auch oder ausschließlich) digital erscheinen. Und es gibt zahlreiche Digitalisierungsprojekte, die vor allem ältere Bestände ohne Lizenzbeschränkungen zugänglich machen. Aber für vieles findet sich eine Lücke im Internet gerade in den Publikationen zwischen 1950 und 2020 – also für die Zeit, die für die Rekonstruktion der Forschungsgeschichte oft besonders relevant ist. Daher kann auf die Nutzung von Büchern in Bibliotheken nicht verzichtet werden. Glücklicherweise wird die Recherche dafür durch das Internet erheblich erleichtert: Die allermeisten europäischen und nordamerikanischen Bibliothekskataloge sind inzwischen online und kostenfrei verfügbar, teilweise sogar in Metakatalogen, welche die Bestände mehrerer Institutionen miteinander verlinken. Lizenzen

Ein solcher Metakatalog ist der Karlsruher Virtuelle Katalog (KVK). Kostenlos und frei zugänglich ermöglicht diese 1996 entwickelte Metasuchmaschine 80 bibliographische Datenbanken – vor allem aus dem deutschsprachigen Raum, aber auch weltweit – gleichzeitig abzufragen (Stand: August 2020) (kvk.bibliothek.kit.edu). Die Disziplinen übergreifende digitale Bibliothek JSTOR (abgeleitet von Journal STORage) enthält 12 Millionen wissenschaftliche Artikel, Bücher und Primärquellen aus 75 Disziplinen (Stand: August 2020) und ist ein äußerst hilfreiches Instrument zur gezielten Literaturrecherche in den Geisteswissenschaften (www.jstor.com). Oxford Bibliographies Online (OBO) kombiniert die Funktionen einer annotierten Bibliographie mit denen einer Enzyklopädie. Die Plattform wird von internationalen Expert:innen betreut, ist aber nicht frei zugänglich (www.oxfordbibliographies.com). Metakataloge

Daneben dienen aufbereitete Fachdatenbanken mit verschiedenen, kombinierbaren Suchfunktionen der gezielten Literaturrecherche. Unter ihnen ist vor allem das an der Universität Tübingen ansässige Projekt Index Theologicus (IxTheo) zu nennen, das eine möglichst umfassende Internationale Bibliographie für Theologie und Religionswissenschaft bereitstellt (www.ixtheo.de). Fachdatenbanken

Für die Historische Theologie sind auch Portale aus dem Bereich der Geschichtswissenschaften relevant, etwa das von der Humboldt-Universität Berlin 2001 initiierte Fachportal für Geschichtswissenschaften Clio Online (www.clio-online.de), die Kommunikations- und Fachinformationsplattform H-Soz-Kult (für Humanities – Sozial- und Kulturgeschichte) (www.hsozkult.de), die (zum Teil kirchengeschichtlich ausgerichteten) Themenportale des Leibniz-Instituts für Europäische Geschichte in Mainz (www.ieg-mainz.de/publikationen) oder auch Online-Bibliographien wie die Literaturdatenbank des Regesta-Imperii-Projekts der Akademie der Wissenschaften und Literatur Mainz, die sich als mediävistische Literaturdatenbank etabliert hat (www.regesta-imperii.de).

Das „Verzeichnis der im deutschen Sprachbereich erschienenen Drucke des 16. Jahrhunderts" (abgekürzt VD 16) ist eine retrospektive Nationalbibliographie, die Druckwerke der Jahre 1501 bis 1600 verzeichnet. Das Projekt wurde von der Deutschen Forschungsgemeinschaft gefördert und ergänzt laufend neue Besitznachweise deutscher und nichtdeutscher Bibliotheken. Das Projekt stand unter der Leitung der Bayerischen Staatsbibliothek (BSB), Projektpartner waren die Herzog August Bibliothek (HAB) in Wolfenbüttel und die Forschungsbibliothek Gotha (FBG). Auch für die folgenden zwei Jahrhunderte werden entsprechende Verzeichnisse jeweils mit mehreren Kooperationspartnern aufgebaut (abgekürzt VD 17 und VD 18). Die Datenbanken sind über unterschiedliche Fachportale zugänglich und bieten Zugriff auf frei einsehbare Digitalisate. Die Bibliothek der Eidgenössischen Technischen Hochschule (ETH) betreibt in Kooperation mit der Schweizerischen Nationalbibliothek eine Open-Access-Plattform für digitalisierte Zeitschriften und regelmäßig erscheinende Publikationen aus der Schweiz oder mit Bezug zur Schweiz (www.e-periodica.ch). Eine weitere nationale Plattform der Schweiz, an der die großen kantonalen und städtischen sowie weitere schweizerische Bibliotheken beteiligt sind, bietet gemeinfreie Drucke des 15. bis 20. Jahrhunderts aus Schweizer Bibliotheken an, die kostenlos online eingesehen werden können. Die Koordination und die technische Betreuung liegen bei der Bibliothek der ETH (www.e-rara.ch).

Bildrecherche

Für die Recherche nach Bildern ist vor allem auf das Prometheus-Bildarchiv zu verweisen, das über 100 Datenbanken zusammenführt und über 2,6 Millionen Bildquellen präsentiert (www.prometheus-bildarchiv.de).

Aufgrund der rasanten Entwicklung und Dynamik des Internets und der Digitalisierung können konkrete Empfehlungen und Hinweise immer nur Momentaufnahmen sein.

Literatur

Katharina Heyden: Nichts Neues für die Alte Kirchengeschichte? Das Internet als Ernstfall historischer Heuristik, in: Verkündigung und Forschung, Bd. 65, Nr. 2 (2020), S. 104–114.

Ueli Zahnd: Netzwerke, historisch und digital. Digital Humanities und die Mittlere und Neuere Kirchengeschichte, in: Verkündigung und Forschung, Bd. 65, Nr. 2 (2020), S. 114–123.

Pragmatisch & Kompakt

Grundlegende Klärungen

Wichtige Klärungen historischer Arbeit beziehen sich auf das Erkenntnisinteresse und den Charakter der anvisierten Antworten. So ist vorab zu fragen:

- nach dem Ausgangspunkt der Forschung: Ist die Quelle vorgegeben oder gehe ich von einer Frage oder Ausgangsthese aus?
- nach dem Erkenntnisinteresse: Bezieht es sich auf Ereignisse, auf Strukturen, auf Vorstellungen, auf Ideen oder auf Personen?
- nach den angestrebten Antworten: Sollen sie ausschließlich deskriptiv ausfallen, oder suche ich in der Vergangenheit nach Impulsen für normative Aussagen für die eigene Gegenwart?

Aus dem Zusammenspiel dieser Faktoren wird die Forschungsfrage entwickelt. Eine gut gestellte Forschungsfrage ist zentral für den gesamten Verlauf der Forschungsarbeit. Sie kann sicherstellen, dass das Erkenntnispotential der Quellen ausgeschöpft wird, und verhindert, dass die Quellen entweder nur referiert oder gegen ihre historische Bedeutung ausgelegt werden. Die eigene Fragestellung entscheidet auch über die Auswahl und die Gewichtung der Methodenschritte sowie über das Verhältnis von Quellenstudium und Diskussion von Forschungsliteratur. Die Forschungsfrage kann als Frage oder als These formuliert werden.

Dritter Teil:
Lesen, Untersuchen und Ausdeuten von Textquellen

I. Drei Weisen, einen Text zu lesen

Eine Quelle kann - je nach Erkenntnisinteresse und Fragestellung - in unterschiedlicher Weise gelesen werden. Dabei muss nicht immer eine ganz ausgefeilte Methodik zur Anwendung kommen. Bereits die grundlegende Unterscheidung der folgenden drei Leseweisen „gemäß der Intention", „zwischen den Zeilen" und „gegen den Strich" kann Dimensionen im Text zum Vorschein bringen, die einer oberflächlichen Lektüre verborgen bleiben. Dabei lässt sich nicht jede der drei Leseweisen auf jeden Text anwenden. Welche Leseweise sinnvoll zum Zuge kommen kann, ist vielmehr von der jeweiligen Fragestellung abhängig [↗ Zweiter Teil III.].

I.1 „gemäß der Intention"

Die allermeisten historischen Texte wurden mit einer Aussage- oder Wirkabsicht produziert. Diese Absicht muss nicht immer explizit genannt sein. Auch mit einem Kaufvertrag, einem Notizzettel oder einem Tagebucheintrag verbindet sich eine bestimmte Absicht der Urheber:innen [↗ Intendierte Wirkungen, Dritter Teil V.1] - und sei es nur, getroffene Vereinbarungen zu dokumentieren, um sie im Zweifels- oder Streitfall vorweisen zu können. Die Historische Theologie behandelt meistens absichtsvolle Texte, die eine Intention erkennen lassen. Diese Absicht im Blick auf die intendierte Leserschaft des Textes zu rekonstruieren, ist das Ziel der Leseweise „gemäß der Intention" des Textes. Die leitende Frage lautet: *Was sollte der Text den Adressat:innen in seiner Zeit mitteilen bzw. bei ihnen bewirken?*

Dass wir dabei von der „Intention des Textes" sprechen und nicht von der Intention der Autorin oder des Autors, hat zwei Gründe. Beide hängen mit dem oben formulierten Anspruch zusammen, in der historischen Wissenschaft das eigene Nichtwissen angemessen zur Geltung zu bringen. Der erste Grund ist, dass die Autorschaft vieler historischer Texte namentlich unbekannt oder umstritten ist. Der zweite Grund liegt in der seit den 1960er-Jahren intensiv diskutierten These vom „Tod des Autors" [↗ Autorschaft und Authentizität, Dritter Teil II.1] und den damit verbundenen Überlegungen zur Rezeptionsästhetik.

I.2 „zwischen den Zeilen"

Texte transportieren nicht nur Aussage- oder Wirkabsichten, sondern enthalten darüber hinaus zahlreiche Informationen, die gewissermaßen als Beiwerk mitgetragen werden. Wenn es zum Beispiel im Vorwort dieses Lehrbuchs heißt: „Wir danken den Studierenden der Theologischen Fakultät der Universität Bern für intensive Diskussionen im Rahmen der Proseminare im Herbstsemester 2019 und 2021", dann werden neben dem Dank, der unsere Intention ausdrückt, noch viele weitere Informationen gegeben: Es gab in den Jahren 2019 und 2021 eine Universität in Bern mit einer Theologischen Fakultät. Dort wurden offenbar Proseminare durchgeführt, in denen die Dozierenden mit den Studierenden diskutiert haben. Außerdem gab es ein Herbstsemester. Aus diesen Informationen können sich weitere Fragen ergeben: Welche anderen Fakultäten hat es 2019 an der Universität Bern gegeben? Wie wurde die Zeit insgesamt strukturiert - gab es auch ein Frühlings-, Sommer- und Wintersemester? Die richtige Antwort wäre: Nein, das akademische Jahr wurde in Herbst- und Frühlingssemester eingeteilt. Aber da wir davon ausgehen, dass die Berner Studierenden, denen wir unseren Dank aussprechen möchten, das selbst wissen, haben wir es nicht erwähnt. Für spätere Historiker:innen, die aus ihrer eigenen Lebenswelt andere Einteilungen kennen oder für Forscher:innen aus Gegenden, in denen es nicht vier Jahreszeiten gibt, kann dies bereits eine interessante Information sein, die auch weitere Fragen provoziert.

Beispiel

Gerade diese absichtslos, manchmal auch unbewusst mitgetragenen Informationen können für die historische Wissenschaft besonders interessant sein. Denn in ihnen drückt sich das Selbstverständliche aus, das Alltägliche, Nicht-Erwähnenswerte: das, was die gemeinsame Lebenswelt von Autor:innen und Leserschaft eines Textes ausmacht. „Zwischen den Zeilen" zu lesen, bedeutet, nichts als selbstverständlich hinzunehmen, sondern mit dem eigenen Nichtwissen und mit der Fremdheit des Textes und seiner Welt zu rechnen und potentiell in jeder Aussage beachtenswerte Informationen zu vermuten, die helfen können, die gemeinsame Lebens- und Erfahrungswelt von Autor:innen und Adressat:innen zu rekonstruieren.

Leitfrage

Die leitende Frage bei dieser Leseweise lautet: *Welche Informationen werden von der Quelle beiläufig weitergegeben, welches Wissen setzt sie als selbstverständlich voraus?*

Die mit der Leseweise „zwischen den Zeilen" zu erhebenden Erkenntnisse betreffen also explizit genannte, aber auch implizit vorausgesetzte zeitbedingte Selbstverständlichkeiten, gemeinsames Wissen von Autorschaft und Adressaten, kulturelle, soziale und geistesgeschichtliche Hintergründe.

I.3 „gegen den Strich"

Texte transportieren nicht nur Intentionen und Informationen, sondern sie enthalten allermeist auch explizite und implizite Wertungen. Diese Wertungen geben Hinweise auf die Intentionen, sie können aber auch „gegen den Strich" gelesen werden, um Ansichten und Ereignisse zu rekonstruieren, die der Intention der Quelle gerade gegenläufig sind. Wenn ein Text mit dem Ziel verfasst wird, eine bestimmte Lebenspraxis oder eine Lehrmeinung zurückzudrängen, zu verhindern oder abzuschaffen, dann muss diese Praxis oder Meinung notwendig genannt werden, damit der Text seiner Intention gemäß wirken kann. Dieser Effekt ist vor allem in rechtlichen, aber auch in polemischen und apologetischen Texten ausgeprägt und kann für die historische Arbeit fruchtbar gemacht werden.

Beispiele

So können etwa Gesetzestexte „gegen den Strich" gelesen werden mit der Annahme, dass alles, was verboten wird, existierte, weil es sonst nicht hätte verboten werden müssen. Wenn etwa seit dem 5. Jahrhundert in kirchenrechtlichen Quellen immer wieder der Priesterzölibat gefordert und Verstöße dagegen geahndet werden, so ist das – „gegen den Strich" gelesen – ein Indiz dafür, dass die Einhaltung des Zölibats keine Selbstverständlichkeit war. Allerdings kann nicht mit Gewissheit gesagt werden, dass jedes Verbot auf ein tatsächlich bestehendes Phänomen verweist. Es könnte auch sein, dass bestimmte Dinge prophylaktisch verboten werden oder dass gesetzliche Bestimmungen aus Treue zur Tradition auch dann noch weiterüberliefert werden, wenn das Problem in der Realität nicht mehr aktuell ist.

Für die Historische Theologie ist die Leseweise „gegen den Strich" dann unverzichtbar, wenn Ansichten einer Person oder Gruppe rekonstruiert werden, die ausschließlich in polemischen Bestreitungen ihrer Gegner:innen überliefert sind. Dies ist bei vielen als „häretisch" oder „ketzerisch" verurteilten Gruppen und Personen der Fall, weil mit der Verurteilung häufig auch ein Überlieferungsverbot der Originalschriften einherging: Diejenigen, die aus den Auseinandersetzungen als „orthodox" und damit als Sieger hervorgingen, haben dafür gesorgt, dass von den unterlegenen „Häretikern" keine Zeugnisse aus erster Hand mehr erhalten sind. Als Historiker:innen können wir die überlieferten „orthodoxen" Texte heute zum einen daraufhin befragen, welche Lehren sie selbst durchsetzen wollten – das wäre die Leseweise „gemäß der Intention". Wir können aber auch fragen, welche Informationen die Texte uns über diejenigen mitteilen, die sie bekämpfen wollten – das ist die Leseweise „gegen den Strich", weil die Intention der Autor:innen ja gerade darin bestand, dass die entsprechende Ansicht nicht weiter tradiert wird. Einen Text „gegen den Strich" zu lesen, heißt zu fragen: *Welche Ereignisse oder Ansichten lassen sich hinter den oder gegen die Intentionen und Wertungen, die in der Quelle zu finden sind, rekonstruieren?*

Leitfrage

Was aber meint „hinter den oder gegen die Wertungen rekonstruieren"? Kann einfach immer das Gegenteil vom Gesagten angenommen werden? Hier ist Vorsicht geboten. Denn wer eine Lebenspraxis oder Lehrmeinung wirkungsvoll bekämpfen will, stellt sie häufig polemisch verzerrt dar, um das Ziel zu erreichen.

Beispiel: Konzil von Nicäa 325

Ein kurzes Beispiel zur Veranschaulichung: Auf dem ersten reichsweiten Konzil der Kirchengeschichte, das im Jahr 325 in der kleinasiatischen Stadt Nicäa stattfand, wurde nicht nur ein trinitarisches Glaubensbekenntnis verabschiedet, sondern auch eine Verurteilung, ein Anathema, ausgesprochen (gr. ἀνάθημα bedeutet ursprünglich „das Hingestellte", im christlichen Kontext aber „Verfluchung, Bannung"):

„Diejenigen aber, die da sagen ‚es gab eine Zeit, da er nicht war' und ‚er war nicht, bevor er gezeugt wurde', und er sei aus dem Nichtseienden geworden, oder die sagen, der Sohn Gottes stamme aus einer anderen Hypostase oder Wesenheit, oder er sei geschaffen oder wandelbar oder veränderbar, die verdammt [ἀναθεματίζει] *die katholische Kirche."*

Wer nun wissen will, was der Hauptverurteilte des Konzils, der Presbyter Arius aus Alexandrien, lehrte, ist auf diesen Text angewiesen, da die Originalschriften des Arius nicht erhalten sind; denn mit dem Anathema des Konzils war das Verbot ihrer Weiterverbreitung verbunden. Zwar entspricht es gerade nicht der Intention des Konzils, die Lehren des Arius zu verbreiten, aber um sie effektiv bekämpfen zu können, müssen sie genannt werden. Aus dieser Notwendigkeit ziehen Historiker:innen Nutzen, indem sie fragen, welche historische Realität sich hinter den in einer Quelle zutage tretenden Wertungen verbirgt. Kann also „gegen den Strich" gelesen und rekonstruiert werden, Arius habe gelehrt, dass es „eine Zeit gab, in der er [d.h. der Logos Gottes] nicht war" (ἦν ποτε ὅτε οὐκ ἦν) und „bevor er gezeugt wurde, war er nicht" (πρὶν γεννηθῆναι οὐκ ἦν)? Lange Zeit hat die Forschung die Lehre des Arius und seiner Anhänger:innen genau auf diese Weise rekonstruiert und gefolgert: Arius habe gelehrt, dass der göttliche Logos zu einer bestimmten Zeit vom Vater geschaffen worden und daher nicht ewig, sondern das erste Geschöpf des Vaters sei. Vergleicht man die Aussagen des Konzils aber mit anderen (ebenfalls polemischen) Schriften über Arius, so entsteht der Verdacht, dass im Konzilstext bewusst mit der Kategorie der Zeit operiert wurde, um die Lehre des Arius als Leugnung der Göttlichkeit des Logos (und damit auch des inkarnierten Logos Jesus Christus) zu diffamieren. Es gibt nämlich Hinweise darauf, dass es Arius bei der Zuordnung von Vater und Logos/Sohn in der Gottheit nicht um die Frage der Zeit, sondern um eine logische Ursprungsbeziehung ging: Als Sohn geht der Logos aus dem Vater hervor. Dieses Hervorgehen muss aber nicht unbedingt zeitlich gedacht werden, vielmehr könnte Arius auch eine „ewige Zeugung" des Logos/Sohnes aus dem Vater gelehrt haben. Dass der Konzilstext zeitliche Kategorien benutzt, könnte entweder auf ein

Missverständnis der Aussagen des Arius hindeuten oder aber auf eine bewusste polemische Verzerrung.

Zur Rekonstruktion unterdrückter Traditionen der Christentumsgeschichte kann die Polemik der Gegner:innen also weder einfach für bare Münze genommen noch schlichtweg in ihr Gegenteil verkehrt werden. Beides birgt die Gefahr der Verzerrung. Dies gilt umso mehr, wenn von den bekämpften Gruppen oder Personen keine Quellen aus erster Hand überliefert sind, wenn also die Strategie der Bekämpfenden so erfolgreich und nachhaltig war, dass die Überlieferung der bekämpften Praxis oder Lehre unterbunden wurde [↗ Steuerung von Überlieferung, Dritter Teil III.2]. Die Kunst der Lektüre „gegen den Strich" besteht darin, die Wertungen in einer Quelle nicht unkritisch zu übernehmen, sondern kritisch und unter Anwendung des methodischen Instrumentariums zu hinterfragen, dabei Fremdheit und Nichtwissen angemessen zu berücksichtigen und aus der Zusammenschau historisch plausible Schlüsse zu ziehen.

Pragmatisch & Kompakt

Leseweisen

Eine Quelle kann und muss je nach Erkenntnisinteresse und Fragestellung in unterschiedlicher Weise gelesen werden:

(1) „gemäß der Intention" – um die Absicht im Blick auf die zeitgenössische Leserschaft zu rekonstruieren. *Leitfrage: Was sollte der Text den Adressat:innen in ihrer Zeit mitteilen bzw. bei ihnen bewirken?*

(2) „zwischen den Zeilen" – um die Lebenswelt von Autor- und Adressatenschaft zu rekonstruieren (z.B. zeitbedingte Selbstverständlichkeiten wie geopolitische, kulturelle und soziale Aspekte). *Leitfrage: Welche Informationen werden von der Quelle beiläufig weitergegeben, welches Wissen setzt sie als selbstverständlich voraus?*

(3) „gegen den Strich" – um Ansichten und Ereignisse zu rekonstruieren, die der Intention der Quelle gegenläufig sind, aber ohne sie verloren wären (z.B. über divergierende theologische Ansichten). *Leitfrage: Welche Ereignisse oder Ansichten lassen sich hinter den Wertungen rekonstruieren?*

Es müssen (und können) nicht alle drei Leseweisen auf jede Quelle angewendet werden. Welche im konkreten Fall sinnvoll sind, hängt von der Fragestellung und dem Erkenntnisinteresse der Forschung ab.

Anwendungsbeispiel

Die „*Traditio Apostolica*" 16 dreifach gelesen

Wie bereits ausgeführt, lässt sich nicht jede der drei Leseweisen auf jede Quelle sinnvoll anwenden. Es ist vielmehr vom konkreten Erkenntnisinteresse und von der Art der Quelle abhängig, welche Leseweise angewendet wird. Wer jedoch einen Text auf seine verschiedenen Ebenen „abklopfen" und so viel wie möglich

aus ihm „herausholen" möchte, kann probeweise auch einmal alle drei Leseweisen an einer Quelle durchführen. Dies kann auch hilfreich sein, um plausible historische Fragestellungen zu finden und zu präzisieren [↗ Fragestellung, Zweiter Teil III.].
Das folgende Beispiel soll dies demonstrieren und mit dem vierfachen Schritt *Beobachtungen – Resultierende Fragen – Weiterführende Fragen – Weiteres Vorgehen* zugleich eine Anregung geben, wie mit den drei Leseweisen konkret umgegangen werden kann:
In der bekanntesten altchristlichen Kirchenordnung, der sog. *„Traditio Apostolica"*, deren Grundbestand vom Ende des 2. Jahrhunderts stammt, wird geregelt, wer unter welchen Bedingungen in die christliche Gemeinde aufgenommen werden darf.

„*Traditio Apostolica*" 16
(2. Jahrhundert)

Text aus: Fontes Christiani 1,246f. (hg. Schöllgen/Geerlings)	Übersetzung (Heyden)
Inquiretur autem de operibus et occupationibus eorum qui adducuntur ut instruantur (κατηχεῖσθαι), in quo sint. [...]	Man soll sich aber erkundigen über die Arbeiten und Tätigkeiten derjenigen, die zum katechetischen Unterricht geführt werden. [...]
Miles qui est in potestate non occidet hominem. Si iubetur, non exequetur rem, neque faciet iuramentum. Si autem non vult, reiciatur.	Der Soldat, der unter Befehl steht, soll keinen Menschen töten. Wenn es ihm befohlen wird, soll er die Sache nicht ausführen, und er soll auch keinen Eid leisten. Wenn er dazu nicht bereit ist, soll er abgewiesen werden.
Qui habet potestatem gladii vel magistratus civitatis qui induitur purpura, vel cesset vel reiciatur. Catechumenus vel fidelis qui volunt fieri milites reiciantur, quia contempserunt deum.	Wer die Schwertgewalt hat oder Stadtmagistrat ist, wer also Purpur trägt, soll entweder aufhören oder abgewiesen werden. Der Taufbewerber oder der Gläubige, die Soldaten werden wollen, sollen abgewiesen werden, weil sie Gott missachtet haben.

(1) Leseweise „gemäß der Intention"

Leitfrage: Was sollte der Text den Adressat:innen in seiner Zeit mitteilen oder bei ihnen bewirken?

Beobachtungen:
- Der Text möchte sicherstellen, dass die für die Zulassung zum Katechumenat in christlichen Gemeinden Verantwortlichen wissen, welchen Berufen und welchen Tätigkeiten die Personen nachgehen, die sich für den katechetischen Unterricht anmelden.
- Soldaten können aufgenommen werden, sollen aber weder Tötungsbefehle ausführen noch Eide leisten. Sie werden explizit zur Befehlsverweigerung aufgefordert.
- Ranghohe Militärs, Magistrate und andere hohe Amtsträger, die Purpur tragen, sollen nicht als Katechumenen aufgenommen werden.
- Taufanwärter sollen sich nicht für den Militärdienst melden dürfen.

Aus den Beobachtungen resultierende Fragen:
- Warum ist es für christliche Gemeinden in dieser Zeit wichtig zu wissen, welchen Beruf die Bewerberinnen und Bewerber ausführen?
- Warum dürfen Christen nicht töten? Warum ist ein militärischer Eid aus Sicht des Textes mit dem Christentum unvereinbar?
- Warum dürfen Soldaten aufgenommen werden, höhere militärische und politische Amtsträger aber nicht?

Weiterführende Fragen:
- Repräsentiert der Text allgemeingültige Ansichten im Christentum jener Zeit? Falls nicht: Welche lokalen Aspekte sind zu berücksichtigen?
- Enthält die Kirchenordnung auch im Blick auf andere Themen (aus heutiger Sicht) radikale Ansichten?
- Wie ist die Unvereinbarkeit von Christentum und Militär theologisch begründet worden, über die im Text genannte „Missachtung" des Willens Gottes hinaus?
- Welche Stellung und Machtbefugnisse hatten die Adressat:innen der Quelle? Wie konnten Sie die Forderungen in der Realität umsetzen?

Weiteres Vorgehen:
- Weitere Quellen suchen, um das Spektrum der Verhältnisbestimmung von Militärdienst und Christentum abschätzen zu können.
- Den gesamten Quellentext lesen, um einen Eindruck von der „Radikalität" zu gewinnen.

(2) Leseweise „zwischen den Zeilen"

Leitfrage: Welche Informationen gibt die Quelle beiläufig weiter, welches Wissen setzt sie als selbstverständlich voraus?

Beobachtungen:
- Die Menschen in der Antike übten Berufe *(opera et occupationes)* aus und wurden danach beurteilt.
- Zur Zeit der Abfassung des Textes gab es einen katechetischen Unterricht in christlichen Gemeinden.
- Es gab ein Militärwesen. Soldaten leisteten einen Eid und erhielten Tötungsbefehle. Sie konnten offenbar Tötungsbefehle und Eide verweigern.
- Hohe politische Amtsträger trugen Purpur.

Aus den Beobachtungen resultierende Fragen:
- Welchen gesellschaftlichen Status hatten die genannten Berufe außerhalb der christlichen Gemeinden?
- Wie sah der katechetische Unterricht aus?
- Welcher Unterschied bestand zwischen *catechumenus* und *fidelis*?
- Wie war das Militär organisiert? Was bedeutete für einen Soldaten „unter Befehl zu stehen" (*essere in potestate*)?
- Was bedeutet das Purpurgewand? Was taten hohe Amtsträger, dass ihre Berufe in Konflikt mit den christlichen Gemeinden geraten konnten? Warum wurden höhere Soldaten abgewiesen?

Weiterführende Fragen:
- Welche Folgen hatte die Befehls- und Eidverweigerung für Soldaten? Waren sie überhaupt eine denkbare Option?
- Welche Konsequenzen hatte die Aufgabe eines hohen Amtes in der römischen Gesellschaft?

Weiteres Vorgehen:
- Nach Biographien oder biographischen Informationen zu christlichen Soldaten suchen (z. B. in Märtyrerberichten).
- Sekundärliteratur zum römischen Militärwesen und zum christlichen Katechumenat im 2. Jahrhundert konsultieren.

(3) Leseweise „gegen den Strich"

Leitfrage: Welche Ereignisse oder Ansichten lassen sich hinter den bzw. gegen die Intentionen und Wertungen, die in der Quelle zu finden sind, rekonstruieren?

Beobachtungen:
- Offenbar war das Christentum für gewisse Berufsgruppen besonders attraktiv.
- Offenbar gab es Christen, die als Soldaten den Eid leisteten und Tötungsbefehle ausführten. Diese müssen das Eidschwören und das Töten für vereinbar mit dem Christentum angesehen haben.
- Das Christentum scheint auch für Angehörige der römischen Oberschicht attraktiv gewesen zu sein.
- Womöglich gab es in den christlichen Gemeinden Mitglieder, die eine Verpflichtung im Militär erwogen und für vereinbar mit dem christlichen Glauben hielten.

Aus den Beobachtungen resultierende Fragen:
- Worin bestand die Attraktivität des Christentums für Soldaten und politische Amtsinhaber?

Weiterführende Fragen:
- Wie wurde die (von der *„Traditio Apostolica"* bestrittene) Vereinbarkeit von Christentum und Militärdienst begründet?
- Gibt es Quellen, die eine solche Argumentation aus erster Hand überliefern?

Weiteres Vorgehen:
- Argumente für und gegen die Vereinbarkeit von Militärdienst und Christentums aus verschiedenen Quellen sammeln, um die *„Traditio Apostolica"* in diesen Diskurs und den historischen Kontext einordnen zu können.

Übrigens: Auf einer Synode in Arles wurde im Jahr 314, also nur wenige Jahrzehnte nach der Abfassung der *„Traditio Apostolica"*, folgender Beschluss gefasst: „Diejenigen, die in Friedenszeit die Waffen niederlegen, sollen von der Kommunion ausgeschlossen werden." (Canones ad Silvestrum 3, CCL 148,9: *De his qui arma proiciunt in pace, placuit abstineri eos a communione).*

Die beiden Quellen präsentieren eindeutig widersprüchliche Einstellungen der Kirche zum Militärdienst: Während die *„Traditio Apostolica"* Soldaten aus der Gemeinde ausschließen möchte, verbietet die Synode von Arles es christlichen Soldaten, den Militärdienst zu quittieren, und zwar selbst in Friedenszeiten. Dies provoziert die Frage, wie diese gegensätzlichen Aussagen der kirchlichen Autoritäten zu erklären sind. Handelt es sich lediglich um regionale Unterschiede? Oder hatte sich das Verhältnis der Kirche zum römischen Staat in der Zwischenzeit grundlegend gewandelt und zu einem kollektiven Sinneswandel der kirchlichen Autoritäten geführt?

Die drei Leseweisen „gemäß der Intention", „zwischen den Zeilen" und „gegen den Strich" beschreiben grundlegende Perspektiven auf einen Text. Diese können und sollen mit den einzelnen Methoden, wie sie im Folgenden beschrieben werden, verknüpft werden.

Literatur

Georg Schöllgen/Wilhelm Geerlings (Hg.): Traditio apostolica. Didache und Traditio Apostolica (Fontes Christiani), 3. Aufl., Freiburg/Basel/Wien 2000.

Charles Munier (Hg.): Canones ad Silvestrum. Concilia Galliae a. 314–506 (Corpus Christianorum. Series Latina, Vol. 148), Turnhout 2011.

II. Das Umfeld der Textquelle

Historischer Kontext

Zu jeder soliden Geschichtswissenschaft gehört das Bemühen, Quellen in ihrem historischen Kontext zu verstehen. Nichts ist für dieses Verstehen hinderlicher, als vergangene Ansichten oder Entscheidungen an den Maßstäben der eigenen Zeit zu messen und zu beurteilen, ohne sich der Fremdheit der vergangenen Welt und unseres Nichtwissens über diese Welt bewusst zu sein [↗ Fremdheit und Nichtwissen, Erster Teil V.]. Wir müssen also unter Anwendung des methodischen Instrumentariums und mit historischer Imaginationskraft versuchen, uns zu Zeitgenoss:innen der Texte und Bilder zu machen, die wir interpretieren möchten. Dazu gehört es, sich das Umfeld einer Quelle zu erschließen: Wo und wann ist sie entstanden? Welche Ereignisse prägten die damalige Zeit? Wie sahen die natürlichen Lebensbedingungen aus? Wie war die Gesellschaft strukturiert? Welche allgemeinen Überzeugungen und welche Weltbilder waren in Geltung? Und spezifischer mit Blick auf die Geschichte des Christentums gefragt: Welche Kirchenformen, welche Machtverhältnisse waren im jeweiligen Kontext vorhanden? Welche Frömmigkeitspraxen und welche theologischen Lehren prägten die Welt, in der die Quelle entstanden ist? Dieselben Fragen lassen sich auf der Mikroebene für die Urheber:innen der Quelle stellen - sofern diese bekannt sind.

II.1 Autorschaft und Authentizität

Die Relevanz von Autorschaft in der Historischen Theologie

Echtheit und Fälschung

Für die Beurteilung der Verlässlichkeit von Quellen sind Autor- bzw. Urheberschaft (das lateinische Wort *auctor* bedeutet Urheber, Schöpfer) und die Authentizität (vom griechischen Wort αὐθέντης: „selbst, mit eigener Hand vollbracht“ und daher auch „zuverlässig, verbürgt, echt“) grundlegend. In der traditionellen historischen Quellenkritik heißt der entsprechende Methodenschritt „Echtheitskritik“. Doch ist diese Bezeichnung irreführend, da es hier nicht allein um die Alternative „Echtheit oder Fälschung“ geht. In vielen Fällen besteht kein Grund, an der „Echtheit“, also der Glaubwürdigkeit des überlieferten Autorennamens zu zweifeln.

Außerdem ist ein Text mit ungesicherter oder fingierter Autorschaft nicht automatisch als „Fälschung“ zu bezeichnen und schon gar nicht von geringerem Quellenwert für die historisch-theologische Forschung als ein „echter" Text. Je nach Fragestellung kann es sehr aufschlussreich sein, wenn sich eine uns heute unbekannte Person als Autor:in eine schriftstellerische Identität gegeben hat. Wer sich zum Beispiel für die Wirkungsgeschichte des lateinischen „Kirchenvaters" Augustinus von Hippo interessiert, wird in den zahlreichen nach seiner Lebenszeit, aber unter seinem Namen veröffentlichten Schriften Hinweise darauf finden können, wofür der Name des großen Theologen in Anspruch genommen wurde und welches Bild von ihm der Nachwelt damit vermittelt werden sollte. Wenn ich allerdings eine Biographie des Augustinus schreiben möchte, ist die Frage nach der Glaubwürdigkeit der Autorschaft eines Werks entscheidend für dessen Berücksichtigung oder eben Nicht-Berücksichtigung für die eigene Forschungsarbeit.

Roland Barthes „Tod des Autors"

In (post)modernen Diskussionen um Autorschaft und ihre Bedeutung für das Verstehen und Interpretieren von Texten sind die Grenzen des Konzepts von Autorschaft und Authentizität deutlich geworden. Diese Diskussionen sind mit der These vom „Tod des Autors" verbunden. In den Literaturwissenschaften – und davon ausgehend auch in anderen Kulturwissenschaften – wird seit über fünfzig Jahren die Relevanz von Autorschaft für die Rezeption eines Textes diskutiert. Ausschlaggebend für diese Diskussion war der Essay *„La mort de l'auteur"* des französischen Poststrukturalisten und Semiotikers Roland Barthes (1915–1980) aus dem Jahr 1967. Barthes kritisierte darin den zu seiner Zeit vorherrschenden biographischen Zugang zu (literarischen) Texten. Er vertrat die Ansicht, dass der Sinn eines Textes nicht vom Autor, sondern allein von der Leserschaft konstituiert wird. Für Barthes steht der Autor nicht hinter einem Text, sondern er entsteht zugleich mit dem Text, im Prozess des Schreibens. Deshalb könne auch nicht hinter den Text zurück nach dem Autor und seiner Intention beim Schreiben des Textes gefragt werden.

Michel Foucault „Was ist ein Autor?"

Barthes' Thesen lösten in den Literaturwissenschaften eine breite Diskussion aus. Sehr unmittelbar reagierte der französische Philosoph Michel Foucault (1926–1984) mit seinem Vortrag *„Qu'est-ce qu'un auteur?"* (1969, in der deutschen Übersetzung: „Was ist ein Autor?", 1974 erstmals erschienen). Darin versucht er, den Autoren wiederzubeleben – allerdings nicht als individuellen, allmächtigen Urheber und letzte Deutungsinstanz eines Textes. Foucault fragt danach, welche Funktion der Begriff „Autor" im Diskurs hat. Nur solche Urheber von Texten, die einen Diskurs begründet oder maßgeblich beeinflusst haben, weil sie mit ihren Texten den Raum und die „Formationsregeln" für andere Texte geschaffen haben, gelten für ihn als Autor. Die Konsequenz für die Interpretation von Texten ist ähnlich radikal wie bei Barthes: Die Sinngebung in einem Text ist ganz der Leserschaft überlassen. Die Frage, wer oder was die Autorin ist, entscheidet sich prozesshaft in der Rezeption eines Textes. Die Suche nach der Intention der Autorin weicht einer Diskussion über Deutungsspielräume und Funktionen eines Textes im Diskurs. Die Lesenden werden zu

„Co-Autor:innen", weil ihr (unterschiedliches) Verstehen und Interpretieren für den Text mitbestimmend, ja konstitutiv sind. Seit den 1990er-Jahren wird in der Literaturwissenschaft aber wieder von der „Rückkehr des Autors" als eines individuellen Subjekts gesprochen.

Relevanz

Für die Geschichtswissenschaft und die Historische Theologie ist diese Diskussion in mehrfacher Hinsicht relevant:

- Sie schärft das Bewusstsein für die Ambivalenz und Problematik des Konzepts der Autorschaft und bewahrt vor vorschnellen Rückschlüssen von biographischem Wissen über eine Autorin auf die Interpretation eines einzelnen Textes aus ihrer Hand. Dieses Bewusstsein wirkt auf die Interpretation des Textes selbst zurück und gewährleistet, dass nicht nur Rückschlüsse von der Biographie auf die Interpretation eines Textes, sondern auch in umgekehrter Richtung, von der Interpretation eines Textes auf die Rekonstruktion einer Biographie, möglich bleiben. Entwicklungen oder Brüche im Denken und in den Ansichten eines Autors können besser in den Blick kommen, wenn einzelne Texte nicht ausschließlich im Gesamtzusammenhang eines Lebens, sondern in ihren jeweiligen Mikrokontexten interpretiert werden.
- Autor:innen sprechen in ihren Werken nicht immer für sich selbst, sondern können sich Autoren-Identitäten schaffen, die mit der Identität der historischen Person nicht übereinstimmen müssen. Diese inszenierte Autoren-Identität wird besonders gut greifbar in Texten, die in der Ich-Form geschrieben sind, oder auch in literarischen Dialogen, in denen potentiell alle Dialogfiguren als Sprachrohr des einen Autors dienen (der sog. „Ich-Erzähler").
- Die für die Christentumsgeschichte wichtigen Phänomene von Pseudonymität und Pseudepigraphie sowie Anonymität erscheinen vor dem Hintergrund der Diskussionen um die Bedeutung der Autorschaft für das Verstehen von Texten in anderem, weniger problematischen Licht (wie das Beispiel von Kierkegaard illustrieren wird, ↗ D).

Intention des Textes

Die Frage, ob ein Text wirklich Zugang zu der Person gewähren kann und soll, die ihn geschrieben hat, ist wichtig und für jeden konkreten Fall neu zu stellen. Dennoch erscheint es uns für die historisch-theologische Arbeit nicht sinnvoll, auf Fragen nach Autorschaft und Authentizität grundsätzlich zu verzichten. In vielen Fällen ist die Autorschaft unbestritten und gibt wertvolle Hinweise auf das Umfeld der Quelle. Allermeist ist davon auszugehen, dass Texte mit einer bestimmten Absicht produziert werden, die mit den Methoden der Textinterpretation auch (mehr oder weniger) plausibel rekonstruiert werden können. Es bleibt also grundsätzlich sinnvoll und im Rahmen historischer Wissenschaften auch unverzichtbar, nach Authentizität, Autorschaft und Intentionen zu fragen. Um den berechtigten Einwänden gegen ein zu starkes Konzept von Autorschaft und Autorenintention gerecht zu werden, sprechen wir jedoch von der Intention des Textes (und nicht von der Intention der Autor:innen).

Wie wichtig die Kenntnis der Autorschaft für die konkrete Quellenarbeit tatsächlich ist, hängt vom Erkenntnisinteresse ab. Wenn ich eine Biographie schreiben möchte, ist die Frage der Autorschaft von essentieller Bedeutung, weil sie darüber entscheidet, ob ein Werk überhaupt als Quelle herangezogen werden kann. Wenn es hingegen darum geht, bestimmte Ereignisse oder Strukturen zu rekonstruieren, kann die Frage nach der Autorschaft unter Umständen sogar irrelevant sein.

Literatur

Roland Barthes: The Death of the Author, 1968, in: The Routledge critical and cultural theory reader, hg. v. Neil Badmington/Julia Thomas, London 2008, S. 121–125.

Fotis Jannidis/Gerhard Lauer/Matías Martínez/Simone Winko (Hg.): Die Rückkehr des Autors. Zur Erneuerung eines Umstrittenen Begriffs (Studien und Texte zur Sozialgeschichte der Literatur, Bd. 71), Tübingen 1999, Nachdruck 2010.

Dinah Ribard (Hg.): Michel Foucault et la question de l'auteur. „Qu'est-ce qu'un auteur". Texte, présentation, et commentaire (Textes critiques français, Vol. 2), Paris 1969.

Identifikation der Autorschaft

In vielen Fällen ist ein Autor:innenname mit dem Quellentext überliefert, in vielen – vor allem antiken Texten – aber auch nicht. Und nicht immer erweist sich der genannte Name als historisch glaubwürdig. Folgende Varianten von Autorschaft bzw. Authentizität gibt es:

A) Unzweifelhafte Autorschaft

Die Überlieferung nennt einheitlich einen Autor, und in der vorangehenden Forschung wurde kein Zweifel an der Glaubwürdigkeit dieser Angaben geäußert. In diesem Fall darf davon ausgegangen werden, dass die genannte Person den Text tatsächlich verfasste – es sei denn, die gewählte Fragestellung zielt gerade darauf, die bisher als gesichert geltende Autorschaft zu überprüfen.

B) Zweifelhafte Autorschaft

B 1) Die Überlieferung nennt einheitlich einen Namen, der jedoch von der vorangehenden Forschung infrage gestellt oder bestritten wurde. In diesem Fall muss die Echtheit der Angabe zur Autorschaft überprüft werden. Folgende Fragen können dabei helfen:

- Mit welchen Gründen wurde die Autorschaft bestritten?
- Gibt die Quelle selbst Hinweise, die für oder gegen die Autorschaft der genannten Person sprechen?

- Handelt es sich um Pseudonymität oder Fälschung (s. u.)? Mit welcher Absicht könnte gerade dieser falsche Name angegeben worden sein?

B 2) Es sind verschiedene Autorennamen überliefert. In diesem Fall geht es darum, den plausibelsten Namen zu ermitteln und die Alternativen möglichst überzeugend als unwahrscheinlich zu erweisen. Indizien hierfür können beispielsweise mit den folgenden Fragen geklärt werden:

- Welcher Name wird am häufigsten genannt?
- Welcher Name taucht in den ältesten Zeugnissen auf?
- Gibt die Quelle selbst Hinweise auf ihre Autorschaft, die sich mit bekannten Informationen über die genannten Alternativen abgleichen lassen?
- Existieren von den genannten Autor:innen andere Werke – wenn ja, was trägt ein Vergleich der Sprache, der Inhalte oder der Ansichten aus?

Häufig ist die Nennung von verschiedenen Autorennamen aber auch ein Indiz dafür, dass ein Text ursprünglich anonym überliefert und von späteren Abschreibern bekannten Personen aus der Vergangenheit zugeschrieben wurde. Wenn also keine der genannten Alternativen wahrscheinlicher scheint als alle anderen, bleibt als Schluss nur die Feststellung, dass die Autorschaft nicht zu klären ist.

Wenn eine Autorenangabe mit guten Gründen bestritten werden kann, stellt sich die Frage, von wem und warum der Text unter falschem Namen überliefert wurde. Geht dies auf die Verfasserin selbst zurück oder erst auf die spätere Überlieferung? Im letzteren Fall handelt es sich um falsche Zuschreibung(en). Diese können bewusst, also wider besseres Wissen über die Verfasserschaft, oder unbewusst, also in dem Glauben, den richtigen Verfasser zu nennen, geschehen sein. Wenn dagegen der falsche Name auf die Verfasserin selbst zurückgeht, dann muss damit eine Absicht verbunden sein. Um diese Absicht so präzise wie möglich zu erfassen (und auch bewerten zu können), ist eine Unterscheidung zwischen Pseudonymität und Fälschung sinnvoll. Auch wenn die Grenzen fließend sind, dient die Unterscheidung doch dazu, im Blick auf die Intention des Urhebers mehr Klarheit (und auch mehr Angemessenheit im Urteil über diese Arten der Verfälschung von Wahrheit) zu gewinnen.

C) Fälschung

Eine Fälschung liegt dann vor, wenn jemand unter falschem Namen mit der expliziten Absicht schreibt, seine Mit- und Nachwelt über die Herkunft der Quelle zu täuschen. Meist ist der falsche Autorenname eine historische Persönlichkeit, der ein Text untergeschoben werden soll, um das Geschichtsbild und -urteil über diese Person zu beeinflussen.

Beispiel: Hitler-Tagebücher

Ein berühmtes und spektakuläres Beispiel aus der jüngeren Geschichte ist die Fälschung der Tagebücher Adolf Hitlers (1889–1945). Der Maler Konrad Kujau (1938–2000) alias Konrad Fischer hatte seit 1975 angebliche geheime Tagebücher Hitlers produziert und verkaufte im Jahr 1983 über einen Mittelsmann 62 Bände an das deutsche Magazin „Der Stern". Das Journal veröffentlichte unter viel Aufsehen der Öffentlichkeit einige Auszüge aus den Tagebüchern, ohne die Echtheitsprüfung durch das Bundeskriminalamt abzuwarten, bis verschiedene Gutachten die Tagebücher als Fälschung erwiesen. Ausschlaggebend für die Enttarnung als Fälschung war eine Materialprüfung: Es konnte nachgewiesen werden, dass die für die Hefte verwendeten Materialien erst nach dem Zweiten Weltkrieg hergestellt worden waren. Außerdem zeigte ein Vergleich der Sprache in den Tagebüchern mit historischen Dokumenten, dass Hitler nicht der Verfasser sein konnte. Vor Gericht gestand Konrad Kujau, die Tagebücher selbst produziert zu haben, und wurde daraufhin wegen Betruges und Urkundenfälschung zu viereinhalb Jahren Haft verurteilt. Die Motive Kujaus konnten nie ganz ermittelt werden. Eines war sicherlich Geldgier: Kujau erhielt für die 62 gefälschten Tagebücher 9,3 Millionen Deutsche Mark (ca. 5 Mio. CHF bzw. 4,7 Mio. EUR). Ebenso dürften nichtmaterielle Interessen eine Rolle gespielt haben: etwa Geltungsbedürfnis, Tendenzen zum Größenwahn, vielleicht auch die Freude an historischer Imagination und am Spiel mit Scheinidentitäten sowie der Reiz des Risikos, entdeckt zu werden, aber auch bewusste Geschichtsfälschung. Viele der von Kujau ausnahmslos erdachten Einträge hatten die Tendenz, die Verantwortung für Entscheidungen und Ereignisse von dem Diktator weg auf seine Gefolgsleute zu lenken, und zielten wohl auf eine Entlastung Hitlers von der politischen Verantwortung für die größten Verbrechen der deutschen Geschichte.

Spuria

Aber nicht erst in der politischen Geschichte des 20. Jahrhunderts, sondern auch in der Geschichte des Christentums gibt es zahlreiche Fälschungen. Urkundenfälschung wurde bereits im Mittelalter mit harten Strafen geahndet. In Quellenverzeichnissen werden gefälschte oder verfälschte Schriften manchmal als *Spuria* (von lat. *spurius* = uneheliches Kind) bezeichnet. Die meisten historischen „Fälschungen" sind komplizierter als der Fall der Hitler-Tagebücher, weil nicht einfach ein Autor mit dem Vorsatz der Täuschung und dem Ziel des schnellen Geldverdienens fälschte. So können verschiedene Abstufungen von Unechtheit beschrieben werden, die mit verschiedenen Intentionen einhergehen.

D) Pseudonymität

Von Pseudonymität wird dagegen dann gesprochen, wenn ein Autor seinen Text im Namen eines anderen schreibt, etwa um dessen (vermutetes) geistiges Erbe weiterzutragen oder um seinem Werk größere Autorität und Wirkkraft zu verleihen.

Besonders aus der Älteren Geschichte des Christentums gibt es zahlreiche Schriften, die im Namen großer Persönlichkeiten, etwa des Augustinus von Hippo oder des Athanasius von Alexandrien, verfasst und/oder tradiert wurden. In Quellenverzeichnissen werden pseudepigraphe Schriften bisweilen als solche markiert, etwa Pseudo-Augustinus oder (Ps-)Athanasius.

Beispiel: Søren Kierkegaard

Ein Spezialfall von Pseudonymität liegt vor, wenn ein Autor oder eine Autorin sich selbst verschiedene Autoren-Identitäten gibt. So hat beispielsweise der dänische Philosoph und Theologe Søren Kierkegaard (1813-1855) seine harsche Kritik an der dänischen lutherischen Kirche und am Zustand des Christentums allgemein unter ganz verschiedenen Namen publiziert - darunter reale Autoren der Christentumsgeschichte wie „Johannes Climacus“ (7. Jahrhundert), aber auch Phantasienamen wie „Victor Eremita“ (was zu übersetzen wäre mit „Der Sieger und Eremit“), „Johannes de Silentio“ („Johannes aus der Stille“) und ganz abstrakte Namensbildungen wie „Anti-Climacus“ oder „Inter et Inter“. In einer „Erklärung“ zur „Unwissenschaftlichen Nachschrift“ von 1846, in der sich Kierkegaard als Herausgeber einer Schrift des Johannes Climacus ausgibt, enthüllte er sämtliche Pseudonyme und bemerkte dazu:

> „Meine Pseudonymität oder Polyonymität hat nicht einen *zufälligen* Grund gehabt in meiner *Person* (und wahrlich nicht etwa in der Furcht vor der Strafe der Gesetze, in welcher Hinsicht ich mir nicht bewusst bin, mich vergangen zu haben, auch ist der Buchdrucker, sowie der Zensor als (qua) Beamter, gleichzeitig mit der Herausgabe der Schrift immer offiziell davon unterrichtet gewesen, wer der Verfasser war), sondern einen *wesentlichen* in dem *Gesamtwerk* selbst, das um der Replik, um der psychologisch variierten Individualitätsverschiedenheit willen dichterisch die Rücksichtslosigkeit hinsichtlich (der Darstellung) des Guten und Bösen, der Zerknirschung und der Ausgelassenheit, der Verzweiflung und des Übermutes, des Leides und des Jubels usw. forderte, die nur von der psychologischen Konsequenz ideell begrenzt ist, welche sich keine faktisch wirkliche Person in der sittlichen Begrenzung der Wirklichkeit erlauben darf oder sich kann erlauben wollen. Das Geschriebene ist daher zwar das Meine, aber nur insofern, als ich der *produzierenden* dichterisch-wirklichen Individualität ihre Lebensanschauung mittels der Hörbarkeit der Replik in den Mund gelegt habe. Denn mein Verhältnis ist noch äußerlicher als das eines Dichters, der Personen *dichtet* und doch *selbst* im Vorwort der *Verfasser* ist. Ich bin nämlich unpersönlich, oder persönlich in dritter Person, ein Souffleur, der dichterisch *Verfasser* hervorgebracht hat, deren Vorworte wiederum ihr Erzeugnis sind, ja deren Namen es sind.“ (Kierkegaard, S. 339f.)

Kierkegaard benutzte die verschiedenen Namen also, um die scheinbar einander widersprechenden Stimmen seiner dialektischen Weltsicht überzeugend zur Geltung zu bringen. Auch wenn wohl keine weitere Person der Christentumsgeschichte die Pseudonymität so exzessiv betrieben hat wie Kierkegaard, verdeutlichen diese Worte doch, dass Pseudonymität allgemein eine wichtige Funktion für das Verständnis eines Werkes haben kann.

E) Anonymität

Wenn kein Autorenname überliefert ist, wird von „Anonymität" (gr. ἀνωνύμως = namenlos) gesprochen. In Quellenverzeichnissen werden namenlos überlieferte Werke häufig auch mit dem Hinweis „Anonymus" vor dem Werktitel angezeigt. Manchmal wird versucht – und es ist häufig versucht worden – für anonym überlieferte Werke einen Verfasser(namen) zu finden. Ergiebiger ist jedoch die Frage, ob die Anonymität von der Verfasserin oder dem Verfasser möglicherweise intendiert war – und wenn ja: Warum? Oder wurde das Werk erst im Nachhinein anonymisiert – und auch hier lohnt die Frage: Warum? Enthält das Werk Informationen oder Ansichten, die aus Sicht der Verfasserin oder der späteren Überlieferung nicht mit ihrem eigenen Namen in Verbindung gebracht werden sollten? Oder beanspruchte das Werk eine Art „Allgemeingültigkeit", die der Partikularität einer konkreten Verfasserschaft zuwiderläuft? Diese Fragen zeigen, dass Anonymität für die Geschichtswissenschaft nicht als solche ein Problem darstellen muss oder die Texte weniger beachtenswert macht. Im Gegenteil: Mit anonym überlieferten Texten lassen sich spannende Forschungsfragen verknüpfen, die gerade auch die Anonymität selbst zum Thema machen.

Interpretation und Wertung

Bei der Beurteilung von Fälschung und Pseudonymität sollte darauf geachtet werden, dass wir die Autor:innen der Geschichte nicht in unreflektiert unhistorischer Weise an unseren eigenen Maßstäben von Urheberrecht und Originalität messen. Der Begriff „Pseudonymität" enthält bereits eine Unterstellung, die den Intentionen der Urheber:innen pseudonymer Werke nicht immer entsprechen muss: Das griechische ψευδ- bedeutet „Lüge, lügenhaft". Nicht immer aber ging es den Erfinder:innen alternativer Autorenidentitäten darum, ihre Leserschaft an der Nase herumzuführen. Wir müssen also zu verstehen suchen, was Pseudonymität oder Fälschung in ihrer jeweiligen Zeit bewirken sollten und bewirkt haben. So ist etwa das Nebeneinander von echten und unechten Briefen in antiken Briefsammlungen überhaupt nichts Ungewöhnliches. Häufig schrieben heute unbekannte Autor:innen als Schüler:innen anerkannter und einflussreicher Persönlichkeiten in deren Namen, um das geistige Erbe zu bewahren und weiterzutragen. Dass sie dabei bewusst oder unbewusst auch ihre eigene Weiterentwicklung der Lehren und deren Anpassung an neue historische Umstände verarbeiteten und diese den angeblichen Autoren „unterschoben", ist eine Auswirkung, aber nicht unbedingt Fälschungsabsicht. Deshalb – und um den negativen Beigeschmack der bewussten

Fälschung von als „unantastbar" geltenden Texten abzumildern - wird etwa im Fall der unechten Paulusbriefe auch gerne von „Deuteropaulinen" gesprochen. Die anonymen Verfasser werden damit jeweils zum „zweiten Paulus" (gr. δεύτερος Παῦλος), der die Lehre des hoch angesehenen Apostels in dessen Sinn weiterträgt. Vermutlich entspricht diese Bezeichnung dem Selbstverständnis und der Intention der namentlich unbekannten Autoren der Antike.

Andererseits gab es bereits in der Antike den Vorwurf der Fälschung und Diskussionen über Echtheit. Gerade im Streit um die Glaubwürdigkeit von Philosophien und Religionen war dies ein wichtiges Thema. Es war also bereits in der Antike durchaus ein Gespür für Authentizität vorhanden, und im Mittelalter wurde Urkundenfälschung mit harten Strafen geahndet. Diese Einsicht macht es nicht immer einfach, ein historisch angemessenes Urteil über unechte Autorschaft zu fällen.

Literatur

Martin Hüneburg: Deuteropaulinen, in: WiBiLex 2017. Permanenter Link: https://www.bibelwissenschaft.de/stichwort/46944/.

Søren Kierkegaard: „Eine erste und letzte Erklärung", in: Abschließende unwissenschaftliche Nachschrift zu den philosophischen Brocken. Übersetzt von Hans Martin Junghans (Gesammelte Werke, Abteilung 16, Zweiter Teil), Düsseldorf/Köln 1958.

Pragmatisch & Kompakt

Authentizität und Autorschaft

Ist der Text wirklich das, wofür er aufgrund von Autorenangabe, Form und Inhalt gehalten wird oder gehalten werden will? Falls nicht: Welche Art von „Unechtheit" liegt vor (Fälschung, Pseudonymität, Anonymität)? Welche Gründe könnte es für das Verbergen der wahren Autorschaft gegeben haben? Bei zweifelhafter Autorschaft sollten Informationen aus der Einleitung zu Editionen der Quelle diskutiert werden, und zwar unter Einbezug der Erkenntnisse zur inneren Ausgestaltung der Quelle [↗ Innere Ausgestaltung, Dritter Teil IV.]. Bei anonymer Autorschaft werden textinterne Informationen und Hinweise ausgewertet, um ein Profil der Autorschaft zu erstellen. Da die Beantwortung dieser Fragen häufig mit viel Aufwand und Hintergrundwissen verbunden ist, sollte überlegt werden, welche Relevanz und Auswirkung Erkenntnisse über Autorschaft und Authentizität für die eigene Forschungsfrage haben.

Anwendungsbeispiel

Die (Pseudo-)Isidorischen Dekretalen

Geschichtsmächtige Fälschung

Ein berühmtes und geschichtsmächtiges Beispiel für Fälschung in der Geschichte des Christentums sind die sog. Pseudo-Isidorischen Dekretalen. Es handelt sich dabei um eine Zusammenstellung kirchlicher Rechtsdokumente, päpstlicher Dekrete und Konzilsakten, die darauf abzielen, die Macht der Bischöfe gegen die Regierungs- und Gerichtsgewalt der weltlichen Fürsten zu sichern und die kirchliche Autorität allein der Macht des Papstes zu unterstellen. Als Verfasser galt mit Isidor von Sevilla (560–636) ein großer Gelehrter und Bischof, der in verschiedenen Werken das Wissen der Antike aufbewahrt und durch eine christliche Deutung für das lateinische Christentum rezipierbar gemacht hatte.

Überlieferung

Erstmals im Jahr 857 und das gesamte Mittelalter hindurch beriefen sich die Päpste auf die Isidorischen Dekretalen, um ihren Anspruch auf Alleinherrschaft innerhalb und außerhalb der Kirche zu legitimieren. Und dies mit Erfolg, denn die Dekretalen wurden das ganze Mittelalter hindurch für echt gehalten und bildeten die rechtliche Grundlage für die päpstliche Machtentfaltung, die im 13. Jahrhundert ihren Höhepunkt erreichte.

Enttarnung

Es erstaunt kaum, dass die Echtheit der Dokumente in der frühen Neuzeit aus den Reihen der Kritiker römischer Machtentfaltung infrage gestellt wurde – so etwa von dem Konziliaristen und späteren Kardinal Nikolaus von Kues (1401–1464) oder von den als „Magdeburger Centuriatoren" bezeichneten lutherischen Theologen im 16. Jahrhundert. Erst im Jahr 1628 jedoch konnte die Autorschaft Isidors durch den calvinistischen Pfarrer David Blondel endgültig als Fälschung identifiziert werden. In seinem in Genf erschienenen Werk „Pseudoisidorus et Turrianus vapulantes" wies Blondel nach, dass die Papstbriefe Texte von Verfassern zitierten, die erst Jahrhunderte nach dem Tod der angeblichen Päpste geboren waren und folglich unmöglich echt sein konnten. Aus dem Werk Isidors war mit dieser Enthüllung die Fälschung eines Pseudo-Isidors geworden – ein Erfolg historisch-kritischer Quellenanalyse, der dem Dokument seine legitimierende Kraft nahm.

Unbekannte Autorschaft

Bis heute ist die wahre Urheberschaft dieser Sammlung nicht vollends geklärt. Die moderne Forschung nimmt jedoch einmütig an, dass die Dekretalen höchstwahrscheinlich in der Mitte des 9. Jahrhunderts, während des Pontifikats von Papst Leo IV. (847–855), in der Kirchenprovinz Reims produziert und zusammengestellt wurden. Einige Forschende haben mit starken Argumenten für Paschasius Radbertus, der in den Jahren 842–847 Abt des Klosters Corbie gewesen war, als Urheber bzw. Auftraggeber plädiert. Dabei wird heute aber auch die kompilatorische Leistung dieser Fälschung gewürdigt: Inzwischen wurden Hunderte von Quellen aus Bibel, römischem Recht, kirchlichen Konzilsbeschlüssen, fränkischer Gesetzgebung, päpstlichen Erlassen und theologischen Schriften identifiziert, die im Interesse der Fälscher und ihrer Auftraggeber kunstvoll miteinander kombiniert wurden. Die Dekretalen sind also auch eine Fundgrube für den Umgang mit Quellenmaterial [↗Traditionen, Dritter Teil IV.4]. Angesichts dieser kongenialen Redaktionsleistung wird angenommen, dass hier nicht eine einzelne Person, sondern eine ganze Arbeitsgruppe am Werk gewesen ist.

Intention

Warum aber wurde diese Sammlung aus echten, ver- und gefälschten Rechtstexten jahrhundertelang für ein Werk Isidors von Sevilla gehalten? Welche Intention verband sich mit dieser Zuschreibung? Und geben die „Autoren" im Text selbst Hinweise auf die Fälschung? Diese Fragen sollen anhand einiger Auszüge aus der *Praefatio* des Werkes kurz veranschaulicht werden. Mit der Erkenntnis der historischen Kritik, dass die Autorschaft Isidors fingiert ist, liest sich der Text anders als ohne dieses Wissen. Es ist fast so, als könnten wir den Fälschern bei ihrer Arbeit über die Schulter schauen – und doch lassen sich nicht alle Fragen eindeutig beantworten.

Praefatio

In nomine domini nostri Iesu Christi incipit praefatio sancti Isidori episcopi libri huius Isidorus Mercator servus Christi lectori conservo suo et parens in domino fidei salutem

Im Namen unseres Herrn Jesus Christus beginnt das Vorwort des heiligen Bischofs Isidor zu diesem Buch
Isidor Mercator, Diener Christi, grüßt seinen Leser, Mitdiener und Verwandten im Herrn des Glaubens

Kommentar

Gleich zweimal ist Isidor als Verfasser genannt: In der ersten Zeile wird er als „heiliger Bischof" *(sanctus episcopus)* bezeichnet, was die Zuschreibung des Werks an Isidor von Sevilla nahelegt, denn Isidor war der Nachfolger seines Bruders Leander auf dem Bischofsstuhl von Sevilla, und ein anderer Bischof Isidor ist aus der Geschichte des lateinischen Christentums nicht bekannt. Die Assoziation mit Isidor von Sevilla verlieh der Gesetzessammlung Glaubwürdigkeit und Durchsetzungskraft.
Umso irritierender ist der Beiname *Mercator* in der Grußformel, denn dieser ist für Isidor von Sevilla nirgendwo belegt. Das lateinische Wort *mercator* bedeutet Kaufmann. Hat hier jemand mit dieser Bedeutung gespielt und wollte andeuten, dass er die (angeblichen) Rechtsdokumente und die Zuschreibung an Isidor von Sevilla „zu Markte tragen" will? Die moderne Forschung hat festgestellt, dass der gesamte Satz eine wörtliche Übernahme aus *Praefationes* in den Werken des afrikanischen christlichen Schriftstellers Marius Mercator (ca. 390–451) ist, wobei lediglich der Vorname *Marius* durch *Isidorus* ersetzt wurde. Warum haben die Kompilatoren – oder sollte man sagen: Plagiatoren? – dieses Zitat übernommen und nicht einfach eine eigene Grußformel formuliert? Legten sie es darauf an, dass die Leser:innen der Dekretalen das Zitat erkannten? Was aber wäre der Nutzen davon gewesen? Marius Mercator genoss bei Weitem nicht dasselbe Ansehen wie Isidor von Sevilla. Er hatte sich in der Mitte des 5. Jahrhunderts für die Durchsetzung der Position Augustins im sog. Pelagianischen Streit starkgemacht, gilt aber bis heute als wenig origineller Theologe. Es gibt keinen Grund zu der Annahme, dass der Bezug zu seinen Werken eine Art Botschaft an die Leserschaft sein sollte. Vielleicht gefiel den „Autoren" der *Praefatio* die Grußformel einfach?
Oder wollten sie mit Isidor Mercator eine ganz neue Person erfinden und hatten die Identifikation mit Isidor von Sevilla gar nicht intendiert?

Praefatio I

Compellor a multis tam episcopis quam reliquis servis dei canonum sententias colligere et uno in volumine redigere et de multis unum facere. Sed hoc me oppido conturbat, quod diversae interpretationes varias sententias faciunt, et licet unus sit sensus, diversae tamen sunt sententiae, et aliae longiores, aliae breviores.

Von vielen Bischöfen sowie anderen Dienern Gottes bin ich gezwungen worden, die Beschlüsse der Canones zu sammeln und in einem Buch zu ordnen und so aus vielen eines zu machen. Aber mich verwirrt es sehr, dass unterschiedliche Deutungen zu verschiedenen Beschlüssen führen, und es scheint, dass der Sinn einer ist, die Beschlüsse jedoch unterschiedlich, und die einen länger, die anderen kürzer.

Kommentar

Die Sammlung wird als Auftragswerk kirchlicher Autoritäten ausgegeben. „Isidor" sah sich gezwungen, dieses Werk in Angriff zu nehmen – und er macht seine Leserschaft auch sogleich auf die Schwierigkeit aufmerksam, aus vielen Büchern eines zu machen *(de multis unum facere)*, aus den verschiedenen Übersetzungen *(diversae interpretationes)* den einen Sinn *(unus sensus)* zu erkennen. Der kompilatorische Charakter der Sammlung wird also offengelegt, ja sogar problematisiert. Was auf den ersten Blick als demütige Problemanzeige daherkommt, gibt dem Autor aber zugleich die Möglichkeit, selbst zu definieren, worin denn der schwer zu erkennende „eine Sinn" all der verschiedenen Dokumente besteht. Dies tut er, nachdem er das Phänomen von Konzilen und Synoden erläutert hat (diese Ausführungen überspringen wir hier), erstmals mit folgender Feststellung:

Praefatio VIII

> *Synodorum vero congregandarum auctoritas apostolicae sedi privata commissa est potestate, nec ullam synodum ratam esse legimus, quae eius non fuerit auctoritate congregata vel fulta. Haec canonica testatur auctoritas, haec historia ecclesiastica roborat, haec sancti patres confirmant.*
>
> Die Berechtigung, Synoden einzuberufen, liegt ausschließlich in der Macht des apostolischen Stuhls, und wir lesen von keiner gültigen Synode, die nicht mit dessen Autorität einberufen oder ausgestattet gewesen wäre. Dies bezeugt die kanonische Autorität, dies bekräftigt die Kirchengeschichte, dies bestätigen die heiligen Väter.

Kommentar

Hier wird das Hauptanliegen des gesamten Werkes auf den Punkt gebracht: die Überordnung der päpstlichen Macht über andere Autoritäten durch die alleinige Berechtigung, Synoden einzuberufen. Darauf haben sich die Päpste im Mittelalter immer wieder gestützt, um die seit der Antike etablierten konziliaren Führungselemente in der Kirche zurückzudrängen und ihrer eigenen Entscheidungsgewalt unterzuordnen. Mit der dreifachen Bezeugung durch die Autorität der Rechtstexte, die Geschichte der Kirche und die heiligen Väter ist eine Formel gefunden, welche die Vielzahl und Unterschiedlichkeit der Dokumente in eine überschaubare und einheitliche Traditionslinie von Zeugen für dieses Hauptanliegen bringt. Die Leserschaft wird mit der Komplexität der Überlieferung – die ja durch die Zufügung zahlreicher gefälschter Dokumente noch künstlich vermehrt wurde! – nicht alleingelassen, sondern durch derartige zusammenfassende Feststellungen an die Hand genommen. Sie bekommt gleich zu Beginn einen „hermeneutischen Schlüssel" für das Verständnis des Folgenden präsentiert. Anders ausgedrückt: Die Ausdeutung der gesammelten Dokumente wird der Leserschaft nicht überlassen, sondern vorgeschrieben.

Praefatio IX

> *Scire autem vos, octoginta episcopos, qui hoc opus me incipere et perficere coegistis, et cunctos reliquos domini sacerdotes oportet, quod plura quam illa viginti capitula, quae apud nos habentur, Niceni synodi repperimus, et in decretis Iulii papae septuaginta capitula eiusdem synodi esse debere legimus. Quam epistolam in suo ordine inter cetera decreta apostolicorum posuimus, haec scrutantibus et cunctis nosse volentibus rimandam. Nam quod plura quam viginti capitula sint Niceni concilii, in multis invenitur locis.*

Ihr müsst aber wissen, ihr 80 Bischöfe, die ihr mich gezwungen habt, dieses Werk zu beginnen und zu vollenden, ebenso wie die übrigen Priester des Herrn, dass wir mehr als die 20 bei uns bekannten Kapitel des Konzils von Nicäa gefunden haben, und in den Dekreten des Papstes Julius ist nachzulesen, dass es 70 Kapitel dieser Synode sein müssen. Diesen Brief haben wir an seinem Ort unter die übrigen Papstdekrete eingereiht, sodass es den Interessenten möglich ist, dies zu erkennen. Und dass es mehr als zwanzig Kapitel des Nicänischen Konzils gibt, ist an vielen Stellen belegt.

Kommentar

Mit diesen Worten wird nun der Raum für die Fälschungen – oder, um im Duktus der Fälscher zu bleiben: für die bisher unbekannten und jetzt neu aufgetauchten Dokumente – geschaffen. Der Autor der *Praefatio* verkündet, dass er wesentlich mehr als die bisher bekannten Dokumente gefunden und in seine Sammlung aufgenommen hat. Und um jeden Verdacht von sich abzuwenden, weist er nochmals darauf hin, dass er diese Sammlung nicht aus eigenem Gehorsam in Angriff genommen und vollendet hat, sondern gezwungen von 80 Bischöfen (*octoginta epsicopos coegistis*). Mit dieser Zahl wird dem Werk noch vor seinem Erscheinen eine beeindruckende Trägerschaft, Relevanz und Legitimität zugeschrieben. Zugleich entzieht sich der Autor allfälliger Kritik an seinem Werk.

Ob der Schreiber dieser Sätze der *Praefatio* wusste, dass die von ihm zusammengestellten Dokumente teilweise gefälscht waren? Vielleicht erledigte er wirklich nur ein Auftragswerk, vielleicht hatte seine Auftraggeberschaft ihm die gefälschten Dokumente als neue, „echte" Fundstücke präsentiert? Wenn er aber wusste, was er tat: Hat er mit dem *Isidorus Mercator* und der Betonung des Auftragswerks vielleicht doch Hinweise auf den Betrug an seine Leserschaft in der *Praefatio* untergebracht?

Wie stark der Grad der Fälschung war, wo genau diese anzusetzen ist und ob der Text der *Praefatio* Hinweise darauf enthält, wird möglicherweise nie mit letzter Sicherheit geklärt werden können.

Literatur

Wilfried Hartmann/Gerhard Schmitz (Hg.): Fortschritt durch Fälschungen? Ursprung, Gestalt und Wirkungen der pseudoisidorischen Fälschungen. Beiträge zum gleichnamigen Symposium an der Universität Tübingen vom 27. u. 28. Juli 2001 (Monumenta Germaniae Historica. Studien und Texte, Bd. 31), Hannover 2002.

Steffen Patzold: Gefälschtes Recht aus dem Frühmittelalter. Untersuchungen zur Herstellung und Überlieferung der pseudoisidorischen Dekretalen (Schriften der Heidelberger Akademie der Wissenschaften. Historische Klasse, Bd. 55), Heidelberg 2015.

Klaus Zechiel-Eckes: Ein Blick in Pseudoisidors Werkstatt. Studien zum Entstehungsprozess der falschen Dekretalen. Mit einem exemplarischen editorischen Anhang (Pseudo-Julius an die orientalischen Bischöfe, JK †196), in: Francia, Bd. 28, Nr. 1 (2001), S. 37–90 (Digitalisat).

Projekt Pseudoisidor (Monumenta Germaniae Historica online): http://www.pseudoisidor.mgh.de/index.HTM

II.2 Zeit und Ort der Entstehung

Zeit und Ort der Entstehung einer Quelle können wichtige Hinweise für die Auslegung geben. Wenn die Autorschaft unzweifelhaft ist, fällt es meist nicht schwer, Zeit und Ort zumindest ungefähr zu bestimmen. Es kann aber schwierig sein zu ermitteln, wann und wo genau innerhalb der Lebenszeit und des Bewegungsradius einer bekannten Person die konkrete Schrift entstanden ist. Wie bei unbekannter oder ungewisser Autorschaft müssen in diesen Fällen Zeit, Ort und Authentizität in Abhängigkeit voneinander diskutiert und dabei auch Erkenntnisse zur äußeren Gestalt und zur inneren Ausgestaltung der Quelle mitbedacht werden.

Beispiel: De gestis in Perside

Illustrieren lässt sich dies an einer Schrift, die unter dem Namen *De gestis in Perside* bekannt ist – oder besser gesagt: kaum bekannt ist, woran nicht zuletzt die ungewisse Autorschaft ihren Anteil haben dürfte. Dieses romanhafte Werk berichtet über eine Konferenz am persischen Königshof, bei der christliche Bischöfe, jüdische Rabbinen, persische Zauberer und ein hochgebildeter hellenischer Philosoph darum wetteifern, wessen Art der Gottesverehrung sich als die überzeugendste erweist. Dabei sind so viele phantastische Elemente in den Text eingestreut, dass es sich wohl kaum um den Bericht über ein reales Ereignis handeln kann. Erstaunlich ist das Plädoyer für Frieden und Toleranz, welches der offenbar christliche Autor dem Schiedsrichter Aphroditianos in den Mund legt. Von wem, wann, wo und warum könnte ein solcher Text geschrieben worden sein?

Diese Fragen lassen sich im Fall von *De gestis in Perside* wie auch sonst bei ungewisser Autorschaft, nur in enger Verzahnung der verschiedenen Indizien zu Datierung und Lokalisierung beantworten. Für die Arbeit mit den Quellen sind zwei Dinge zu beachten:

Relevanz für die Forschungsfrage

(1) Je nach Fragestellung können Datierung und Lokalisierung mehr oder weniger wichtig sein. Das Kriterium der Kontextsensibilität [↗ Kontextsensibilität, Erster Teil V.] lässt diese Fragen zwar grundsätzlich bedeutsam erscheinen. Es gibt jedoch auch Quellenarten oder Fragestellungen, bei denen Datierung und Lokalisierung in den Hintergrund treten können, weil das Erkenntnisinteresse sich gar nicht oder nicht primär auf den ursprünglichen Text und seine Entstehung bezieht, sondern beispielsweise die Ausbreitung und Wirkung sowie die kreative Überlieferung untersucht. Dies ist etwa bei liturgischen oder poetischen Texten, häufig aber auch bei Rechtstexten der Fall.

Nähe zum Geschehen und Glaubwürdigkeit

(2) Zeitliche und örtliche Nähe einer Quelle zum Geschehen entscheidet nicht automatisch über ihre Glaubwürdigkeit und ihren Wert als historische Quelle. Einerseits lassen Quellen, die zeitlich und örtlich nah am Geschehen verfasst worden sind, eine recht genaue Kenntnis der Ereignisse erwarten.

Manche Zusammenhänge erschließen sich allerdings besser mit einem gewissen Abstand. Außerdem sind Zeitgenoss:innen häufig selbst in das Geschehen involviert, über das sie berichten. Es kann daher sein, dass sie ihre eigenen Deutungen und Wertungen stärker in den Text einbringen als spätere Geschichtsschreiber:innen es tun. Um den Wert einer Quelle einschätzen zu können, müssen daher Erkenntnisse zu Datierung und Lokalisierung mit solchen zu den Tendenzen und zur Pragmatik der Quelle kombiniert und abgewogen werden [↗ Pragmatik, Dritter Teil IV.5].

Datierung

terminus post und terminus ante quem

Wenn kein exaktes Datum für die Entstehung bekannt ist - und dies ist vor der Erfindung des Buchdrucks in der frühen Neuzeit häufig der Fall -, dann muss ein Datierungsrahmen bestimmt werden, d.h. ein Zeitraum, innerhalb dessen der Text verfasst worden sein kann. Dabei markiert der *terminus post quem* (bzw. *terminus a quo*) denjenigen Zeitpunkt, *nach* dem (bzw. *von dem aus*) die Quelle entstanden sein muss, also den frühesten Entstehungszeitpunkt, und der *terminus ante quem* (bzw. *terminus ad quem*) den Zeitpunkt, *vor* dem (bzw. *bis zu* dem) die Quelle entstanden sein muss, also den spätestmöglichen Zeitpunkt. Wenn der Autor und seine Lebensdaten namentlich bekannt sind, markieren der Geburtstag (bzw. 15 bis 20 Jahre später) den *terminus post quem* und das Sterbedatum den *terminus ante quem* für die Entstehung seiner Werke. Im Fall unbekannter Autorschaft, aber auch um den Datierungsrahmen innerhalb eines Lebens einzugrenzen, muss auf diese Hinweise verzichtet werden. Indizien für den *terminus ante quem* können dann beispielsweise die älteste vorhandene Handschrift, der älteste noch auffindbare Druck, die erste Ausgabe eines Werkes sein oder auch der früheste Hinweis auf das infrage stehende Werk in einem anderen, datierbaren Werk. Außerdem kann der Inhalt der Quelle selbst wichtige Informationen zum Zeitpunkt ihrer Entstehung liefern. Hinweise auf den *terminus post quem* sind etwa Ereignisse, Personen oder andere Realia, welche in der Quelle explizit genannt werden oder auf welche die Quelle Bezug nimmt. Schwieriger ist es, mit Realia für einen *terminus ante quem* zu argumentieren, also aus der Nichterwähnung bestimmter Ereignisse oder Personen auf die spätestmögliche Entstehungszeit zu schließen. Denn dabei wird angenommen, dass ein Ereignis oder eine Person so wichtig waren, dass diese doch notwendigerweise erwähnt sein *müssten*. Es gibt aber viele denkbare Gründe, warum auch Realia, die uns heute unverzichtbar erscheinen, in historischen Quellen nicht vorkommen: Sie könnten damals weniger prominent gewesen sein als aus unserer heutigen Perspektive. Oder sie könnten bewusst und mit bestimmter Absicht verschwiegen worden sein. Eine Argumentation mit dem Schweigen oder dem Fehlen (der lateinische Fachbegriff heißt *argumentum e silentio*) ist also immer heikel - aber deshalb nicht prinzipiell unmöglich.

Erzählte Zeit und Erzählzeit

In narrativen Werken müssen zudem der Unterschied zwischen erzählter Zeit und Erzählzeit sowie der Grad der Fiktion berücksichtigt werden. Häufig lässt sich also nur eine mehr oder weniger genaue Annäherung an die Entstehungszeit erreichen. Im oben erwähnten Fall von *De gestis in Perside* ist die Autorschaft – und damit auch die Datierung – ungewiss: 16 der bekannten mittelalterlichen Handschriften in griechischer Sprache, darunter die ältesten Textzeugen, überliefern das Werk anonym. Immerhin 14 Manuskripte geben einen Anastasios von Antiochien als Verfasser an, und drei schreiben das Werk einem Historiker namens Philippos zu. Keine dieser Angaben führt zu einer eindeutigen Datierung: Als Anastasios von Antiochien kommen zwei Patriarchen des späten 6. bzw. frühen 7. Jahrhunderts infrage. Mit dem Historiker Philippos ist vielleicht Philippos von Side gemeint, der in der Mitte des 5. Jahrhunderts eine (heute nur noch in wenigen Fragmenten überlieferte) „Christliche Geschichte" geschrieben hat. Da diese allerdings in *De gestis in Perside* genannt, zitiert und kontrovers diskutiert wird, ist sie als *terminus post quem* anzusehen. Dass ihr Verfasser zugleich auch der Autor von *De gestis in Perside* ist, wäre zwar prinzipiell möglich, aber die Plausibilität dieser Möglichkeit müsste mit textimmanenten Hinweisen geprüft werden.

Beispiel: De gestis in Perside

Die griechisch schreibende Autorschaft präsentiert sich der Leserschaft als Augenzeuge: Sie habe selbst zur christlichen Delegation der Konferenz gehört, und zwar als einziger geladener Gast aus dem Byzantinischen Reich. Allerdings nennt sie weder ihren Namen noch eine Funktion innerhalb der christlichen Delegation, die Rückschlüsse auf die Identität der Autorschaft zulassen. Es ist wohl davon auszugehen, dass die Selbstaussagen Teil der literarischen Fiktion sind. Wie lassen sich unter diesen Umständen Zeit und Ort der Abfassung eingrenzen?

Den sichersten *terminus ante quem* bildet die älteste erhaltene Handschrift, in diesem Fall ein an der Wende vom 9. zum 10. Jahrhundert angefertigter Codex, der heute unter der Signatur *Codex Mosquensis graecus 265 (Vladimir 165)* in Moskau aufbewahrt wird. Zu bedenken ist aber auch die Tatsache, dass einige Textpassagen aus *De gestis in Perside* in einer Predigt des Johannes von Damaskus (um 650–754) auftauchen. Hat der Text dem Prediger im 8. Jahrhundert als Quelle gedient? Dann wäre der *terminus ante quem* mit dem Todesdatum des Johannes von Damaskus, also dem Jahr 754, gegeben. Allerdings könnte es auch sein, dass beide Texte unabhängig voneinander dieselbe Quelle benutzt haben, und in diesem Fall wäre Johannes von Damaskus nicht für den *terminus ante quem* zu gebrauchen. Aufgrund äußerer Indizien kann der Datierungsrahmen also lediglich auf das 5. bis 9. Jahrhundert eingegrenzt werden.

Weitere Eingrenzung

Eine weitere Eingrenzung des Abfassungsdatums kann sich daher nur auf Beobachtungen im Text selbst stützen. Da keine konkreten historischen Ereignisse oder anderweitig bekannte historische Personen genannt werden, müssen die sprachliche Gestalt, die Verwendung von Traditionen und Quellen sowie mögliche Wirkabsichten im Blick auf die Datierung ausgewertet werden [↗ Datierung, Dritter Teil II.2]. Zu überlegen wäre auch, ob das Ende der Sassanidenherrschaft und damit des Neupersischen Reichs, welches die Kulisse der Erzählung bildet, im Jahr 651 als *terminus ante quem* plausibel ist. Wäre der Text für die intendierte Leserschaft nach dem Untergang des Perserreichs noch verständlich und würde er seine Wirkung erreichen können? Auszuschließen ist dies nicht, zumal bei einem fiktiven Text. Aber das Verhältnis von erzählter Zeit und Erzählzeit muss im Rahmen von Datierungsfragen gut bedacht werden. Eine sichere Antwort ist in diesem komplexen Abwägungsprozess nicht zu erwarten – was die Beschäftigung mit dieser Quelle umso interessanter macht.

Relevanz

Nicht in jedem Fall ist die genaue Datierung einer Quelle notwendig oder sinnvoll. Maßgebend für die Relevanz – und damit auch für den Aufwand, der im Rahmen der historischen Arbeit für die Datierung betrieben werden soll – ist die individuelle Fragestellung [↗ Fragestellung, Zweiter Teil III.]. Außerdem ist zu bedenken, dass zwischen der Entstehung und dem Erscheinungsdatum eines Werks unter Umständen viel Zeit vergehen kann – sei es, weil eine Autorin über viele Jahre an ihrem Werk arbeitete oder weil sich die Publikation nach der Abfassung verzögerte oder weil ein Werk in mehreren Auflagen und Überarbeitungen erschien. (Dieser letzte Fall wird unten im Kontext von „Redaktionen" behandelt [↗ Redaktionen, Dritter Teil III.4]. Es ist also auch im Blick auf die Quellenlage nicht immer sinnvoll, eine ganz exakte Datierung anzustreben.

Lokalisierung

Ebenso wichtig wie die Frage nach der Zeit ist diejenige nach dem Ort der Entstehung. Beide Aspekte sind miteinander verbunden, und doch lässt sich manchmal nur in einer Hinsicht ausreichende Klarheit gewinnen. Hinweise auf den Entstehungsort können aus der Kenntnis der Vita eines Autors abgeleitet werden, sofern die Autorschaft unzweifelhaft ist. Ansonsten bieten die Sprache des Textes, aber auch Erkenntnisse zur Überlieferungsgeschichte sowie Hinweise aus der Quelle selbst Anhaltspunkte für die lokale Verortung.

Historische Geographie

Für Fragen im Zusammenhang mit der Lokalisierung können die Erkenntnisse der Historischen Geographie von großem Nutzen sein: Zu welcher Region gehörte der Ort? Welche Ressourcen gab es dort? Was wissen wir über die klimatischen Verhältnisse, die Verkehrs- und Handelswege? In welche politischen Einheiten war der Ort eingebunden? Schlagen sich solche Realia in der Quelle nieder? Auch hier sollten nur diejenigen Aspekte behandelt werden, die zur Bearbeitung der eigenen Fragestellung beitragen.

Beispiel: De gestis in Perside

Im Fall von *De gestis in Perside* spricht die Tatsache, dass der Text auf Griechisch überliefert wurde und keine Hinweise auf eine Übersetzung aus einer anderen Ursprungssprache enthält, für eine Abfassung im Byzantinischen Reich. Die handschriftliche Überlieferung – vor allem die Zuschreibung an Anastasios von Antiochien, aber auch die Rezeption einiger Textpassagen in der Predigt des Johannes von Damaskus (s.o.) – deutet in den syrischen Raum, wo sich in der Spätantike auch die im Text genannte Stadt Amida befand. Außerdem weist ein Abschnitt deutliche Bezüge zum Heiligtum der syrischen Göttin Atargatis in Hierapolis/Mabbug auf, die hier als Typos für die christliche Gottesmutter Maria erscheint. Es spricht also vieles dafür, die Entstehung des Textes im griechischsprachigen Teil Syriens zu verorten. Dieses Gebiet bildete mit seiner Metropole Antiochien in der fraglichen Zeit die Grenz-, Kontakt- und Konfliktzone zwischen dem Byzantinischen und dem Neupersischen Reich – und damit auch einen plausiblen historischen Kontext für die in *De gestis in Perside* geforderte Toleranz und Synthese aus Christentum und Hellenentum. Allerdings werden in der Forschung auch andere Lokalisierungen, etwa in Kleinasien, diskutiert.

Literatur

Katharina Heyden (Hg.): Eine Religionskonferenz in Persien – De gestis in Perside. Griechisch-Deutsch. (Fontes Christiani, Bd. 87), Freiburg/Basel/Wien 2019.

Pragmatisch & Kompakt

Datierung und Lokalisierung

Für die Bestimmung oder zumindest Eingrenzung von Entstehungszeit und -ort werden Informationen aus der Sekundärliteratur gesammelt und am Quellentext selbst geprüft. Wenn kein exaktes Entstehungsdatum bekannt ist, wird durch die Ermittlung eines *terminus post quem* und eines *terminus ante quem* ein Datierungsrahmen festgelegt und plausibilisiert. Hinweise auf den Ort können neben inhaltlichen Hinweisen auch die Sprache und die Überlieferung der Quelle geben.

Historischer Kontext

Um einen Text in seiner Zeit verstehen und mit historischer Sensibilität interpretieren und beurteilen zu können, benötigen wir Wissen zu den Kontexten. Nachdem Zeit und Ort der Entstehung so weit wie möglich und im Blick auf die Fragestellung ermittelt wurden, muss dieses Gerüst daher mit historischem Wissen ergänzt werden. Das Wort Kontext ist vom lateinischen Verb *con-texere* = zusammen-weben abgeleitet und bezeichnet in den Geschichtswissenschaften alle Bedingungen, Umstände und Gegenstände, die eine zu untersuchende Quelle umgeben und bei deren Analyse und Interpretation mit bedacht werden sollten.

Makrokontexte

Es können größere Makrokontexte und kleinere Mikrokontexte unterschieden werden: Makrokontexte sind langfristige natürliche und gesellschaftliche Rahmenbedingungen, die das Leben und Handeln der Menschen in der Vergangenheit mitbestimmten. Dazu zählen etwa klimatische Verhältnisse, räumliche Bedingungen und Bewegungsmöglichkeiten, der technische Entwicklungsstand und wirtschaftliche, politische und gesellschaftliche Verhältnisse sowie nicht zuletzt der allgemeine Stand von Bildung, Kultur und Religion. Diese Faktoren stellen gewissermaßen die größere Kulisse dar, in die das Denken und Handeln vergangener Generationen einzuzeichnen ist. Das Bewusstsein dafür bewahrt davor, das Handeln und Denken von Menschen in der Vergangenheit anachronistisch an eigenen, heutigen Maßstäben zu messen. Informationen über Makrokontexte sind manchmal den Quellen selbst zu entnehmen, wobei sich die Leseweise „zwischen den Zeilen" häufig als besonders ergiebig erweist [↗ Leseweisen, Dritter Teil I.]. Viele Informationen müssen aber auch aus der Sekundärliteratur beschafft werden.

Mikrokontexte

Mikrokontexte bezeichnen die Umgebung einer Quelle, einer Person oder eines Ereignisses im engeren Sinn: Was waren die prägenden Ereignisse, Strukturen, Personen in der unmittelbaren zeitlichen und örtlichen Nähe? Um diese Fragen zu beantworten, muss nach Hinweisen in der zu interpretierenden Quelle selbst und, sofern verfügbar, in Quellen aus ihrer unmittelbaren Umgebung gesucht werden. Hierbei können die Leseweisen „gemäß der Intention" und „gegen den Strich" wertvolle Hinweise liefern [↗ Leseweisen, Dritter Teil I.]. Weitere Informationen sind aus spezifischer Sekundärliteratur zu beziehen.

Es ist nicht immer ganz einfach (aber auch nicht immer unbedingt notwendig), Makro- und Mikrokontexte scharf voneinander zu trennen. Ein pragmatisches Kriterium für die Unterscheidung könnte die Frage sein, welche Bedingungen für die Zeitgenossen als gegeben und unveränderlich angesehen wurden (Makrokontexte) und welche als veränderbar galten (Mikrokontexte).

Was genau vom historischen Kontext wichtig ist, muss von der Quelle selbst und von der spezifischen Fragenstellung her entschieden werden. Es kann nicht das Ziel sein, das historische Umfeld einer Quelle umfassend zu rekonstruieren. Das Kriterium ist: Welche Informationen brauche ich, um meine spezifische Fragestellung plausibel und nachvollziehbar bearbeiten zu können, ohne das „Vetorecht der Quellen" zu verletzen [↗ Vetorecht, Zweiter Teil III.3]?

Grenzen des Wissens

Sämtliche Erkenntnisse, die wir heute über die Vergangenheit haben können, verdanken sich mehr oder weniger zufälligen Überlieferungsprozessen. Ein umfassendes Bild, das alle Ereignisse, Umstände und Perspektiven einbezieht und ihnen gerecht wird, werden wir nie zeichnen können. Häufig ist es schwer einzuschätzen, ob eine Quelle – bzw. darin befindliche Wissensbestände, Ansichten oder Wertungen – typisch oder untypisch für die entsprechende Zeit ist, ob sie exemplarisch herangezogen oder als Ausnahme angesehen werden muss. Der deutsche Mediävist Arnold Esch (*1936) verglich die

Arbeit von Historikern einmal mit einem Dart-Spiel von Kindern, die beim Pfeilwerfen auf eine Wand um einen Zufallstreffer herum nachträglich eine Zielscheibe zeichnen und stolz verkünden, ins Schwarze getroffen zu haben. Wie diese Kinder suggerieren auch Historiker:innen gern, mit ihrer Forschung exakt ins Zentrum eines Phänomens getroffen zu haben – und sagen nicht dazu, dass sich ihre Quellenkenntnis im Grunde einer Verkettung von Überlieferungssteuerung und Überlieferungszufällen verdankt und dass die Interpretationen (zumindest auch) subjektiven Erkenntnisinteressen und -möglichkeiten geschuldet sind. Es gehört zu den Tugenden historischer Arbeit, nicht nur die Quellen, sondern auch die eigenen Erkenntnisse so präzise wie möglich zu kontextualisieren und dabei auch das eigene Nichtwissen (soweit es erkennbar ist) zur Sprache zu bringen.

Beispiel: De gestis in Perside

Mit dem Problem des Nichtwissens werden wir auch konfrontiert, wenn wir – um ein letztes Mal dieses Beispiel zu bemühen – mehr über den historischen Kontext von *De gestis in Perside* in Erfahrung bringen möchten. Die erste Schwierigkeit besteht darin, dass Autorschaft, Datierung und Lokalisierung nicht gesichert sind und dass die Versuche, Zeit und Ort des anonymen Werkes zu bestimmen, fast ausschließlich auf Indizien aus der Quelle angewiesen sind. Zirkelschlüsse sind also kaum zu vermeiden. Eine zweite Schwierigkeit besteht darin, dass der vermutete Makrokontext – der griechischsprachige Teil Syriens im 5./6. Jahrhundert – noch nicht sehr gut erforscht und Sekundärliteratur daher rar ist. Viel mehr, als dass das Gebiet eine kulturell und religiös vielfältige Landschaft des Austauschs und Handels, aber auch der Konkurrenz und des militärischen Konflikts zwischen Byzantinischem und Neupersischem Reich war, lässt sich mit dem derzeitigen Kenntnisstand kaum sagen. Für den Mikrokontext kann bei der Zuschreibung an Anastasios von Antiochien angesetzt, können biographische Informationen der beiden infrage kommenden Patriarchen gesammelt und im Abgleich mit Informationen und Tendenzen in der Quelle entschieden werden, welcher der beiden als Autor eher infrage kommt. Am ergiebigsten aber ist es, aus der Quelle selbst Hinweise auf den Kontext zusammenzutragen. Hier treffen wir aber sogleich auf eine weitere Schwierigkeit. Es ist nämlich zu beachten, dass weder die Zeit noch der Ort des erzählten Geschehens mit Zeit und Ort der Entstehung der Erzählung identisch sein müssen. Ein unbekannter Autor schreibt im byzantinischen Syrien des 6. Jahrhunderts über ein Geschehen in Persien im 5. Jahrhundert. Mit den Leseweisen „zwischen den Zeilen“ und „gegen den Strich“ lassen sich aber dennoch einige plausible Schlüsse zur Lebens- und Gedankenwelt des Autors und der Leserschaft des Textes ziehen [↗ Leseweisen, Dritter Teil I.]. Zum Beispiel ist eine große Nähe zur hellenistischen Philosophie und Mythologie, ja ein Bestreben nach einer Synthese aus Christentum und Hellenentum in Verbindung mit einem starken asketischen Ideal zu erkennen. Die andere Seite dieser Medaille sind die starken antijüdischen Tendenzen, die explizit in den Diskussionen zwischen Bischöfen und Rabbinen, aber auch implizit in der Charakterisierung jüdischer Figuren zum Ausdruck kommen. Die überaus positive Darstellung der toleranten Religionspolitik des persischen Schahs und seiner Höflinge (übrigens auch gegenüber den Juden) könnte zudem als implizite Kritik an der Religionspolitik des byzantinischen Kaisers gedeutet werden. Auf diese Weise kann, mit aller gebotenen Vorsicht, vermutet werden, dass das Werk zur Zeit des Kaisers Justinian (Regierungszeit: 527-565) entstand, und zwar in christlichen Kreisen, die denjenigen Philosophen nahestanden, welche nach der Schließung der Athener Akademie durch Justinian im Jahr 527 Zuflucht am Hof des Sassanidenherrschers Chosrau I. (531-579) suchten. Vor diesem Hintergrund wäre es auch plausibel anzunehmen, dass das Werk ursprünglich anonym verfasst wurde, denn Justinian ist bekannt dafür, dass er die Gegner seiner harschen Religionspolitik verfolgte und nicht ungestraft ließ.

Literatur

Arnold Esch: Überlieferungs-Chance und Überlieferungs-Zufall als methodisches Problem des Historikers, in: ders.: Der Historiker und die Erfahrung vergangener Zeiten, München 1994, S. 39–69; erstmals veröffentlicht in: Historische Zeitschrift, hg. v. Lothar Gall, Bd. 240, Heft 3 (1985), S. 529–570.

Katharina Heyden (Hg.): Eine Religionskonferenz in Persien – De gestis in Perside. Griechisch-Deutsch. (Fontes Christiani, Bd. 87), Freiburg/Basel/Wien 2019.

Pragmatisch & Kompakt

Historischer Kontext

Die Quelle wird in ihrer Lebenswelt situiert: Welche natürlichen Lebensverhältnisse, welche gesellschaftlichen Strukturen, welche Weltsichten prägten die Umwelt der Quelle (Makrokontext)? Welche Ereignisse, Personen und Ansichten sind für das unmittelbare Umfeld der Quelle relevant gewesen (Mikrokontext)? Um diese Fragen zu beantworten, werden am besten zunächst Hinweise in der Quelle selbst gesucht. Dabei können die drei Leseweisen hilfreich sein: das Lesen „zwischen den Zeilen" für die Makroebene, das Ausdeuten „gemäß der Intention" bzw. „gegen den Strich" für die Mikroebene. Zusätzlich sollten die am Quellentext gemachten Beobachtungen an Sekundärliteratur geprüft werden. Auch hier entscheiden Erkenntnisinteresse und Forschungsfrage darüber, welche der vielen Aspekte für die eigene Arbeit relevant sind und vertieft werden sollen.

Anwendungsbeispiel

Die „Schleitheimer Artikel"

Historischer Kontext

Am 25. April 1527 berichtete Berchtold Haller, einer der Berner Reformatoren, in einem Brief an Huldrych Zwingli nach Zürich, Täufer aus Basel hätten in Bern schon mehrere Personen für sich gewinnen können. Bei diesen seien während einer

Hausdurchsuchung eine „Abschrift" (*copia*) gefunden worden, die deren „Waffen und Grundlagen" (*arma et fundamina*) zeigten. Haller legte seinem Brief diese Schrift bei und bat Zwingli, eine Beurteilung (*scopus*) dieser „Artikel" (*articuli*) zu schreiben (Z IX, 103–105, Nr. 608). Auch aus Basel war ein Brief von Johannes Oecolampad mit Datum vom 24. April 1527 in Zürich eingegangen, dem ebenfalls eine Schrift beigelegt war, die der Basler Reformator als „Lehrsätze der Wiedertäufer" (*decreta catabaptistarum*) charakterisierte (Z IX, 100–102, Nr. 607). Oecolampad hatte diese schon am 15. März 1527 von Johann Grel, einem Pfarrer auf der Basler Landschaft im Dorf Kilchberg erhalten.

Archiv

Noch heute liegt im Staatsarchiv Bern ein Manuskript, das in sieben Artikeln Taufe, Bann, Brechen des Brots, Absonderung von Gräueln, Hirten in der Gemeinde, Schwert der weltlichen Obrigkeit und Eid behandelt (alte Signatur StaBE U.P. 80, Nr. 9; neue u. aktuelle Signatur StaBE A V 1453, Nr. 9). Es handelt sich um den wichtigsten handschriftlichen Textzeugen für die sogenannten „Schleitheimer Artikel". Die maßgebende Edition der „Quellen zur Geschichte der Täufer in der Schweiz" legt dieses Manuskript für die „Schleitheimer Artikel" zugrunde (QTGS II, 26–36, Nr. 26).

Inhalt

In den sieben Artikeln werden die grundlegenden Punkte zum Leben der täuferischen Gemeinden festgelegt: Vom Eintritt in die Gemeinde durch die ausdrücklich begehrte Taufe, über den Vollzug des Banns, durch den das normierte Leben in der Gemeinde geschützt wird, das Brotbrechen, zu dem sich die Gemeinde als vereinter Leib Christi versammelt, über die Absonderung von der Welt und allem, was nicht mit Gott verbunden ist, über die Hirten in der Gemeinde und ihre Aufgaben, bis zur Zuordnung zur weltlichen Obrigkeit, die zwar eine Ordnung Gottes ist, aber außerhalb der Vollkommenheit Christi liegt, sowie zum Eid, der abgelehnt wird.

Abschriften

Zwingli kam Hallers Bitte umgehend nach. Mit Brief vom 28. April 1527 antwortete er Berchtold Haller und Franz Kolb, dem reformatorischen Mitstreiter in Bern, und behandelte Punkt für Punkt der aus Bern eingegangenen Schrift (Z IX, 108–115, Nr. 610). Dabei hatte Zwingli wohl eine oder mehrere Abschriften, wie sie aus Basel und Bern zugeschickt worden waren, vor sich. Die Edition der „Schleitheimer Artikel" geht sogar davon aus, dass Zwingli das oben erwähnte Manuskript aus dem Staatsarchiv Bern vor sich hatte (QTGS II, 26, Anm. 3; 28, Anm. e). Doch stellt sich dann die Frage, wie dieses aus Zwinglis Besitz in Zürich wieder nach Bern gelangte. Oder wurden bei der Hausdurchsuchung mehrere Abschriften gefunden, wovon Haller eine nach Zürich schickte und eine weitere in den Akten der Stadt Bern blieb?

Überlieferung

Da die Täufer nach der ersten Taufe eines Erwachsenen und der Gründung der ersten Gemeinde in Zollikon bei Zürich im Jahr 1525 immer stärker der Repression der Obrigkeit ausgesetzt waren, agierten diese zunehmend verdeckt und im Geheimen. Im Januar 1527 wurde Felix Manz als erster Täufer in der Limmat ertränkt. Daher sind die „Schleitheimer Artikel" wohl zuerst in Abschriften von Hand zu Hand, von Gemeinde zu Gemeinde und auch von Basel nach Bern gereicht worden – ohne Angaben zur Verfasserschaft, zum Anlass und zu den Adressaten. Mehr noch – wesentliche Teile der „Schleitheimer Artikel", nämlich eine Einleitung, die einen Titel setzt, die Adressat:innen anspricht und den Anlass der Schrift nennt, sowie ein Abschluss, der sich noch einmal an die Adressat:innen wendet und schließlich Ort und Datum festhält, fehlen im Manuskript.

Begleitschreiben

Dieses Begleitschreiben, das die sieben Artikel umklammert und auch in der Edition gegeben wird, tauchte in Drucken auf, die schon bald greifbar wurden, aber ohne Ort und Jahr des Drucks erschienen (QTGS II, 26, Anm. 3). Sehr wahrscheinlich noch aus dem gleichen Jahr stammen auch Drucke mit der entsprechenden Jahresangabe. Als frühester Druck werden gegenwärtig zwei Exemplare aus der bayerischen Staatsbibliothek München identifiziert (VD 16 S 1882). Das Titelblatt gibt die folgende Überschrift: „Brüderliche vereyni=||gung etzlicher kinder Gottes/ || siben Artickel betreffend.||" Schon das Berner Manuskript nannte die behandelten Punkte „artickel", die „wir" behandelt haben und in denen „wir" eins geworden sind. „Wir" ist im Titel des Drucks ausgeführt: Es handelt sich um eine „brüderliche Vereinigung" (vereynigung) etlicher Kinder Gottes, eine Versammlung von Täufern, die sich nicht nur physisch trafen, sondern sich auch einig wurden über die erwähnten Punkte. Es ist also eine äußerliche, aber auch eine inhaltliche Gemeinschaft, die sich im Folgenden kundtut.

Anlass des Schreibens

Das Begleitschreiben ist deutlich als Brief gestaltet, der an biblische, paulinische Sprache erinnert. Der Angabe der „Vereinigung" als Absender folgt ein erweiterter Friedensgruß, der die Lage der Verfolgung erahnen lässt, und die Erwähnung der Empfänger, nämlich die „Liebhaber Gottes und Kinder des Lichts", die überallhin – nach der Verordnung Gottes des Vaters – verstreut (zerspreyt) leben. Es folgt die Korrespondenz, in der „Brüder und Schwestern" explizit angesprochen sind und der Anlass der Zusammenkunft, der Verhandlungen und der Einigung erwähnt wird. Es gab offensichtlich Differenzen in der Normierung des Lebenswandels. Einige „falsche" Brüder hätten Anlass zu großem Ärgernis gegeben. Sie hätten sich vom Glauben abgewandt, indem sie die Freiheit des Geistes und Christi zu üben meinten, während sie sich – zum eigenen Urteil – „der geylheyt unnd freiheyt deß fleyschs" (QTGS II, 28) ergaben. Möglicherweise handelte es sich um Gruppierungen aus der Ostschweiz, die einen freieren Lebenswandel pflegten, der jedenfalls aus Sicht der Versammlung nicht tolerierbar war. Wer und welche Handlungen genau im Blick waren, ist bis heute nicht abschließend geklärt.

Lokalisierung und Datierung

Nach den sieben Punkten wird das Begleitschreiben noch einmal aufgenommen, die Vergebung wird den Brüdern und Schwestern zugesagt, die Handhabung des Banns angemahnt und zu einem angemessenen Lebenswandel ermahnt. Der Brief endet mit einem Segenswunsch. Außerdem wird er mit Ort und Datum versehen: „Acta Schlaten am Randen, auff Matthie, Anno M. D. XXvij." (QTGS II, 35) Der Ort „Schlaten am Randen", der im Eingang und am Schluss des Briefes erwähnt wird, wurde mit unterschiedlichen Orten identifiziert (QTGS II, 26, Anm. 1). Heute ist Schleitheim, 15 Kilometer nordwestlich von Schaffhausen (Hauptort des Kantons Schaffhausen), unbestritten. Der Sonntag „Matthie" fällt im Jahr 1527 auf den 24. Februar.

Aus dem Begleitschreiben geht deutlich hervor, dass nicht eine einzelne Gruppierung der Täufer:innen und auch nicht eine besondere Persönlichkeit der Täufer als Briefstellerin auftritt, sondern die ganze Gemeinschaft, die sich in Schleitheim über die inhaltlichen Punkte geeinigt hatte. Es soll ein Schreiben und eine Mitteilung dieser Gemeinschaft an alle „wahrhaften" Brüder und Schwestern sein.

Autorschaft

Obwohl die Schrift selbst keine eindeutige Autorschaft nennt, wird heute Michael Sattler als Verfasser kaum mehr bestritten (QTGS II, 26, Anm. 1). 1525 wandte sich Sattler der Zürcher Täufergruppe zu und war an den Gesprächen zwischen Täufern und Zwingli in Zürich beteiligt. Geboren um 1490 in Staufen im Breisgau war er dem Benediktinerkloster St. Peter im Schwarzwald beigetreten, dem er zuletzt als Prior vorstand. Nachdem Sattler zusammen mit seiner Ehefrau Margaretha, einer ehemaligen Begine, und anderen Täufern aus Zürich ausgewiesen worden war, tauchte er in Straßburg auf, wo er die Straßburger Reformatoren Martin Bucer und Wolfgang Capito zu überzeugen versuchte. Ende 1526 musste Sattler auch Straßburg verlassen. Im Februar 1527 war er wohl in Schleitheim anwesend. Danach hielt er sich in Horb und Rottenburg am Neckar auf, wo er von der österreichischen Obrigkeit verhaftet, verurteilt, gefoltert und schließlich am 20. Mai 1527 verbrannt wurde. Margaretha wurde im Neckar ertränkt.

Publikation

In der oben erwähnten Publikation der „Schleitheimer Artikel" wurden zwei weitere Schriften veröffentlicht: ein Brief, den Sattler nach seiner Gefangennahme aus dem Gefängnis an die Täufergemeinde in Horb sandte, und ein Bericht über den Prozess, den die Obrigkeit Sattler machte. Allerdings ist es nicht allein die gemeinsame Publikation dieser drei Schriften, welche die Verfasserschaft Sattlers auch für die „Schleitheimer Artikel" nahelegt, sondern inhaltliche Übereinstimmungen mit den Briefen und eine entsprechende Äußerung durch den zeitgenössischen Chronisten Sebastian Franck. Aber es bleibt zu bedenken, dass die Verfasserschaft der „Schleitheimer Artikel" keinen einzelnen Autoren nennt, weil diese als Gemeinschaft auftreten und auch als solche verstanden werden wollte. Inwiefern Sattler also der Verfasser war, ob er vorbereitend einen Entwurf verfasst hatte oder während der Versammlung mitschrieb und dann eine Schlussfassung erstellte, ob allenfalls weitere Persönlichkeiten an der Vorbereitung oder der Niederschrift beteiligt waren, bleibt letztlich auf der vorliegenden Quellengrundlage im Dunkeln. Auch ungeklärt bleibt, wie die Genese der Zuordnung von rahmendem Begleitbrief und den Artikeln zu verstehen ist. Für das Selbstverständnis der „Schleitheimer Artikel" aber spielt exakt diese Frage auch keine wesentliche Rolle, weil es um die „Übereinkunft", um die „Einigung" auf die sieben Punkte des Gemeindelebens ging.

Literatur

Emil Egli/Georg Finsler/Walther Köhler/Oskar Farner/Fritz Blanke/Leonhard von Muralt/Edwin Künzli/Rudolf Pfister/Joachim Staedtke/Fritz Büsser/Markus Jenny/Daniel Bolliger (Hg.): Huldreich Zwinglis sämtliche Werke (Z), 21 Bde. (Corpus reformatorum, Bde. 88–101), Berlin/Leipzig/Zürich 1905–2013 (https://www.irg.uzh.ch/static/zwingli-werke/index.php?n=Main.HomePage).

Leonhard von Muralt/Heinold Fast/Martin Haas (Hg.): Quellen zur Geschichte der Täufer in der Schweiz (QGTS), 4 Bde., Zürich 1951–2008.

Urs B. Leu/Christian Scheidegger (Hg.): Das Schleitheimer Bekenntnis 1527. Einleitung, Faksimile, Übersetzung und Kommentar, Zug 2004.

Andrea Strübind: Eifriger als Zwingli. Die frühe Täuferbewegung in der Schweiz, Berlin 2003, 2., unv. Aufl., 2022, S. 547–568: Das Schleitheimer Bekenntnis.

III. Die äußere Gestalt des Textes

Wir unterscheiden zwischen der „äußeren Gestalt" und der „inneren Ausgestaltung" einer Quelle. Damit nehmen wir – in abgewandelter Form – die in der traditionellen historischen Methodik übliche Unterscheidung zwischen „äußerer" und „innerer" Quellenkritik auf, wobei ein Text in der „äußeren

Quellenkritik" nach formalen Gesichtspunkten und in der „inneren Quellenkritik" im Blick auf sprachliche und inhaltliche Aspekte betrachtet wird. Die einzelnen Methodenschritte heißen dann für die äußere Quellenkritik: Textkritik, Überlieferungskritik, Echtheitskritik sowie Form- und Gattungskritik; und für die innere Quellenkritik: Redaktionskritik, Traditionskritik und Tendenzkritik. Diese Nomenklatur findet sich auch in den Arbeitsbüchern zur Kirchengeschichte von Christoph Markschies und Uwe Kühneweg.

Quellenkritik

Wir haben bereits erläutert, warum der Begriff der „Quellen*kritik*" uns irreführend oder zumindest unzureichend zu sein scheint [↗ Einführung]: Es geht in der historischen Arbeit mit Quellen nicht immer und nicht in erster Linie um kritische Beurteilung, sondern auch und manchmal sogar primär um genaue Beschreibung und kontextsensibles Verstehen. Hierfür ist die pragmatische Unterscheidung zwischen formaler Gestalt und sprachlicher Ausgestaltung von Texten sinnvoll, auch wenn beides natürlich nicht scharf voneinander getrennt und schon gar nicht unabhängig voneinander interpretiert werden kann.

III.1 Die Textgestalt als Produkt der Überlieferung

Hinter historischen Textquellen, wie sie uns in Büchern oder im Internet präsentiert werden, stehen sehr komplexe Überlieferungsvorgänge. Wie komplex sie sind, hängt unter anderem vom Alter eines Textes ab, aber auch von der zeitlichen, lokalen und sprachlichen Streuung der Überlieferung. Für die Zeit vor der Erfindung des Buchdrucks gilt, dass jeder Quellentext eine (Re-) Konstruktion durch moderne Forscher:innen darstellt. Zur Veranschaulichung sei ein typischer Überlieferungsvorgang für antike und mittelalterliche Texte von der ersten Niederschrift zur modernen Edition skizziert:

Autograph

1. Ein Autor oder eine Autorin verfasst einen Text, den er oder sie entweder selbst aufschreibt oder einem Schreiber diktiert. Das handgeschriebene Original eines Textes wird „Autograph" (von griechisch αὐτόγραφος = „selbst geschrieben") genannt. Autographen bzw. zeitgenössische Niederschriften sind von antiken Texten fast nie, von mittelalterlichen nur sehr selten und von frühneuzeitlichen Texten manchmal vorhanden.

Handschriftliche Kopien

2. Der Text wird abgeschrieben. Manchmal geschieht dies bereits zu Lebzeiten der Autor:innen, in jedem Fall aber danach durch Interessierte und auf Bestellung von Auftraggeber:innen. Deshalb ist die Anzahl an vorhandenen Handschriften ein Hinweis auf die tatsächliche oder kontingente Wirkung eines Textes [↗ Wirkungen, Dritter Teil V.]. Im westeuropäischen Mittelalter sind vor allem Klöster und weltliche Kanzleien mit ihren Skriptorien und Bibliotheken für die Vervielfältigung und Verbreitung von Manuskripten zuständig gewesen. In ihnen entstand häufig eine Viel-

zahl von Abschriften und Textvarianten ein und desselben Werkes. Kaum einmal sind zwei Handschriften vollkommen identisch, da die Kopist:innen ungewollt Fehler machten, aber auch bewusst Änderungen einbrachten - zumeist wohl in der Absicht, den Text sprachlich-stilistisch zu verbessern, bisweilen aber auch, um ihn an ihre eigenen Bedürfnisse und Interessen oder diejenigen ihrer Auftraggeber:innen anzupassen. Heute sind die verschiedenen Abschriften eines Textes über die Handschriftenabteilungen in Bibliotheken der ganzen Welt verteilt [↗ Handschriftenabteilungen, Zweiter Teil II.2].

3. Die Erfindung der Buchdrucktechnik in Europa im 15. Jahrhundert - in Ostasien war bereits seit dem 9. Jahrhundert eine Drucktechnik zur Vervielfältigung von Texten bekannt - schuf ganz neue Möglichkeiten, sowohl im Blick auf die Vereinheitlichung von Texten als auch für ihre massenhafte Verbreitung. Mit dem Typendruck war es möglich geworden, beliebig viele identische Exemplare eines Textes herzustellen. Drucke sind in den allermeisten Fällen genau datierbar, da das Erscheinungsjahr, ebenso wie der Erscheinungsort und der Name der Druckerei, auf dem Titelblatt genannt werden. Buchdruck

4. Da in der Renaissance das Interesse an antiken Werken groß war, wurden auch die Schriften der Kirchenväter bereits seit dem 16. Jahrhundert gedruckt. Hinter jeder Druckausgabe antiker oder mittelalterlicher Quellentexte steht eine textkritische Entscheidung: Der Herausgeber und der Drucker mussten sich festlegen, welche der ihnen bekannten und zugänglichen handschriftlichen Version sie druckten und welche Abweichungen sie allenfalls in Randbemerkungen berücksichtigten. Die jeweils erste Druckausgabe eines Werks bezeichnet man als *Editio princeps*. Texte, die in jener Zeit verfasst wurden, konnten dagegen direkt in der von den Autor:innen selbst vorgesehenen Form gedruckt und verbreitet werden. Deshalb ist der Originalwortlaut von Schriften, die ab dem 15. Jahrhundert verfasst wurden, nicht mehr nur in einer Handschrift, dem (oftmals verlorenen) Autographen, sondern in mehreren identischen Exemplaren bezeugt. Von vielen frühen Drucken existieren jedoch mehrere Auflagen, die voneinander abweichen können. Editio princeps

5. Dasselbe gilt für die industrielle Produktion von Büchern in großer Auflage von jeweils mehreren Tausend Exemplaren seit dem 19. Jahrhundert. Auch hier ist zu beachten, dass es von wichtigen Werken oft mehrere Auflagen gibt, wobei die zu Lebzeiten erschienenen Auflagen noch die Änderungen der Autor:innen enthalten, während posthum erschienene Auflagen meist die letzte vom Verfasser autorisierte Version repräsentieren. Diese Entstehungsprozesse sind in günstigen Fällen in Aufzeichnungen von Autor:innen dokumentiert, welche der Forschung häufig über Archive zugänglich sind [↗ Archive, Zweiter Teil II.2]. Die massenhafte Vervielfältigung von Massendrucke

Druckerzeugnissen bringt es mit sich, dass auch Fehler massenhaft reproduziert werden und sich schnell verbreiten können. In aufwendigen Editionsverfahren mit mehreren Lektoratsgängen und „Druckfahnen" vor dem endgültigen Druck stellen die Verlage die höchstmögliche Qualität eines publizierten Textes sicher. Fehler, die nach der Drucksetzung entdeckt werden, sind manchmal auf einer Blatteinlage mit dem Titel „Corrigenda" (lat. für „zu korrigierende Dinge") verzeichnet.

Digitalisierung

6. Mit der Einführung der Computertechnologie seit dem späten 20. Jahrhundert haben sich die Bedingungen für die Herstellung, Verbreitung und Weiterverarbeitung von Texten in ähnlich gravierender Weise gewandelt wie mit der Erfindung des Buchdrucks in der Frühen Neuzeit. Die Autor:innen schreiben, gestalten und publizieren ihre Texte nun oftmals selbst in wenigen Arbeitsschritten. Dadurch verkürzt sich die Zeit zwischen Entstehung und Verbreitung eines Textes enorm, manchmal leidet aber auch die Qualität. Bei Weitem nicht jede Publikation ist durch das strenge Lektorat eines Verlages gegangen, was sich negativ sowohl auf die Qualität des Textes selbst als auch auf die typographische Gestaltung auswirken kann. Für die Präsentation, Suche und Erschließung von Quellen bieten sich im Computerzeitalter gänzlich neue Möglichkeiten. Viele Bibliotheken ließen und lassen ihre Bestände an Handschriften und frühen Drucken digitalisieren, sodass diese nun ohne großen Aufwand vom eigenen Schreibtisch aus einsehbar sind. Auch kritische Editionen in Buchform stehen häufig digitalisiert zur Verfügung. Und zunehmend werden sogenannte Online-Editionen gar nicht mehr in gedruckter Form, sondern von vornherein digital erstellt und mit hilfreichen Arbeitstools wie Such- oder Vergleichsfunktionen ausgestattet [↗ Heuristik digital, Zweiter Teil VI.]. Für die Forschenden bedeutet dieser freie Zugang zum Quellenmaterial einen riesigen Fortschritt – aber auch eine große Verantwortung im Umgang mit den Quellen.

III.2 Zufall und Steuerung in der Überlieferung

Gründe für Erhalt und Verlust

Was uns überliefert wurde, ist einerseits von Zufall und andererseits von bewusster Regulierung bestimmt. Von vielen, ja den allermeisten Texten, die es einmal gegeben hat, fehlt uns heute jede Spur. Diese Tatsache der lückenhaften Überlieferung verzerrt unser Bild von der Vergangenheit, ohne dass wir genau sagen könnten, in welcher Weise. Das aber, was uns an historischem Erbe vorliegt, ist zum größten Teil das Ergebnis gesteuerter Überlieferung. Irgendwann einmal hat jemand die Kopie oder den Druck eines Textes in Auftrag gegeben (und bezahlt). Auch wenn wir nicht immer klare Antworten finden werden, lohnt es sich doch zu fragen: Wer hatte warum ein Interesse daran, dass der Text abgeschrieben wurde? Manchmal geben Widmungsschreiben und Vorworte der Autor:innen oder Herausgeber:innen darüber Auskunft oder lassen zumindest indirekte Schlüsse zu. Wie sahen die natürlichen und gesellschaftlichen Überlieferungschancen für einen Text aus? Vielleicht haben Naturkatastrophen oder Kriege die Zerstörung von ganzen Sammlungen zur Folge gehabt. Vielleicht hatten einflussreiche Personen oder Gruppen ein spezifisches Interesse daran, dass ein Text überliefert oder eben auch nicht überliefert wurde. Moderne öffentliche Archive vernichten den größten Teil der riesigen Bestände, die sie aus Verwaltung und Gesellschaft übernehmen müssen. Ziel ist es, eine repräsentative und exemplarische Auswahl zu treffen. Dieses Vorgehen muss durch die Archive dokumentiert werden, damit die Regulierung der Überlieferung auch späteren Zeiten noch nachvollziehbar bleibt.

Überlieferungs-chancen

Ähnliche Fragen der Steuerung lassen sich auch in Bezug auf den Inhalt stellen: Welche Informationen, Personen und Ereignisse „schaffen" es aus welchen Gründen in die Geschichtsbücher? Die Erfahrung zeigt, dass es vor allem die von den Zeitgenoss:innen als ungewöhnlich betrachteten Dinge sind, die für die Nachwelt festgehalten wurden. Nachrichten über Alltägliches und Selbstverständliches müssen wir eher „zwischen den Zeilen" [↗ Leseweisen, Dritter Teil I.] der Geschichtswerke oder in Gebrauchstexten [↗ Relikte, Zweiter Teil II.1] suchen.

Überlieferungskontext

Bei mittelalterlichen Handschriften ist außerdem der Überlieferungskontext im Codex interessant: Mit welchen anderen Schriften wurde ein Text gemeinsam überliefert? Sagt die Zusammenstellung etwas über das Überlieferungsinteresse der Auftraggeber:innen aus?

Zufall und Steuerung spielen aber auch eine Rolle dabei, *wie* Texte überliefert wurden. Beim Abschreiben können sich unbewusst Fehler eingeschlichen haben. Die Schreiber:innen können aber auch bewusst Änderungen am Text vorgenommen haben, um den Aussagegehalt oder die Wirkabsicht zu verändern. Letzteres ist umso wahrscheinlicher, je umfänglicher die Varianten sind.

Relevanz

Die Erforschung der Überlieferung eines Textes kann ebenso faszinierend wie ausufernd und mühsam sein. Daher ist es auch hier wichtig, sich der Relevanz der Überlieferungsgeschichte für die eigene Fragestellung bewusst zu sein: Ist es mein Ziel, möglichst den ursprünglichen Text zu rekonstruieren und zu interpretieren? Oder interessiere ich mich gerade für (eine bestimmte oder generell alle) Überlieferungsvariante(n) des Textes? Möchte ich aus der Überlieferungsgeschichte etwas über die Wirkung des Textes erfahren? Oder fokussiere ich auf die Entstehung des Textes, seine innere Ausgestaltung und Wirkabsicht – und kann daher die Überlieferungsgeschichte ganz außer Acht lassen?

III.3 Der (ursprüngliche) Text

Kritische Textedition

Für die Aufbereitung von antiken und mittelalterlichen Texten entwickelte die Editionsphilologie seit dem 19. Jahrhundert die Methodik der kritischen Textedition. Ihr Ziel war es, aus der gesamten verfügbaren handschriftlichen Überlieferung eines Werkes den Text zu konstruieren, der dem Original (also dem meist nicht mehr vorhandenen Autographen bzw. der ersten Niederschrift, die als Archetyp bezeichnet wird) am nächsten kommt, und zugleich die Textvarianten so umfassend wie möglich in einem kritischen Apparat zu dokumentieren. So soll es den Nutzer:innen der Edition möglich sein, die textkritischen Entscheidungen der Herausgeber:innen selbst nachzuvollziehen, gegebenenfalls auch zu korrigieren und sich einen Überblick über die Überlieferungsgeschichte zu verschaffen.

Kollationierung

Wer eine kritische Edition erarbeitet, identifiziert zunächst anhand von Handschriftenkatalogen weltweit möglichst alle vorhandenen Abschriften und häufig auch die frühen Drucke eines Quellentextes. Diese werden kollationiert (von lateinisch *collatio* = Sammlung, Vereinigung, was wiederum von dem Verb *conferre* = zusammentragen, vergleichen, abgeleitet ist), d. h. in modernen Buchstaben abgeschrieben und miteinander verglichen. Meist wird auf dieser Vergleichsgrundlage eine Handschrift (oder eine Handschriftengruppe) als Basistext bestimmt und im Haupttext abgedruckt, wobei offensichtliche Fehler korrigiert werden. Die Abweichungen werden dann in einem textkritischen Apparat ausgewiesen.

Das Leidener Klammersystem

Für die Gestaltung textkritischer Editionen hat sich das im Jahr 1931 eingeführte sog. „Leidener Klammersystem" als Standard etabliert. Die wichtigsten Zeichen sind folgende:

- **[...]** Konjektur: Eckige Klammern zeigen an, dass der Text zerstört bzw. nicht mehr eindeutig lesbar ist und in der Edition hypothetisch ergänzt wurde.
- **{...}** Athetese: Schweifklammern zeigen an, dass die Herausgeber:innen Text getilgt haben, der auf dem Textträger vorhanden war.
- **[[...]]** Rasur: Eckige Doppelklammern zeigen an, dass der Text bereits in der Handschrift bzw. Inschrift getilgt wurde.
- **(...)** In runden Klammern stehen Auflösungen von Abkürzungen, die in der Handschrift verwendet wurden.
- **<...>** In Dreiecksklammern finden sich Zusätze der Herausgeber:innen.
- † Das Kreuz zeigt an, dass der Text nicht mehr zu lesen, im Fachterminus: korrupt, ist und durch die Herausgeber:innen nicht hypothetisch rekonstruiert wurde.

Einleitung

Die Einleitungen zu Texteditionen beinhalten Informationen zur Überlieferung des Werks und führen auch die Abkürzungen auf, die nötig sind, um den textkritischen Apparat zu entschlüsseln, wie z.B. die Bezeichnung der für die Edition verwendeten Handschriften. Wenn sehr viele Handschriften vorhanden sind, werden die einzelnen Exemplare häufig in Handschriftengruppen eingeteilt. Die vermutete Zusammengehörigkeit und Abhängigkeitsverhältnisse verschiedener Handschriften(gruppen) werden in einem Stammbaum („Stemma", vom griechischen Wort στέμμα = Binde, Kranz, Stammbaum) dargestellt, welches ebenfalls in der Einleitung präsentiert und erläutert wird. Die so dokumentierte Überlieferungsgeschichte kann Aufschluss über die tatsächliche Wirkung eines Textes geben [↗ Wirkungen, Dritter Teil V.2].

Textkritische Regeln und ihre Prämissen

Für die Erstellung einer Edition wie auch für die Bewertung durch ihre Nutzer:innen wurden textkritische Regeln etabliert, die davon ausgehen, dass Varianten in der handschriftlichen Tradition als Abweichungen vom Original erklärt werden müssen. Die drei wichtigsten textkritischen Regeln lauten:

Lectio maior potior: Die ältere Lesart ist der jüngeren vorzuziehen, sofern keine starken Argumente dagegen sprechen.

Lectio brevior potior: Die kürzere Lesart ist der längeren vorzuziehen. Diese Regel geht davon aus, dass Ergänzungen im Überlieferungsvorgang wahrscheinlicher sind als Kürzungen.

Lectio difficilior potior: Die schwieriger zu erklärende Lesart ist der einfacheren vorzuziehen. Diese Regel geht davon aus, dass Abschreiber eher dazu tendieren, das Verständnis eines vorliegenden Textes zu vereinfachen.

Diese Regeln werden bis heute angewendet. Die Editionsforschung ist inzwischen allerdings so spezialisiert, dass sie einen eigenen Wissenschaftszweig darstellt. Anders als in den exegetischen Disziplinen gehört textkritische Arbeit in der Historischen Theologie nicht zu den Kernbereichen des Faches. Viele Forschende benutzen die von Philolog:innen erstellten kritischen Editionen und führen nur in ausgewählten Fällen eigene textkritische Analysen durch.

Kritik am „Urtext" oder Kritik der Textkritik

Seit dem späten 20. Jahrhundert ist die Methode der kritischen Textedition zudem grundsätzlich in die Kritik geraten. Diese beruht einerseits auf der Erkenntnis, dass jede kritische Textedition eine hypothetische (Re-)Konstruktion des „Originaltextes" durch die Herausgeber:innen ist. Das Ergebnis ist in den allermeisten Fällen ein Text, der in keiner der vorhandenen Handschriften so überliefert wird, wie die Edition ihn präsentiert. Wer aber kann dann als Autor:in des kritischen Textes gelten: der Verfasser eines Werkes, die kritische Editorin oder beide?

Rezeption und/als Transformation

Das Ziel, den ursprünglichen Text zu rekonstruieren, ist aber auch deshalb infrage gestellt worden, weil damit die Wertung von Abweichungen und Textvarianten als unbewusste Fehler oder bewusste Fälschungen einhergeht. Dies hat zur Folge, dass die Abschreiber- und Bearbeiter:innen von Quellentexten ausschließlich als (mehr oder weniger zuverlässige) Kopist:innen, nicht aber als aktive Rezipient:innen und Co-Autor:innen in den Blick kommen. Wer sich aber für die Überlieferung selbst als geschichtlichen Prozess interessiert, wird Abweichungen und Varianten gerade nicht als Hindernis, sondern als Ausgangspunkt für neue Forschungsfragen ansehen. Dies ist der Ansatz in neueren Forschungszweigen wie der Rezeptions- und Transformationsforschung. Jedes Überlieferungsmedium, jede Handschrift und jeder frühe Druck, ist nicht nur ein auf einen Ursprungstext verweisender Textzeuge, sondern selbst eine historische Quelle - und zwar sowohl im Blick auf die Materialität als auch auf den darin überlieferten Text. Eine kreative Überlieferung mit vielen Varianten, die für die klassische Textkritik ein Problem darstellt, ist in dieser Perspektive ein hochinteressanter Quellenbestand, der eine Herausforderung bietet. Sie zeigt, dass und wie die Texte weitergetragen, in neue Sprachen übersetzt und an verschiedene Kontexte angepasst wurden.

Pragmatisch & Kompakt

Text und Überlieferung

Die Überlieferungsgeschichte kann uns nicht nur darüber Aufschluss geben, wie zuverlässig der Text ist, den wir heute vor uns haben. Sie gibt auch Hinweise darauf, wann und wo, bisweilen auch wie und warum die Quelle benutzt und weiter überliefert wurde. Ob und in welcher Detailliertheit die Überlieferungsgeschichte aufgearbeitet werden muss, entscheidet sich an der Fragestellung für die eigene Forschungsarbeit. Die wesentlichen Informationen sind in der Regel den Einleitungen zu kritischen Editionen, zweisprachigen Ausgaben und Übersetzungen zu entnehmen. Obwohl die klassische Textkritik den ursprünglichen Text nicht mit Sicherheit rekonstruieren kann, sollten für wissenschaftliches Arbeiten grundsätzlich kritische Editionen benutzt werden.

Anwendungsbeispiel

Die *„Confessiones"* des Augustinus

Autor und Werk

Die *„Confessiones"* sind neben der Bibel wohl das meistgelesene Werk in der Geschichte des westlichen Christentums. Aurelius Augustinus (354–430 n. Chr.) hat sie kurz vor oder kurz nach seiner Weihe zum Bischof von Hippo geschrieben und legt in ihnen Bekenntnisse (lateinisch = *confessiones*) über seine Jugendzeit, seinen intellektuellen Weg in die katholische Kirche, seinen Glauben und sein Verständnis des biblischen Schöpfungsberichtes ab. Die Bedeutung und Verehrung Augustins als bedeutendstem lateinischen Theologen und „Kirchenvater des Westens" hat zweifellos zu dem enormen Überlieferungserfolg des Werkes beigetragen. Augustinus hat aber bereits zu seinen Lebzeiten auch selbst für die Vervielfältigung und

Verbreitung seiner Schriften gesorgt. Das Original, der Autograph der *„Confessiones"* ist nicht erhalten. Die aktuell beste kritische Edition des lateinischen Textes wurde von Lucas Verheijen erstellt und 1981 in der Quellenreihe Corpus Christianorum Series Latina publiziert (CCSL 27).

Überlieferungsgeschichte

In der Einleitung gibt der Editor detailliert Aufschluss über die Überlieferungsgeschichte und die Prinzipien seiner Edition. Seit ihrem ersten Erscheinen wurden die *„Confessiones"* im Mittelalter hundertfach kopiert, die genaue Anzahl der erhaltenen Handschriften ist bis heute nicht bekannt. Verheijen weiß von 425 mittelalterlichen Handschriften aus dem 6. bis 11. Jahrhundert (vgl. Abb. 1), welche die *„Confessiones"* vollständig oder teilweise überliefern, aber diese Zahl dürfte im Hoch- und Spätmittelalter noch bei Weitem übertroffen worden sein. Die erste gedruckte Ausgabe, die *Editio princeps*, erfolgte durch den Buchdrucker Johannes Mentelin zwischen 1456 und 1470 in Straßburg (Abb. b). Erste kritische Ausgaben, die auf einem Vergleich mehrerer handschriftlicher Textzeugen basierten und Varianten am Rand aufführten, brachten Johannes Amerbach (1506) und Erasmus von Rotterdam in der Druckerei Frobenius (1528/9) in Basel heraus.

Moderne Ausgaben

Einen echten Durchbruch in der Texterstellung stellte die Ausgabe der sog. Mauriner von 1679 dar. Die Benediktinermönche der französischen Congrégation de Saint-Maur widmeten ihr monastisches Leben historischen Studien. Sie können als Erfinder der historisch-kritischen Quellenkunde bezeichnet werden. Einer von ihnen, Jean Mabillon (1632–1707), gilt als Begründer der Urkundenkunde (Diplomatik). Im 17. und 18. Jahrhundert gaben die Mauriner zahlreiche mit den Methoden der Textkritik erstellte antike Texte heraus, darunter das Gesamtwerk Augustins. Ihre Edition der *„Confessiones"*, von Verheijen als „un chef-d'œuvre" (Meisterwerk, S. VII) bezeichnet, wurde mit einigen wenigen Änderungen in der *Patrologia Latina* (PL 32) erneut abgedruckt (Abb. c).

Massenproduktion

Seit 1836 hatte der römisch-katholische Priester Jaques-Paul Migne (1800–1875) in Paris das grandiose Editionsprojekt *Patrologiae cursus completus* initiiert, in dem er theologische Werke preiswert zur Verfügung stellen und verbreiten wollte. Die lateinischen Werke erschienen in der *Patrologia Latina* zwischen 1844 und 1855 in 217 Bänden, die ursprünglich griechischen als *Patrologia Graeca* zunächst nur in lateinischer Übersetzung (85 Bände zwischen 1856 und 1857) und dann in einer zweisprachigen Reihe (griechisch/lateinisch) in 165 Bänden zwischen 1857 und 1878. Da diese Textausgaben in äußerster Hast hergestellt wurden und meist unrevidierte Nachdrucke älterer Editionen präsentierten, erstaunt es nicht, dass sie fehlerhaft waren und bereits zu Lebzeiten Mignes wie auch in späteren Zeiten heftig kritisiert wurden. Obwohl die Patrologia von Migne also keine kritischen Editionen nach modernem Standard bietet, ist sie bis heute unverzichtbar, weil sie viele Werke enthält, für die bisher keine kritische Edition vorliegt. Daher fehlt sie in keiner guten theologischen und philologischen Bibliothek und ist inzwischen auch online verfügbar (http://pld.chadwyck.co.uk).

Kritische Edition

Für die *„Confessiones"* waren bereits zur Erscheinungszeit der *Patrologia Latina* verschiedene kritische Editionen angefertigt worden. Diese und ihre Nachfolger nennt und diskutiert Lucas Verheijen in seiner Einleitung. Er selbst hat seiner Neubearbeitung des Textes 15 Manuskripte aus dem 6. bis 11. Jahrhundert zugrunde gelegt, wobei er zweien bei der Rekonstruktion des ursprünglichen

Textes Priorität einräumte: dem ältesten erhaltenen Codex aus dem 6. Jahrhundert (*Sessorianus* 55) und einer karolingischen Handschrift aus dem 9. Jahrhundert, die heute in der Bibliothèque Nationale in Paris aufbewahrt wird (Parisinus Latinus 1911). Die Ergebnisse seiner Forschung zur Text- und Überlieferungsgeschichte präsentiert Verheijen einerseits im Stemma (Abb. 4) und andererseits in der Präsentation seines Textes mit Randhinweisen und einem dreifachen Apparat (Abb. 5).

Übersetzungen

Die zahlreichen zweisprachigen Ausgaben der „*Confessiones*" ermöglichen einen schnellen Zugang zum Text in modernen Sprachen mit Seitenblicken in das Original. Im besten Fall enthalten sie den Text der aktuellsten bzw. besten kritischen Edition, meistens verzichten sie jedoch auf den Abdruck der Apparate (vgl. Abb. i).

Digitale Versionen

Die im Internet frei zugängliche digitale Bibliothek der Kirchenväter (https://bkv.unifr.ch) bietet mit dem lateinischen Text der kritischen Edition von Knöll in der Reihe *Corpus Christianorum Ecclesiasticorum Latinorum* (CSEL 33) von 1896 und der deutschen Übersetzung Alfred Hofmanns in der Bibliothek der Kirchenväter (BKV 18) von 1914 leider zwei veraltete Texte. Wer im Internet eine neuere Edition konsultieren möchte, erhält über die Seite „The Confessions of Augustine: An electronic edition (https://www.stoa.org/hippo/) Zugang zu einer digital aufbereiteten Version des Buches „Augustine: Confessions, a text and commentary" von James Joseph O'Donnell (Oxford 1992), muss dafür aber zahlen.

Bilder zur Überlieferungsgeschichte der „Confessiones"

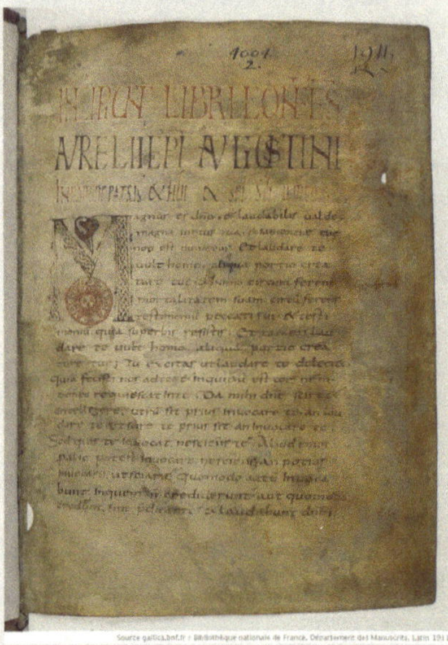

Abb. 1 Codex *Sessorianus* 55 (saec. VI)

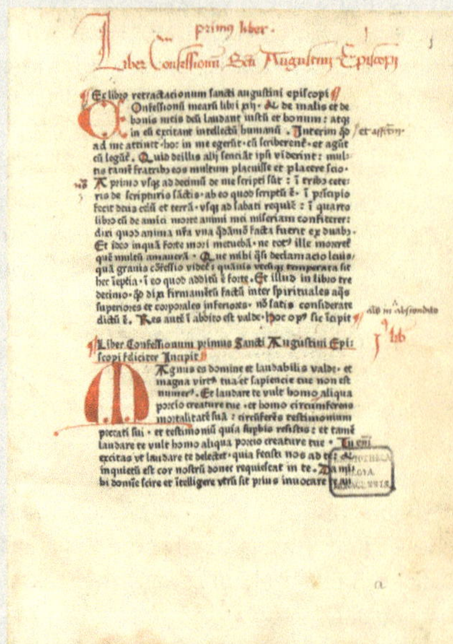

Abb. 2 *Editio princeps* von Jean Mentelin, Strasbourg, 1465–1470

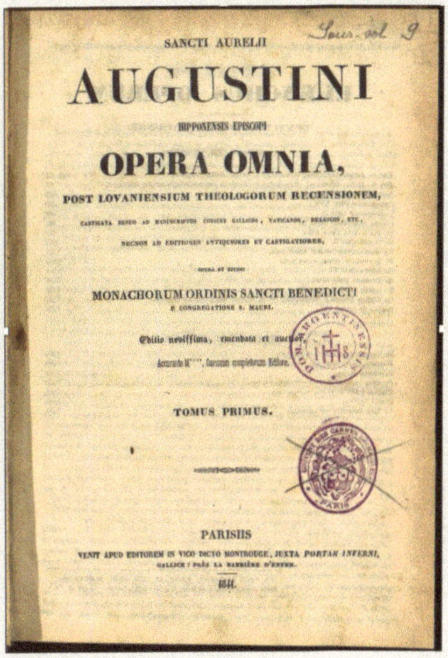

SANCTI AURELII
AUGUSTINI
HIPPONENSIS EPISCOPI
OPERA OMNIA,
POST LOVANIENSIUM THEOLOGORUM RECENSIONEM,
MONACHORUM ORDINIS SANCTI BENEDICTI
E CONGREGATIONE S. MAURI.
TOMUS PRIMUS.
PARISIIS

Abb. 3 *Patrologia Latina* 32 Migne von 1844

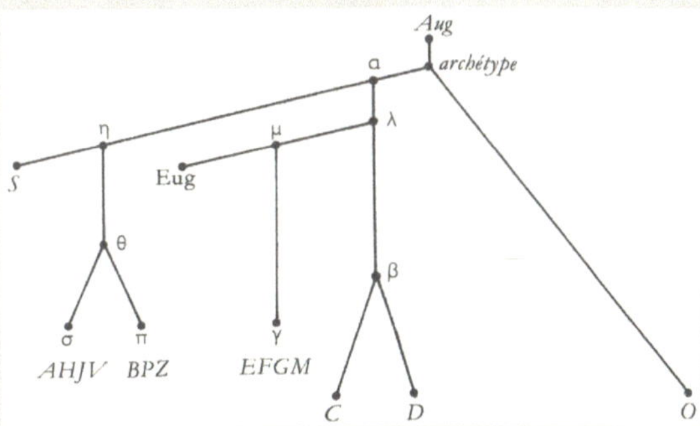

Abb. 4 Stemma zur Überlieferung der *„Confessiones"* von Lucas Verheijen, Introduction, S. LVIII

Stemma

5. Jahrhundert: Autograph (Aug) und Archetyp

6. Jahrhundert: Älteste Handschrift (S) und Bezeugung in den Exzerpta des Eugippius (Eug)

7.–9. Jahrhundert: Textformen, die in späteren mittelalterlichen Handschriften bezeugt sind (griechische Minuskeln)

9. Jahrhundert: Handschrift, die dem Archetyp am nächsten kommt (O)

10./11. Jahrhundert: Handschriften (gruppen), welche verschiedene Textbearbeitungen repräsentieren (lateinische Großbuchstaben)

Die lateinischen Großbuchstaben bezeichnen konkrete erhaltene Handschriften, die griechischen Minuskeln stehen für hypothetische Vorlagen, die als solche nicht erhalten sind, deren Textgestalt sich aber in bestimmten Handschriftengruppen niedergeschlagen hat. *Aug* steht für den Autographen des Augustinus, *Eug* für den Namen Eugippius, in dessen Sammelwerk (Florilegia) aus dem 6. Jahrhundert sich Auszüge (Exzerpta) aus den *„Confessiones"* erhalten haben und der deshalb als ältester externer Textzeuge gilt. Der *archétype* ist jene ursprüngliche Form des Textes, den die kritische Edition zu rekonstruieren versucht. Verheijen ist der Ansicht, dass diese Form am unmittelbarsten von dem mit „O" bezeichneten Codex

Parisinus latinus 1911 (saec. IX) repräsentiert wird, wogegen die älteste Handschrift „S", Codex *Sessorianus* 55 (saec. VI)., einen bereits zweifach überarbeiteten Text bezeuge.

LIBER PRIMVS μ 69
PL 659/660

I. 1. Magnus es, domine, et laudabilis ualde : magna uirtus tua τ 1
et sapientiae tuae non est numerus. Et laudare te uult homo,
aliqua portio creaturae tuae, et homo circumferens mortalitatem
suam, circumferens testimonium peccati sui et testimonium, quia PL 661
superbis resistis : et tamen laudare te uult homo, aliqua portio
creaturae tuae. Tu excitas, ut laudare te delectet, quia fecisti nos
ad te et inquietum est cor nostrum, donec requiescat in te. Da
mihi, domine, scire et intellegere, utrum sit prius inuocare te an
laudare te et scire te prius sit an inuocare te. Sed quis te inuocat
nesciens te ? Aliud enim pro alio potest inuocare nesciens. An
potius inuocaris, ut sciaris ? Quomodo autem inuocabunt, in quem
non crediderunt ? Aut quomodo credunt sine praedicante ? Et
laudabunt domi|num qui requirunt eum. Quaerentes enim inue- τ 2
niunt eum et inuenientes laudabunt eum. Quaeram te, domine,
inuocans te et inuocem te credens in te : praedicatus enim es nobis.
Inuocat te, domine, fides mea, quam dedisti mihi, quam inspirasti
mihi per humanitatem filii tui, per ministerium praedicatoris tui.

II. 2. Et quomodo inuocabo deum meum, deum et dominum
meum, quoniam utique in me ipsum eum uocabo, cum inuocabo
eum ? Et quis locus est in me, quo ueniat in me deus meus ? Quo
deus ueniat in me, deus, qui fecit caelum et terram ? Itane, domine
deus meus, est quidquam in me, quod capiat te ? An uero caelum et
terra, quae fe|cisti et in quibus me fecisti, capiunt te ? An quia sine μ 70
te non esset quidquid est, fit, ut quidquid est capiat te ? Quoniam
itaque et ego sum, quid peto, ut uenias in me, qui non essem, nisi

---

I, 1 *magnus ... ualde* Ps. 47, 2 ; Ps. 95, 4 ; Ps. 144, 3 *magna uirtus ... numerus* Ps. 146, 5 3 *circumferens ... sui* II Cor. 4, 10 5 *superbis resistis* I Petr. 5, 5 7 *da ... intelligere* Ps. 118, 34, 73, 144 11 **quomodo autem ... praedicante* Rom. 10, 14 12 *et laudabunt ... eum* Ps. 21, 27 13 *quaerentes ... te domine* Matth. 7, 7-8 ; Luc 11, 10 15 *inuocans ... fides mea* Rom. 10, 14
II, 4 *deus qui ... terram* Gen. 1, 1 ; II Par. 2, 12

I, 7/V, 16 (*Da mihi domine ... parce seruo tuo*) : Eugippius A (mss *M* et *V*).
I, 16/II, 3 (*inuocat ... inuocabo eum*) : Beda 1 ; Florus 1.

I *E deest* 1 magna] et m. *B P Z* 9 et scire ... sit] *s.l. S* an inuocare te] *om. S* 10 nesciens] *add.* te *A B P Z* μ, *add. s.l.* te H^2 *M* 12 credunt] -dent *C D* O^2 *A H B P Z G M* μ 13 inueniunt] -ient *C D* O^2 *A H B P Z F* μ 15 enim es] es e. *H B P Z F M* 17 humanitatem] humilit- V^1 (*s.l.*) M^2
II *E deest* 2 meum] *om. Z* eum uocabo cum] *om. G* uocabo] inuocabo *S M* τ 3 quo deus ... in me deus] *s.l. S* quo²] qui *V P* (i *in ras. P*) 4 deus ueniat] u.d. *B M* 6 quia] *s.l. S* 8 quid] qui O^1 (*s.l.* quomodo) *A* H^1 *B P Z* M^2

Abb. 5 Textseite mit dem Beginn der *„Confessiones"* aus der kritischen Edition von Lucas Verheijen, CCSL 27

Die Marginalien verweisen auf Handschriftengruppen und frühere Editionen:

PL = *Patrologia Latina*

Der oberste Apparat weist Zitate und Anspielungen auf Bibelstellen aus, welche der Editor im Text Augustins identifiziert hat. Dieser Quellenapparat enthält wertvolle Informationen für die Analyse der Inneren Ausgestaltung, namentlich des Umgangs mit Traditionen.

Der mittlere Apparat verweist auf externe Bezeugungen und Zitate der entsprechenden Textstellen in der antiken und mittelalterlichen Literatur.

Der unterste, textkritische Apparat, verzeichnet die Abweichungen in den 15 für die Edition benutzten Handschriften und verwendet dafür das Leidener Klammersystem.

An den Rändern wird auf „klassische" Vorgängereditionen verwiesen: μ bezeichnet die Edition der Mauriner von 1679, τ die kritische Edition von Martino Skutella in der Bibliotheca Teubneriana von 1934 und PL die *Patrologia Latina* in der 2. Auflage von 1861 (PL 32).

Literatur

Hermann Tränkle: Textkritische Bemerkungen zu Augustins Confessiones, in: Hermes. Zeitschrift für klassische Philologie, Bd. 127 (1999), S. 208–236.

Lucas Verheijen: Introduction, in: Sancti Augustini Confessionum Libri XIII (CCSL, Bd. 27), Turnhout 1981, S. V–XCII.

James Joseph O'Donnell: Augustine. Confessions, a text and commentary, Oxford 1992 (online: https://faculty.georgetown.edu/jod/conf/).

III.4 Überarbeitungen und Redaktionen

Viele Texte entstehen über längere Zeiträume hinweg, sie werden überarbeitet, gekürzt oder ergänzt, und zwar entweder von den Autor:innen selbst oder von späteren Leser:innen. Sofern es sich nicht lediglich um Korrekturen oder Änderungen der Rechtschreibung oder des Ausdrucks handelt - diese sind Gegenstand der Textkritik [↗ Textkritik, Dritter Teil III.3] - werden solche Überarbeitungen Redaktionen genannt. Die Analyse von Redaktionen kann aufschlussreich sein im Blick auf die Intentionen der Redaktor:innen. Sie lässt zugleich Rückschlüsse auf die Wirkung des Textes zu, welcher den Redaktor:innen zugrunde lag.

Identifikation von Redaktionen

Aber wie können Redaktionen erkannt werden? Relativ eindeutig ist der Fall, wenn ein Werk in mehreren Auflagen vorliegt oder wenn ein Text klar als Überarbeitung einer Vorlage markiert ist. Dann lässt sich durch einen detaillierten Vergleich der verschiedenen Versionen sehr schön herausarbeiten, welche Kürzungen, Änderungen oder Erweiterungen mit jeder einzelnen Redaktion hinzugekommen sind, und es lassen sich Vermutungen darüber anstellen, welche Intentionen die Redaktor:innen mit den jeweiligen Überarbeitungen verfolgten.

Hinweise im Text

Die Identifikation von Redaktionsschichten ist dann einfach zu bewerkstelligen, wenn zwei unabhängig voneinander überlieferte Versionen eines Textes vorliegen oder wenn, wie im Anwendungsbeispiel unten, die Medien der Überlieferung eindeutige Bearbeitungsspuren aufweisen. Schwieriger wird es, wenn die Tatsache oder das Ausmaß redaktioneller Bearbeitung aus einem einheitlich überlieferten Text erschlossen werden soll. Denn in diesem Fall - das ist Theolog:innen besonders aus der Literarkritik des Ersten Testaments bekannt - sind wir auf textinterne Hinweise und somit auf Erkenntnisse zur inneren Ausgestaltung des Textes, namentlich auf Brüche in der Syntaktik und Semantik, angewiesen, aus denen möglichst plausible Hypothesen zur Textentstehung abgeleitet werden müssen [↗ Syntaktik und Semantik, Dritter Teil IV.1 und 3]. Solche Hypothesen argumentieren häufig mit Unstimmigkeiten im Text, die nicht von ein und derselben Person stammen könnten. Aber ob Brüche und Unstimmigkeiten nicht auch anders erklärt werden können als durch redaktionelle Bearbeitung, bleibt immer eine Frage der Abwägung und Interpretationsspielräume. Letzte Sicherheit ist in diesen Fällen nicht zu erreichen.

Die folgende Tabelle listet auf, welche Veränderungen am Text im Rahmen einer Redaktion vorkommen und welche Intentionen ihnen zugrunde liegen können.

Übersicht: Textänderungen

Die Tabelle ist angelehnt an die für neutestamentliche Texte entworfene Zusammenstellung in Sönke Finnern/Jan Rüggemeier: Methoden der neutestamentlichen Exegese. Ein Lehr- und Arbeitsbuch, Tübingen 2016, S. 73f. Wir haben sie im Blick auf Quellen der Christentumsgeschichte angepasst.

Bereich	Art der Änderung (Identifikation)	Mögliche Intentionen (Interpretation)
Textlänge	Auslassung, Kürzung	Platzgründe/Ressourcensparen (Pergament, Papier, Tinte) Zensur (stilistisch oder inhaltlich) oder Verallgemeinerung
	Ergänzung, Einfügung neuer Teile (Interpolation)	Platz ausfüllen, Erläuterung, Präzisierung, Ausschmückung Aktualisierung, Uminterpretation, Relecture
Textstruktur/ Komposition	Umstellung einzelner Wörter Umstellung ganzer Sätze Umstellung von Absätzen	Verbesserung von Verständlichkeit oder Stil, Vermeidung bestimmter Ausdrücke Veränderung von Argumentationsgang oder Erzählstruktur
Textgestaltung	Ersetzung einzelner Wörter oder semantischer Felder	Stilistische Gründe, Zensur (Vermeidung anstößiger Worte) oder Übertragung in andere Kontexte Neubewertung, Umdeutung Änderung in der Wirkabsicht

Gesamtschau

Wenn alle Änderungen am Text identifiziert, analysiert und interpretiert sind, lohnt sich eine Gesamtschau: Lassen sich bestimmte Prinzipien für die Überarbeitungen erkennen, vielleicht sogar eine „Agenda"? Falls ja: Bezieht sich diese eher auf sprachlich-stilistische Aspekte oder auf den Inhalt oder auf beides? Gibt es eine treffende Beschreibung für die Art und das darin erkennbare Ziel der Bearbeitung? Denkbar wären etwa in sprachlicher Hinsicht: eine nüchternere Darstellung als in der Vorlage oder aber das genaue Gegenteil, nämlich eine unterhaltsame Ausschmückung; und im Blick auf den Inhalt: Korrekturen in der Darstellung oder neue geschichtstheologische Deutungen.

Selbstverständlich kann ein Text auch mehrfach redigiert worden sein. In diesem Fall gilt es festzustellen, welcher Text als Vorlage für die jeweilige Bearbeitung gedient hat. Diese müssen dann je für sich identifiziert und interpretiert werden.

Christoph Markschies bezeichnet Redaktionen als „Verunechtungen" eines Textes (1995, S. 113). Diese Bezeichnung ist zutreffend, wenn der ursprüngliche Text und dessen Autor:in im Fokus des Interesses stehen. Für andere Frageperspektiven, die nicht in erster Linie auf die Authentizität einer Verfasserangabe fokussieren, sind Bezeichnungen wie „Überarbeitung“ oder „Fortschreibung“ passender.

Pragmatisch & Kompakt

Überarbeitungen und Redaktionen

Wenn es Hinweise darauf gibt, dass ein Text nicht „in einem Guss" überliefert wurde, ist die Frage nach Überarbeitungen und Redaktionen zu stellen (allerdings wie immer nur dann, wenn dies für die eigene Fragestellung relevant ist): Welche Veränderungen wurden vorgenommen, von wem und mit welcher Auswirkung auf den Text? Wie haben sich die Überarbeitungen auf Informationsgehalt und Pragmatik des Textes ausgewirkt? Es empfiehlt sich, Identifikation und Interpretation von Redaktionsschichten zu unterscheiden. In einem ersten Schritt werden die „Schichten" des Textes bestimmt und je für sich analysiert. In einem zweiten Schritt kann verglichen und die Auswirkung auf den Quellenwert bestimmt werden: Welche Überarbeitungsschicht enthält die glaubhafteren Informationen über Ereignisse und Strukturen? Wie und mit welcher Absicht verändern die Redaktionen inhaltliche Aussagen, Wertungen oder theologische Lehren?

Anwendungsbeispiel

Die Redaktionen der Kreuzzugschronik des Frutolf von Bamberg

Fortschreibung in Chroniken

Besonders häufig sind Redaktionen und Fortschreibungen in chronistischen und historischen Werken. Da nicht jeder Historiker buchstäblich wieder „bei Adam und Eva beginnen" kann und will, knüpften viele an bereits bestehende Werke, *Chronicae* oder *Historiae,* an und aktualisierten diese – und zwar sowohl durch Ergänzungen zu Ereignissen, die nach dem Abfassungsdatum des ursprünglichen Werkes geschehen waren, als auch durch Revisionen der Darstellungen und Bewertungen im ursprünglichen Werk. So liegt auch die umfangreichste Weltchronik des Frühmittelalters, ursprünglich von Frutolf von Bamberg (gest. 1103) verfasst, in mehreren Redaktionen und Fortschreibungen vor. Der handschriftliche Quellenbestand gibt einen Einblick in die komplexe Redaktionsgeschichte dieser bedeutendsten frühmittelalterlichen Chronik.

Bearbeitungsspuren in der Handschrift

Die Handschriftenabteilung der Universitätsbibliothek Jena ist im Besitz des Autographen von Frutolf von Bamberg. Das unter der Signatur Ms. Bos. Q 19 aufbewahrte Manuskript stellt eine sorgfältige Reinschrift der Chronik Frutolfs dar, welche sogar einige Zeichnungen und Herrscherstammbäume der Karolinger enthält (fol. 152v). Die letzten Codexseiten (fol. 185r–199r) sind allerdings von einer anderen Handschrift und mit anderer Tinte beschrieben, die vom ersten Redaktor der Chronik stammen. Am Übergang zwischen den beiden Handschriften finden sich Spuren der Überarbeitung: Auf der unten abgebildeten Seite fol. 184r/v sind die beiden Handschriften und Tinten sowie Unterstreichungen, Durchstreichungen, Randbemerkungen (Marginalien) und die Spuren einer Rasur auf der Rückseite des Pergaments deutlich zu erkennen. Offenbar hat jemand die Reinschrift Frutolfs als Arbeitsexemplar für eigene historische Studien genutzt.

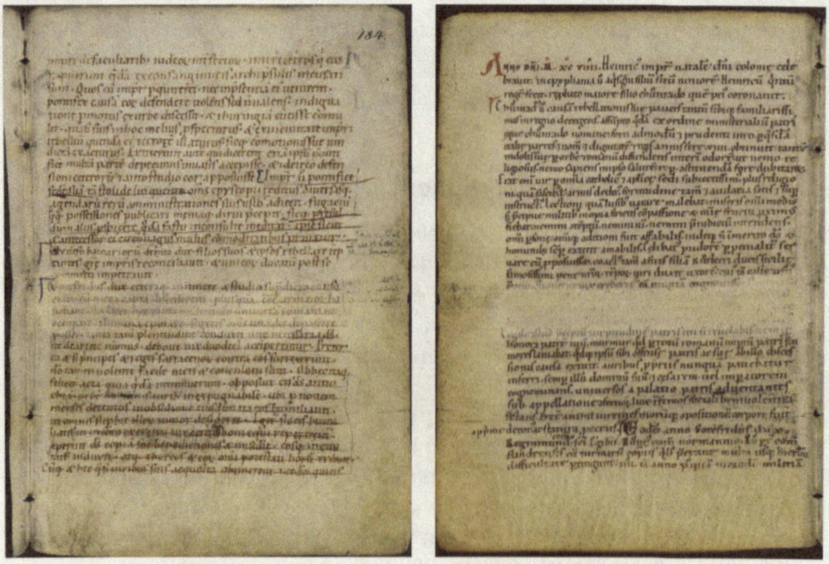

Abb. 6 ZhULB Ms. Bos. Q. 19, fol. 184r/v
https://collections.thulb.uni-jena.de/receive/HisBest_cbu_00028550

Auf fol. 184r sind die Markierungen und Streichungen des ersten Bearbeiters des Autographen von Frutolf von Bamberg vom Beginn des 12. Jahrhunderts und die Notizen von Johann Andreas Bose aus der Mitte des 17. Jahrhunderts zu erkennen. Die Rückseite fol. 184r hebt sich durch die dunklere Tinte und die engere Handschrift ab, auf der unteren Blatthälfte ist deutlich eine Rasur zu erkennen.
Kodikologische und paläographische Analysen ergeben, dass die Überarbeitungen aus verschiedenen Zeiten stammen: Während die Unterstreichungen, Rasuren und Fortsetzungen in das Mittelalter gehören, sind die Randbemerkungen deutlich jüngeren Datums. Sie gehen auf den Jenaer Gelehrten Johann Andreas Bose (1626–1674) zurück, der den Codex um 1650 erworben hatte. Bis heute weist die Signatur auf ihn hin: Ms. Bos. steht für Manuscriptus Bosianus. Bose hat am Rand neben dem durchgestrichenen Text notiert: *haec desunt in Ms bibliothecae Jenensis = dies fehlt im Manuskript der Jenaer Bibliothek.* Er hat also bereits im 17. Jahrhundert einen Quellenvergleich durchgeführt und die Abweichungen festgehalten.

Fortschreibung

Die Fortschreibung der Chronik auf den folia 185–199 reicht bis ins Jahr 1106. Sie enthält einen engagiert geschriebenen Bericht über den Ersten Kreuzzug – der Schreiber verweist auf fol. 185r, Z. 5 selbst auf sein „entflammtes Gemüt" (*animus aestuans*). Da der Bericht zumindest teilweise in der 1. Person Plural geschrieben ist, können wir davon ausgehen, dass sein Verfasser selbst am Kreuzzug beteiligt war.

Autorschaft

Aus diesem Grund galt lange Zeit Ekkehart von Aura als Redaktor und Fortschreiber des Frutolf'schen Autographen. Denn Ekkehart, Spross einer bayerischen Adelsfamilie und von 1101 bis 1103 als Kreuzfahrer im Heiligen Land, später Abt des Benediktinerklosters in Aura, hielt sich im Winter 1105/06 im Kloster Michelsberg auf. Kurze Zeit später widmete Ekkehart König Heinrich V. eine Weltchronik, die in weiten Teilen mit derjenigen Frutolfs identisch war und die Ekkehart im Lauf seines Lebens noch mehrfach aktualisierte. Es ist also vorstellbar, dass Ekkehart bei seinem Aufenthalt im Michelsberg auf Frutolfs Autographen gestoßen war und an ihm gearbeitet hatte.

Identifikation von Rezensionen

Die jüngste Edition und zweisprachige Textausgabe der Chroniken von Frutolf, Ekkehart und einer anonymen Kaiserchronik aus dem Jahr 1972 schreibt die Bearbeitung des Autographen Frutolfs denn auch Ekkehart zu und bezeichnet diese als „Rezension I" (von insgesamt 4 Rezensionen der Ekkehart-Chronik). In der neueren Forschung wurde dieser Zusammenhang jedoch infrage gestellt und die Bearbeitung des Autographen Frutolfs einem namentlich unbekannten Mönch aus Michelsberg zugeschrieben, der auch die anonyme Kaiserchronik für Heinrich V. verfasst haben soll. In jedem Fall aber hat Ekkehart von Aura den Autographen – ob noch nicht oder bereits bearbeitet, bleibt ungewiss – für die Abfassung seiner eigenen Chronik benutzt, denn diese ist in weiten Teilen mit der Chronik Frutolfs identisch. Von der letzten Redaktion der Chronik Ekkeharts, die bis ins Jahr 1125 berichtet, befindet sich übrigens jene Abschrift in der Jenaer Bibliothek, die Johann Andreas Bose mit dem Autographen Frutolfs quellenkritisch verglichen hatte.

Tendenzen und Intentionen

Unabhängig davon, ob Ekkehart von Aura oder ein namentlich unbekannter Mönch vom Michelsberg für die erste Bearbeitung der Frutolf-Chronik im Autographen verantwortlich ist, können mithilfe von Methodenschritten zur inneren Ausgestaltung des Textes Tendenzen und Intentionen der Redaktion identifiziert werden [↗ Innere Ausgestaltung, Dritter Teil IV.]. Während Frutolf um eine möglichst nüchterne Darstellung bemüht war und auf geschichtstheologische Urteile bewusst verzichtete, lieferte der Überarbeiter einen leidenschaftlichen Bericht über den Kreuzzug, der durchaus als Propaganda für den Kreuzzugsgedanken gelesen werden kann.

Rasur und Rekonstruktion

Außerdem weist der Codex Spuren kontinuierlicher Weiterbearbeitung auf. In der unteren Blatthälfte von fol. 184v wurde ein Textabschnitt nachträglich wieder getilgt (Rasur). Dank einer Kopie des Werkes, die noch vor dieser Rasur angefertigt wurde, wissen wir, dass es sich dabei um eine Bemerkung über die Tochter des Herzogs Roger I. von Sizilien handelte. Diese (ihr Name, Maximilla, wird im Text nicht genannt) war im Alter von fünf Jahren mit König Konrad verheiratet worden und habe mit ihm, wie es im Text heißt, „in keuscher Ehe gelebt, sodass man kaum glauben konnte, er habe sie jemals erkannt" *(cuius tam caste usus est coniunctione, ut vix crederetur eam unquam cognovisse)*. Der später getilgte Satz besagt, dass sie nach dem Tod Konrads keine zweite Ehe eingegangen sei: „Nichtsdestoweniger verschmähte sie in taubenhafter Treue eine zweite Ehe so sehr, dass sie, nachdem ihrem Leib ein solches Haupt genommen war, den Rest ihres Lebens der Arbeit sechzigfältiger Frucht weihte" *(quae tamen turturina nihilominus predita fide secundos ultra detestabatur amplexus adeo, ut post ablatum tantum corpori suo caput reliquum vitae suae tempus labori consecraverit sexagesimi fructu)*. Die sprachlichen Bil-

Semantik und Traditionen

der von taubenhafter Treue und sechzigfältiger Frucht sind biblisch inspiriert (Hld 6,9 bzw. Mt 13,23par) und könnten wiederum im Rahmen der Semantik und des Umgangs mit Traditionen genauer interpretiert werden [↗ Semantik und Traditionen, Dritter Teil IV.3 und 4]. Aber warum und von wem wurde dieser Satz ausradiert? Ekkehart von Aura berichtet in seinem Werk *Hierosolymita*, dass die Witwe Konrads König Balduin I. von Jerusalem geheiratet habe. Vermutlich geht also zumindest diese Rasur auf Ekkehart von Aura zurück. Die Intention war die Korrektur einer falschen bzw. überholten Information. Ironie der Geschichte: Die neuere historische Forschung hat die Information über eine Ehe zwischen der Witwe Konrads und dem Kreuzfahrer König Balduin I. mit den Mitteln der historischen Quellenkritik als falsch erwiesen, die Rasur wäre also eigentlich unnötig gewesen. Sie ist jedoch ein schönes Beispiel für unermüdliche historische Forschung bereits im Mittelalter. In der modernen zweisprachigen Textausgabe ist der Satz im Haupttext abgedruckt und mit einer entsprechenden Fußnote versehen, welche die auf einen Irrtum zurückgehende Rasur erklärt. Eine moderne Edition kann aber keinen so lebhaften Eindruck von diesen Redaktionsvorgängen vermitteln wie die Autopsie der Handschrift.

Literatur

Frutolfi et Ekkehardi Chronica necnon Anonymi Chronica Imperatorum, e codicibus ediderunt Franz-Joseph Schmale et Irene Schmale-Ott = Frutolfs und Ekkehards Chroniken und die anonyme Kaiserchronik (Latein, Deutsch), übersetzt von Franz-Josef Schmale und Irene Schmale-Ott, (Ausgewählte Quellen zur deutschen Geschichte des Mittelalters, Bd. XV), Darmstadt 1972.

Thomas John Henry McCarthy: The continuations of Frutolf of Michelsberg's Chronicle (Monumenta Germaniae Historica. Schriften, Bd. 74), Wiesbaden 2018, S. 186–212.

III.5 Gattung und Form

Quellen lassen sich anhand äußerer Merkmale in verschiedene Gruppen einteilen. Im Blick auf die Materialität können wir etwa Inschriften, Urkunden, Akten und Bücher (handgeschriebene Codices oder Druckausgaben) unterscheiden.

Inschriften

Inschriften sind vor allem für die Alltags-, Sozial- und Mentalitätsgeschichte von großer Bedeutung. Es handelt sich um meist kürzere, buchstäblich in Stein gemeißelte Texte, für deren Erforschung archäologische, philologische und historische Aspekte miteinander verknüpft werden müssen. Im Rahmen der Geschichte des Christentums spielen Inschriften vor allem für Antike und Mittelalter eine Rolle, wobei sich mit der Epigraphik ein eigener spezialisierter Wissenschaftszweig für die Edition und Interpretation von Inschriften herausgebildet hat.

Urkunden und Akten

Als Urkunden werden im Rahmen der Geschichtswissenschaft rechtsgültige Dokumente bezeichnet, welche entweder den Willen oder die Absichten der Urheber:innen in rechtskonformer Weise festhalten oder rechtliche Vorgänge dokumentieren. Für die Geschichte des Christentums sind Papsturkunden und Synodalakten besonders wichtige Quellen. Darüber hinaus fußen viele Erkenntnisse, die zur Rekonstruktion der politischen und ökonomischen Geschichte verwendet werden, auf Urkunden.

Der weitaus größte Teil der für die Historische Theologie relevanten Quellen sind jedoch literarische – erzählende und argumentierende – Texte, welche in Handschriften oder/und gedruckten Büchern überliefert sind.

Anwendungsbeispiel

Opferbescheinigung *(libellus)* für Aurelia Bellias

Inschriften und Urkunden entstammen der Alltagsgeschichte und eröffnen daher häufig eine andere Perspektive auf die Geschehnisse, als elaborierte literarische Texte einzelner Autor:innen es tun. So gibt etwa das unten abgebildete Schriftstück Aufschluss über die rechtlichen Bedingungen der Christenverfolgungen im 3. Jahrhundert, über die wir sonst hauptsächlich aus späteren hagiographisch eingefärbten Quellen informiert sind.

Datierung, Lokalisierung, Kontext

Es handelt sich um eine von etwa fünfzig erhaltenen Opferbescheinigungen, sogenannter *libelli,* die den Bürger:innen des Römischen Reiches im Rahmen reichsweiter Opfererlasse der römischen Kaiser zwischen 249 und 311 ausgestellt wurden. Dieser *libellus* ist auf Papyrus geschrieben und wurde am 21. Juni 250 für eine Frau namens Aurelia Bellias und ihre Tochter Kapinis in der ägyptischen Ortschaft Theadelphias ausgestellt. Er bezeugt, dass die beiden schon immer regelmäßig und an jenem Tag nochmals vor Zeugen am Kaiserkult teilgenommen und sich damit als loyale Bürgerinnen erwiesen haben. Wer ein solches Stück Papyrus vorweisen konnte – ob Christin oder nicht – musste nicht befürchten, als staatsfeindlich betrachtet zu werden. Denn die Teilnahme am offiziellen Kult galt als Ausweis der politischen Loyalität. Die Angehörigkeit der Religionsgemeinschaften darüber hinaus war irrelevant. Es herrschte religiöse Toleranz, sofern das Funktionieren der öffentlichen Kulte, vor allem des Kaiserkults, nicht infrage gestellt war. Dies zeigt, dass die Opfergesetze der römischen Kaiser nicht explizit auf die Identifikation und Verfolgung von Christ:innen abzielten, wie das Wort „Christenverfolgung" es nahelegt. Es ging, jedenfalls vordergründig, um die politische Integration aller Bürger:innen, die in militärischen und ökonomischen Krisenzeiten besonders wichtig schien: Der Überzeugung, dass Blüte und Stabilität des Römischen Reiches durch den gemeinsamen Kult abgesichert werden müssen, sollte mit rechtlichen Mitteln Geltung verschafft werden. Dass dies überzeugte Christ:innen in Gewissenskonflikte bringen würde, dürfte den staatlichen Autoritäten freilich bekannt gewesen sein. Es wäre also falsch zu behaupten, dass die Opfergesetze die christlichen Gemeinden *nicht* treffen sollten.

Übersetzung zu Abb. 7 (kh):

Text

An die Opferverantwortlichen des Dorfes Theadelphia,
von Aurelia Bellias, Tochter des Peteres, und ihrer Tochter Kapinis.
Die Opfer für die Götter haben wir immer dargebracht, und auch jetzt habe ich in eurer Gegenwart in Übereinstimmung mit den Vorschriften Libationen und ein Opfer dargebracht und davon gegessen, und ich bitte euch, uns dies unten zu bestätigen. Möge es euch wohlergehen.

<2. Hand> Wir, Aurelius Serenus und Aurelius Hermas, haben euch opfern sehen.

<3. Hand> Ich, Hermas, bestätige es.

<1. Hand> Im ersten Jahr des Kaisers Caesar Gaius Messius Quintus Traianus
Decius Pius Felix Augustus, am 27. Pauni.

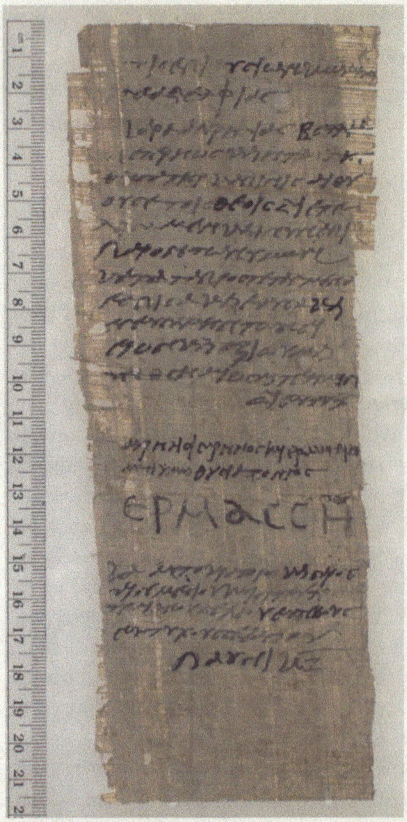

τοῖς ἐπὶ θυσιῶν κώμης
Θεαδελφίας

παρὰ Αὐρηλίας Βελλιᾶ
Πετερῆως καὶ ἡ ταύτης
θυγάτηρ Καπῖνις. ἀὶ θύ-
ουσε τοῖς θεοῖς διετε-
λέσαμεν καὶ νῦν ἐπὶ
παρόντων ὑμῶν
κατὰ τὰ προστεταγμένα
ἔσπισα καὶ ἔθυσα καὶ
ἐγευσάμην τῶν εἱ-
ερων καὶ ἀξιῶ ὑμᾶς
ὑποσημιώσαστε ἡμῖν.
διευτυχ(εῖτε).

<2. Hand>Αὐρήλιοι Σερῆνος καὶ Ἑρμᾶς εἴδα-
μεν ὑμᾶς θυσιάζοντος.

<3. Hand> ἙΡΜΑΣ Σ(εσ)Η(μείωμαι).

<1. Hand> (ἔτους) α Αὐτοκράτορος
Καίσαρος Γαίου Μεσίου Κυίντου
{Τρ[αιανοῦ]} Τραιανοῦ Δεκίου Εὐσεβοῦς
Εὐτυχοῦς Σεβαστοῦ
Παῦνι κζ.

Abb. 7 P. Mich. inv. 263; Recto, *Libellus*. Image: https://quod.lib.umich.edu/a/apis/x-1608/263.tif. University of Michigan Library Digital Collections.

Informationsgehalt

Ob Aurelia Bellias und ihre Tochter Kapinis Christinnen waren, können wir diesem Dokument nicht entnehmen, und wir wissen nichts über eine christliche Gemeinde in Theadelphia. Wenn die beiden Frauen Christinnen waren, hätten sie zu den sogenannten *lapsi* gehört, also jenen, die dem Druck des kaiserlichen Opfergesetzes nachgegeben hatten. Wie viele Angehörige christlicher Gemeinden sich einen solchen *libellus* ausstellen ließen, wissen wir nicht. Aber die Tatsache, dass das Problem der sog. *lapsi* unter den Christen, gerade in *Africa*, intensiv diskutiert wurde und sogar zu Kirchenspaltungen führte, lässt vermuten, dass es nicht wenige waren.

Außerdem verrät dieser *libellus* auch etwas über den Status der Frauen: Er weist darauf hin, dass Frauen im Opferdekret des Kaisers Decius gleich behandelt wurden wie Männer – zumindest, wenn kein *pater familias* da war, der das Opfer stellvertretend für seine Familie erbringen konnte. Außerdem scheint Aurelia Bellias des flüssigen Schreibens mächtig gewesen zu sein – ganz im Gegensatz zu dem Zeugen Hermas, der seine Unterschrift in ungelenken, auffallend großen Buchstaben auf das Dokument gesetzt hat.

Materielle und strukturelle Merkmale

Für die Frage nach Gattungen und Formen ist jedoch etwas anderes noch wichtiger. Das Schriftstück ist aufgrund seiner äußeren Gestalt recht schnell als *libellus*

erkennbar. Denn dabei handelt es sich ausnahmslos um lange schmale Papyrusstücke, auf denen anhand der Schrift und der Tinte drei verschiedene Schreibende (in der Paläographie als „Hände" bezeichnet) zu erkennen sind. Zudem folgt der Text einem festen Schema: Sämtliche *libelli* sind in der ersten Zeile an die Beamten der Opferkommission eines konkreten Ortes adressiert. Den größten Raum nimmt jeweils die Selbsterklärung der opfernden Person(en) ein, welche mit einer Grußformel endet. Dann folgen die eigenhändigen Unterschriften von zwei Zeugen, am Ende steht die Datumsangabe.
Diese materiellen und strukturellen Merkmale machen das Dokument auf den ersten Blick als *libellus* erkennbar – allerdings nur für diejenigen, die mit dieser Quellengruppe bereits vertraut sind. Dies führt uns zu Funktion und Erkenntnispotential von literarischen Gattungen.

Literatur

Wolfram Kinzig: Christenverfolgung in der Antike (Beck Wissen), München 2019.
Dominic William Rathbone: Economic Rationalism and Rural Society in Third-century A.D. Egypt, Cambridge 1991, S. 20, Nr. 25.

Eigenart und Funktion literarischer Gattungen

Gattungsmerkmale
Beispiel: Brief

Woran erkennen wir einen Brief? Vor 50 Jahren hätte die Antwort wohl ungefähr so gelautet: Ein Brief wird von der Post gebracht oder im Briefkasten gefunden. Er kommt in einem adressierten und frankierten Kuvert an. Ein Brief beginnt mit einer Anrede und endet mit einer Unterschrift. Meist sind Datum und Ort am oberen Rand des Briefpapiers vermerkt. Häufig vergehen zwischen Versand und Erhalt des Briefes mehrere Tage – je nachdem, wie groß die Entfernung zwischen Absenderin und Empfänger ist.

Zeitgebundenheit

Heute würden wir vielleicht antworten: Briefe werden zunehmend elektronisch versandt, als PDF im Mailanhang. Zwischen Absenden und Empfangen liegen wenige Sekunden. Die meisten Briefe enthalten Datum und Ort, eine Anrede und eine Unterschrift, die manchmal handschriftlich in die Datei eingefügt wird.

Außerdem gab es vor 50 Jahren und gibt es heute noch verschiedene Arten von Briefen. Amtliche Briefe sind zumeist maschinell und auf offiziellem Papier gedruckt, mit einem Briefkopf, der Adressat:innen, Absender:innen enthält, und mit der Angabe von Zeit und Ort sowie einem Betreff. Ein Privatbrief dagegen ist häufig auf individuellem Papier und handschriftlich geschrieben, auch er weist Datum und Ort aus, die Betreffzeile fehlt hingegen.

Am Beispiel des Briefes lässt sich gut veranschaulichen, was eine literarische Gattung ausmacht und was sie bewirkt. Oftmals können wir einen Text bereits aufgrund von äußeren Merkmalen einer Gruppe zuordnen, bevor wir ihn überhaupt gelesen haben. Diese Merkmale können materialer Art sein – im Fall des Briefes etwa offizielles oder privates Briefpapier, noch augenfälliger ist der materiale Unterschied zwischen Zeitung, Brief und Buch. Aber auch die formale Anordnung bestimmter Textelemente kann ein Hinweis auf die Gattung sein. Den Brief erkennen wir an Anrede und Unterschrift, in einer Zeitung erkennen wir, auch ohne zu lesen, den Unterschied zwischen Artikeln, Annoncen und Anzeigen.

Funktion

Literarische Gattungen erleichtern die Kommunikation. Wenn etwa zwei Geschäftspartner:innen auch privat miteinander befreundet sind, können sie dank des für beide erkennbaren Unterschieds zwischen offiziellen Schreiben (z.B. eine Rechnung) und Privatbriefen ihre geschäftliche von der privaten Kommunikation unterscheiden. Und wer auf Arbeitssuche ist, kann die Stellenannoncen sehr schnell finden, ohne sich durch eine ganze Zeitung zu lesen.

Die Eigenart und Bedeutung von literarischen Gattungen lässt sich in zwei prägnanten Aussagen zusammenfassen:

1. Gattungen sind kognitive Schemata.
2. Gattungen sind kulturell bedingt und wandelbar.

Wirkung

Mit der Zuordnung eines konkreten Textes zu einer Gattung verbinden sich bestimmte Erwartungen: in unserem Beispiel etwa, dass ein Brief adressiert und datiert ist sowie eine Anrede und eine Unterschrift enthält. Andere Aspekte, wie die Art der Übermittlung, scheinen schnellerem Wandel zu unterliegen. Literarische Gattungen sind also auf lange Sicht historisch-kulturellem Wandel unterworfen (ein antikes Briefformular unterscheidet sich vom modernen). In ihrem jeweiligen zeitlichen und kulturellen Kontext weisen sie aber doch eine relative Stabilität auf und vereinfachen daher die Kommunikation.

Die folgende Tabelle führt literarische Gattungen auf, die in der Historischen Theologie besonders häufig oder wichtig sind, und nennt Merkmale und Fragen, die bei der Interpretation besonders zu beachten sind:

Hauptgattung	Untergattungen	Merkmale/Fragen/Methoden
Dokumentarische Werke	Akten – Disputationsakten – Konzilsakten – Märtyrerakten – Prozessakten/Inquisitionsakten – Visitationsakten Amtsbücher Besitzverzeichnisse Genealogien Gesetze Memorialbücher – Gedenk- bzw. Verbrüderungsbücher – Märtyrer- und Heiligenverzeichnisse – Nekrologe Notizbücher Regeln – Kloster- und Ordensregeln – *Consuetudines* Register – Taufregister (Rodel) – Eheregister – Sterberegister Reisebericht (Itinerarium) Tagebücher Urkunden	Oft listenhafte Literatur, manchmal mit Gesprächsverlauf – Vollständigkeit bzw. Lücken in der Überlieferung – Gebrauchsliteratur – Redaktionen – Ursprünglicher Zweck der Dokumentation
Biographische Werke	Privatbriefe Viten/Biographien Autobiographien Hagiographien	– „Ego-" oder Fremddokument – Adressat:innen – Verhältnis von Autorin und Gegenstand
Erzählerische Werke	Anekdoten Annalen Chroniken Beispielgeschichten/*Exempla* Gesta Historien Legenden Wundererzählungen/Mirakelbücher	– Verhältnis Fakt/Fiktion – Semantische Felder – Umgang mit Traditionen
Exegetische Werke	Kommentare Homilien *Quaestiones*	– Vers-für-Vers-Auslegung biblischer Bücher – Vers-für-Vers-Predigt von Perikopen – Fragen und Antworten zu einzelnen Bibelstellen

Hauptgattung	Untergattungen	Merkmale/Fragen/Methoden
Liturgische Werke	Gebet/Gedicht Hymnus Messordnung Lektionare Lieder Litanei Pontifikale Sakramentare	– Poetisches Genre – Häufig kreative Überlieferungsvorgänge (Redaktionen)
Reden	Predigten Homilien Reden (*Sermones*) – Festreden – Trauerreden – Gerichtsreden	– Verhältnis von Mündlichkeit und Schriftlichkeit (Überarbeitungen) – Verhältnis Autorin – Publikum – Rhetorik
Sammlungen	Apophthegmata *Exempla* Florilegia Gesangbücher Mirakelsammlungen Sentenzen	– Verhältnis der einzelnen Teile zum Ganzen, v.a. im Blick auf die Intention der Zusammenstellung – Kriterien der Zusammenstellung – Vorworte beachten
Theologische Schriften	Abhandlungen Apologien Bekenntnisschriften Dialoge Enzykliken (Lehrbrief) Flugschriften Streitschriften Summen Traktate Visionen/Prophetien Werbeschriften/*Protreptikoi*	– Aufbau und Argumentationslinien – Zielpublikum und Pragmatik – Traditionen aus Bibel und Theologie – Wirkung

Umgang mit literarischen Gattungen

Mit der Zuordnung eines Textes zu einer literarischen Gattung verbinden sich bestimmte Vorverständnisse, die zeitlich und kulturell geprägt sind. Von einer Predigt erwarten wir heute im westlichen Europa, dass sie einen Bezug zwischen einem biblischen Text, Motiv oder Thema und der anwesenden Gemeinde (sei sie physisch versammelt oder auch als Leserschaft von publizierten Predigten) herstellt. Die Autor:innen von Texten können diese Erwartungen bedienen oder brechen. Und genau darin bestehen der Reiz und der Erkenntniswert literarischer Gattungen.

Bewusster Bruch mit Gattungskonventionen

Autor:innen können mit dem Vorverständnis und der Erwartungshaltung, die ihre Leserschaft aufgrund der Gattung eines Textes hat, bewusst spielen. So kann eine Pfarrperson eine Irritation der Erwartungen der Gemeinde provozieren, indem sie einmal nicht über einen Bibeltext, sondern über ein modernes Gedicht predigt, oder indem sie mit einer Frage endet und auf das berühmte „Amen“ am Ende einer Predigt verzichtet. Der Bruch mit Gattungskonventionen ist häufig ein Hinweis auf eine Aussage- oder Wirkabsicht.

Unbewusster Bruch mit Gattungskonventionen

Die Enttäuschung von Erwartungen an eine literarische Gattung kann aber auch unbewusst geschehen, zum Beispiel, weil ein Prediger von einem anderen kulturellen Hintergrund herkommend andere Vorstellungen und Erwartungen mit einer Predigt verbindet als die Gemeinde. In diesem Fall kann nicht von einem bewussten Bruch mit Konventionen ausgegangen und daher auch keine spezifische Aussage- oder Wirkabsicht abgeleitet werden. Nur wenn Gattungskonventionen sowohl bei den Autor:innen als auch bei der Leserschaft kulturell etabliert und individuell bekannt sind, können sie bewusst bedient oder auch bewusst gebrochen werden.

Dreischritt

Für die Analyse und Interpretation der Gattung empfehlen wir einen Dreischritt: (1) Identifikation bzw. Zuordnung zu einer Gattung (bzw. Bestimmung einer Mischform); (2) Analyse des Umgangs mit gattungstypischen Merkmalen; (3) Interpretation.

(1) Identifikation bzw. Zuordnung zu einer Gattung

Zunächst muss bestimmt werden, welcher Gattung ein Text zuzuordnen ist oder ob eine Mischform aus verschiedenen Gattungselementen vorliegt. Folgende Elemente können wichtige Hinweise für die Zuordnung eines Textes zu einer literarischen Gattung enthalten:

Übersicht: Parameter/Hinweise für Gattungszuordnungen

Paratextuelle Hinweise

Titel, Widmung, Begleitschreiben
Hinweise in Vorwort, Nachwort, Klappentext
Medium/Materialität

Inhalt und Struktur

Gliederung
Thema
Narration/Argumentation

Vermittlung

Grad der Fiktionalität
Erzählsituation und Selbstpräsentation des Autors („Ich“, allwissend etc.)
Schreibstil

Im Blick auf die paratextuellen Hinweise ist zu beachten, dass Titel, Vorwort und Überschriften möglicherweise nicht von den Autor:innen des Textes, sondern von Kopist:innen bzw. Herausgeber:innen stammen und damit nicht zum eigentlichen Text gehören. Dies bedeutet nicht automatisch, dass beispielsweise eine im Titel vom Herausgeber vorgenommene Zuordnung zu einer Gattung nicht korrekt oder überzeugend sein kann. Aber es ist ein Unterschied, ob die Zugehörigkeit zu einer Gattung von der Autorin eines Textes selbst oder von späteren Leser:innen deklariert wird. Deshalb muss immer geklärt werden, welche Informationen zum ursprünglichen Text gehören und welche später zugefügt wurden [↗ Text und Redaktionen, Dritter Teil III.3 und 4].

(2) Analyse des Umgangs mit gattungstypischen Merkmalen

Zeitgenössische Gattungskonvention

Nach der Zuordnung zu einer Gattung gilt es zu analysieren, wie der Text mit den Vorverständnissen und Erwartungen umgeht, welche die intendierte Leserschaft aufgrund der Gattungsmerkmale und -konventionen hatte. Für die kontextgerechte Interpretation von Texten ist wichtig, dass die jeweiligen zeitgenössischen – und nicht heutige – Erwartungen als Maßstab an eine bestimmte Gattung angelegt werden. Daher ist es wichtig, sich zunächst darüber zu informieren, welche Merkmale zur Zeit und im kulturellen Umfeld der Entstehung des Textes für die literarische Gattung typisch waren (wofür wiederum Lokalisierung und Datierung des Textes eine Voraussetzung sind [↗ Lokalisierung und Datierung, Dritter Teil II.2]). Dies kann entweder durch Vergleich mit anderen Texten dieser Gattung selbst erhoben oder in entsprechender Sekundärliteratur nachgelesen werden. Wenn wir uns ein Bild von den zeitgenössisch geltenden Gattungskonventionen gemacht haben, ist zu prüfen, inwiefern der konkrete Text diese Konventionen erfüllt oder nicht erfüllt. Welche gattungstypischen Elemente finden sich im Text, welche nicht? Werden die nicht vorhandenen Elemente durch anderes ersetzt?

(3) Interpretation

Für die Interpretation sind sowohl die Übereinstimmungen als auch die Abweichungen zu berücksichtigen, die der konkrete Text gegenüber den zeitgenössischen Gattungskonventionen aufweist. Auch der oben erläuterte Unterschied zwischen bewusster oder unbewusster Nicht-Erfüllung von Erwartungen muss bedacht werden. Folgende Fragen sollten beantwortet werden:

- Auf welche Wirkung bei der Leserschaft zielte die Wahl der literarischen Gattung? Welche Erwartungen wurden damit geweckt?
- Werden die vermuteten Erwartungen der Leserschaft erfüllt? An welchen Stellen werden sie nicht erfüllt?
- Sind Erfüllung und Nicht-Erfüllung als bewusste Entscheidungen des Autors/der Autorin zu verstehen?
- Welche Wirkabsicht könnte mit der bewussten Erfüllung bzw. Nicht-Erfüllung der Gattungskonventionen im Blick auf die Leserschaft verbunden gewesen sein?

Da dieser Schritt bereits eine vertiefte Lektüre des Textes und allenfalls auch die Anwendung von Methoden aus dem Bereich „Innere Ausgestaltung der Quelle" voraussetzt, kann es im konkreten Arbeitsprozess sinnvoll sein, zunächst die Ergebnisse der Analyse der Gattung festzuhalten und diese Fragen erst im Rahmen der Gesamtinterpretation des Textes zu beantworten.

Literatur

Sönke Finnern/Jan Rüggemeier: Methoden der neutestamentlichen Exegese. Ein Lehr- und Arbeitsbuch, Tübingen 2016.

Wolfgang Hallet: Gattungen als kognitive Schemata. Die multigenerische Interpretation literarischer Texte, in: Marion Gymnich/Birgit Neumann/Ansgar Nünning (Hg.): Gattungstheorie und Gattungsgeschichte (ELCH, Bd. 28), Trier 2007, S. 53–69.

Pragmatisch & Kompakt

Gattung und Form

Viele Texte sind in einer etablierten literarischen Form oder Gattung verfasst. Literarische Gattungen folgen bestimmten (zeitgebundenen und kulturell variierenden) Konventionen und wecken damit bei den Lesenden (sowohl bei der zeitgenössischen Leserschaft als auch bei heutigen Forschenden) Erwartungen, die entweder bedient oder auch (bewusst oder unbewusst) unterlaufen werden können. Daher ist zu fragen: Ist das Werk in einer etablierten Gattung verfasst? Welche Merkmale sind gattungstypisch? Was sagt die Gattung über den „Sitz im Leben" des Textes? Die beiden letzten Fragen werden am besten mit Hilfe von Sekundärliteratur beantwortet. An die Quelle selbst sind dann spezifische Fragen zu stellen: Welche Signale an die Leserschaft sind mit der Wahl der Gattung (und ggf. mit Abweichungen von der Norm) verbunden? Werden sie vom Text eingehalten oder irritiert? Welche Aussage- und Wirkabsichten verbinden sich damit?

Anwendungsbeispiel

Martin Luther, „Von guten Werken"

Historischer Kontext

Im Jahr 1520 spitzte sich der Prozess der römischen Kurie gegen Martin Luther zu. Im Juni wurde die Bulle *„Exsurge Domine"* ausgestellt, die Luthers Lehre verurteilte, den Bann androhte und Luther eine Frist von 60 Tagen zum Widerruf einräumte. Nach einem diplomatischen Hin und Her zwischen der Kurie und dem Kurfürsten Friedrich dem Weisen wurde die Bannandrohungsbulle im Herbst rechtskräftig publiziert. Nach weiteren diplomatischen Interventionen verbrannte Luther im Dezember im Beisein von Studenten ein Druckexemplar der Bannandrohungsbulle, eine Ausgabe des *Corpus Iuris Canonici* (der Sammlung des geltenden kirchlichen Rechts) und weitere Schriften seiner Gegner. Luther wähnte sich in einem existentiellen Kampf auf Leben und Tod.

In diesem turbulenten Jahr, in dem sich die Lehrverurteilung abzeichnete, verfasste Luther mehrere Schriften, die seine reformatorische Theologie und kirchliche Reform in klaren Konturen umfassen. Dabei ragen drei Publikationen heraus, die heute gerne als „reformatorische Hauptschriften" bezeichnet werden: In der Schrift „An den christlichen Adel deutscher Nation von des christlichen Standes Besserung" (Frühsommer 1520) wandte er sich gegen die Unterscheidung zwischen Geistlichen und Laien, gegen den Primat der päpstlichen Lehrgewalt in der Auslegung der Schrift und schließlich gegen den päpstlichen Anspruch, ein Konzil einzuberufen. Die zweite Schrift mit dem Titel *„De captivitate Babylonica ecclesiae praeludium"* (Spätsommer 1520) lehnt die Verweigerung des Laienkelchs, die Transsubstantiationslehre und den Opfercharakter der Messe ab, um dann die eigene Sakramentslehre zu entfalten. In der dritten Schrift „Von der Freiheit eines Christenmenschen" (Herbst 1520) behandelt Luther die christliche Existenz und legt dar, wie der rechtfertigende Glaube und gute Werke, Glauben und Handeln zusammenhängen.

Innere Ausgestaltung

Die Schrift „Von guten Werken" entstand im Frühjahr 1520 und behandelt die Voraussetzung von guten Werken, die Luther im Glauben bestimmt: „Das erste vnd hochste aller edlist [alleredelste] gut werck/ist der glaube in Christum [...]" (DDStA 1, 108,9f.). Das erste Gebot des Dekalogs: „Du sollst keine anderen Götter haben" (Exodus 20,3), kann einzig der Glaube erfüllen. Glaube ist Vertrauen und Zuversicht des Herzens auf Gottes Wohlwollen zu jeder Zeit. Aus diesem existentiellen Akt des Vertrauens, aus der Bewegung der Zuversicht hin allein auf Gott fließen alle anderen Werke (DDStA 1, 118,12–38).

Gliederung und Inhalt

Die Schrift wird inhaltlich in einfacher Weise durch den Dekalog gegliedert: Der Reihe nach behandelt Luther die einzelnen Gebote, die ihm zugleich als Überschriften dienen. Innerhalb dieser einzelnen Abschnitte gliedert er mit einfacher Zählung, was den inneren Gedankengang unterstützt. Luther unterscheidet die ersten drei Gebote der ersten Tafel, welche die Beziehung zwischen Gott und Menschen behandeln, während die übrigen sieben Gebote der zweiten Tafel die Beziehungen unter den Menschen betreffen. Aus den Geboten folgen die entsprechenden Werke, wobei auffällt, dass Luther die Gebote affirmativ aufnimmt: Das erste Gebot, keine anderen Götter zu verehren, bringt den exklusiven Anspruch der Verehrung des einzigen Gottes zum Ausdruck, dem allein der Glaube nachkommen kann. Oder das zweite Gebot, den Namen Gottes nicht zu missbrauchen, ruft die Verehrung von Gottes Namens hervor. Die einzelnen Gebote behandelt Luther ausführlich. Die Auslegung zum dritten Gebot, an den Sabbattag zu denken und ihn zu heiligen, wird zu einer kleinen Abhandlung über die *praxis pietatis*, die Frömmigkeit des Gläubigen. Im ersten Gebot werde gefordert, wie das Herz sich gegenüber Gott verhalten, im zweiten, wie der Mund sich gegenüber Gott mit Worten äußern, und schließlich im dritten, wie die Gläubigen sich mit Werken gegenüber Gott verhalten sollen (DDStA 1, 158,37–160,1). Luther behandelt die Abendmahlfeier, die Predigt, eingehend das Gebet, den Sonntag als Ruhetag, auch das gute Begehen des Feiertages etwa durch richtiges Fasten. Die guten Werke, die aus dem dritten Gebot hervorgehen, sollen nichts anderes sein als „ein vbung vnd treiben des ersten gebottis", das heißt ein Einüben von Glaube, Vertrauen, Zuversicht, Hoffnung und Liebe zu Gott, damit das erste Gebot „in allen geboten/der heubtman vnd der glaub das heubtwerck vnd leben/aller anderer werck sey, on welchen (wie gesagt) sie nit gut mugen seyn" (DDStA 1, 168,11–16). Wie schon bei den ersten drei Geboten der ersten Tafel geht Luther auch für die übrigen Gebote auf der zweiten Tafel von einer Rangfolge aus. Aus dem vierten Gebot, Vater und Mutter zu ehren, könnten wir lernen, dass es nach „den hohen wercken der ersten drey gebot" keine besseren Werke gebe als Gehorsam gegenüber allen vorgesetzten Obrigkeiten (DDStA 1, 200,30–35). Damit weitet Luther das Gebot stark aus und behandelt nicht allein das Verhalten gegenüber den leiblichen Eltern, sondern auch gegenüber der geistlichen Mutter, gemeint ist die Kirche, der weltlichen Obrigkeit und gegenüber häuslichen und beruflichen Vorgesetzten. Zu erwähnen bleibt, dass die Ausführlichkeit der Behandlung der Gebote abnimmt, sodass die letzten zwei Gebote, die Begierden nach leiblicher Lust und weltlichen Gütern, nur noch summarisch in einem kurzen Abschnitt vorkommen. Trotzdem wird ersichtlich, dass Luther mit der Auslegung des Dekalogs eine kleine praxisbezogene Ethik vorlegt und damit zugleich die theologischen Topoi „Rechtfertigung" und „Heiligung" einander zuordnet.

Literarische Gattung

Welche äußere Form, welche Gattung liegt hier vor? Zunächst ergibt sich aus der inneren Ausgestaltung, dass es sich um eine ausführliche Interpretation des Dekalogs handelt. Auch die äußere Gestalt ist umfangreich und umfasst 58 Blätter in Quart (WA 6, 197). Offenbar hatte Martin Luther während einer Predigt einen *sermo de bonis operibus* in Aussicht gestellt, woran ihn Georg Spalatin im Februar 1520 brieflich erinnerte. Während der Arbeit schrieb Luther an Spalatin im März, es werde wohl weniger ein *sermo* als vielmehr ein *libellus,* und das Buch werde nach seiner Einschätzung zum Besten von allem, was er bisher herausgegeben habe (WA 6, 196). Luther hatte also zu Beginn der Arbeit einen *sermo* im Blick und sah unter der Arbeit, dass die Schrift umfangreicher wurde und zu einem kleinen Buch, einem „Büchlein" *(libellus),* anwuchs. Tatsächlich hatte Luther bis Ende 1519 eine ganze Reihe kleiner Schriften im Umfang von 4 bis 12 Blättern verfasst, die er selbst als „Sermone" bezeichnete. Diese Flugschriften erschienen oft in deutscher Sprache, waren klar aufgebaut und einfach gegliedert (mit Ordnungszahlen wie „zum Ersten") und behandelten ein Thema in gut verständlicher sprachlicher Form. So erschienen Flugschriften zu Ablass und Gnade (1518), Betrachtung des Leidens Christi (1519), ehelichem Stand (1519), Gebet und Prozession in der Kreuzwoche (1519), Vorbereitung auf das Sterben (1519), zum Sakrament der Buße (1519), Sakrament der Taufe (1519), Sakrament des Leibes Christi (1519), zum Bann (1520) oder zur Messe (1520). Die grundlegenden Inhalte christlichen Lebens und Glaubens wurden so in einer anspruchsvollen Elementarisierung durchbuchstabiert. Die Bezüge zur Predigt liegen auf der Hand. Die Resonanz auf diese Schriften war enorm. Und zu Recht wurde auf den „erbaulichen" Charakter dieser Form hingewiesen (Bernd Moeller, Johannes Schilling). „Von guten Werken" zeigt durch die innere Ausgestaltung und durch die Äußerungen des Autors, dass die Schrift von der Gattung der „Sermone" herkommt und sich unter der Hand weiterentwickelt zu einem „Büchlein", zu einer umfangreicheren Abhandlung. Der Anspruch, einem breiteren Publikum in verständlicher Form eine christliche Lebenshaltung aus Glauben darzulegen, ist geblieben. Thematisch bestehen Bezüge zur Abhandlung „Von der Freiheit eines Christenmenschen". Für beide Schriften wurden enge Bezüge zu Passagen der 2. Psalmenvorlesung aufgezeigt (im Druck seit 1519), in der Luther zunehmend seine reformatorische Theologie entwickelte. Auch in der umfangreicheren lateinischen Abhandlung zu den Sakramenten in *„De captivitate Babylonica ecclesiae praeludium"* fließen die Sermone zu den Sakramenten ein. „Von guten Werken" erschien schon 1521 auch in lateinischer Übersetzung. Die Schrift gehört in den Gesamtzusammenhang der Entwicklung und Ausformulierung der reformatorischen Theologie Martin Luthers.

Interpretation

Obwohl in Editionen und der Forschungsliteratur immer wieder vom „Sermon von den guten Werken" die Rede ist, benennt Luther selbst seine Publikation nicht so.

Die Abhandlung überschreitet den Umfang im Vergleich zu den vorausgehenden „Sermonen" eindeutig, wie Luther selbst feststellte. Und doch zeigt sich die analoge formale Vorgehensweise wie in den kürzeren „Sermonen". Luther war schon früh Prediger und Lehrer zugleich und sollte es bis zu seinem Tod bleiben. 1511 kam Luther nach Wittenberg und predigte zuerst im Augustinerkloster und seit 1514 in der Stadtkirche. 1512 zum Doktor der Theologie promoviert, lehrte er zugleich als Professor an der Universität. Beide Tätigkeiten spiegeln sich auch in seiner publizistischen Tätigkeit wider, zunächst in seinen „*Sermones*" und später auch in seinen umfangreicheren Abhandlungen, die eine theologische Tiefenschärfe erreichen und zugleich in einer klaren, elementarisierenden Form die Erkenntnisse darlegen.

Literatur

D. Martin Luthers Werke. Kritische Gesammtausgabe, Bd. 6, Weimar 1888, S. 196–201: Einleitung, S. 202–276: Von den guten werckenn.

D. Martin Luthers Werke. Kritische Gesammtausgabe, Bd. 9, Weimar 1893, S. 226–229: Einleitung, S. 229–301: Luthers Handschrift des Sermons von den guten Werken, 1520.

Martin Luther: Deutsch-Deutsche Studienausgabe (DDStA), Bd. 1, hg. v. Dietrich Korsch, Leipzig 2012, S. 101–253: Von den guten Werken, 1520 (Wolf-Friedrich Schäufele).

Reinhard Schwarz: Luther (Die Kirche in ihrer Geschichte, Bd. 3/Lfg. I), Göttingen 1986, S. 90–94, 4., durchges. Aufl. Göttingen 2014, S. 107–112.

Volker Leppin: Martin Luther, Darmstadt ^{3}2017 (2006), S. 151–164.

IV. Die innere Ausgestaltung des Textes

Analyse und Synthese

Bei der Untersuchung der inneren Ausgestaltung einer Quelle geht es darum, den Aussagegehalt, den Charakter und die Wirkabsicht zu bestimmen. Dabei wird nicht nur nach dem Inhalt gefragt, also *was* der Text besagt, sondern auch nach der Art und Weise, *wie* Inhalte vermittelt werden. Es geht also um eine möglichst genaue Analyse einzelner Aspekte im Text bzw. in ausgewählten Textabschnitten, welche für die eigene Fragestellung besonders relevant sind. Das Wort „analysieren" kommt vom griechischen Verb ἀναλύειν und bedeutet „auflösen". Der Text wird in einzelne Strukturelemente zerlegt und nacheinander unter verschiedenen Aspekten „auseinandergenommen", bevor die Ergebnisse in einem zweiten, synthetischen Schritt miteinander verknüpft und im Blick auf die Fragestellung ausgewertet werden. (Das griechische Wort σύνθεσις bedeutet „Zusammensetzung, Zusammenfügung" und ist damit der Komplementärbegriff zu ἀνάλυσις, „Auflösung").

Relevanz

Analyse und Interpretation der inneren Ausgestaltung einer Quelle ist oft der aufwendigste, aber auch der spannendste und fruchtbarste Arbeitsgang der historisch-theologischen Forschung. Denn hier darf und muss sehr konkret und intensiv und so selbstständig wie möglich am Text gearbeitet werden. Exegetisch ausgebildete und interessierte Theolog:innen sind hier in ihrem Element. Sekundärliteratur sollte in erster Linie dazu dienen, die eigenen Beobachtungen und Interpretationen (etwa die eigene Gliederung) an anderen zu spiegeln oder Hintergrundinformationen zu eigenen Beobachtungen (etwa zur Bedeutung eines im Text entdeckten Wortfeldes) zu erhalten.

Auswahl

Die Auswahl der Textpassagen und Methodenschritte hängt dabei von der Fragestellung bzw. dem Erkenntnisinteresse ab [↗ Fragestellung und Interesse, Zweiter Teil III.], und die damit erzielten Erkenntnisse dienen zur Beantwortung der Fragestellung und zur Formulierung neuer, verfeinerter und weiterführender Fragen. Damit sich die Interpretation jedoch nicht im Kreis dreht, muss sichergestellt sein, dass die analytischen Beobachtungen selbst auch unabhängig vom eigenen Erkenntnisinteresse plausibel sind. Ob also beispielsweise ein bestimmtes semantisches Feld im Text vorkommt und wie prominent es ist - darüber müssen sich Ausleger:innen verständigen und einigen können, auch wenn sie den Text mit unterschiedlichen Fragestellungen im Kopf analysieren. Die Beobachtungen zu Syntaktik, Semantik und verarbeiteten Traditionen haben also eine größere „Objektivität" als Aussagen zu Tendenzen und Pragmatik einer Quelle. Letztere können und müssen sich im Diskurs als intersubjektiv plausibel erweisen [↗ Intersubjektive Plausibilität, Erster Teil IV.].

Relevanz und Problematik von „Tendenzen"

Quellenkritik

In der traditionellen historischen Quellenkritik werden die hier vorgestellten Methodenschritte häufig unter dem Begriff „Tendenzkritik" zusammengefasst. Damit verbindet sich die Vorstellung, dass Quellen mit den individuellen Akzentsetzungen, Absichten und Urteilen ihrer Urheber:innen gewissermaßen „kontaminiert" sind. Die Aufgabe von Historiker:innen besteht dann darin, diese Tendenzen zu durchschauen und kritisch zu bewerten, um zu soliden Aussagen über die „historische Wahrheit" zu gelangen (siehe Markschies, S. 121–132). Ob die Tendenzen einer Quelle problematisch und daher in der historischen Arbeit zu überwinden sind oder gerade im Gegenteil das Hauptinteresse der Arbeit bilden, lässt sich jedoch nur von Fall zu Fall unter Berücksichtigung der eigenen Fragestellung entscheiden.

Erkenntnisinteressen: Ereignisse und Strukturen

Bei Forschungsfragen zu historischen Tatsachen, Personen, Ereignissen, Zusammenhängen oder Strukturen muss vor allem bestimmt werden, wie zuverlässig die Angaben sind, die eine Quelle macht. Welche Akzentsetzungen werden vorgenommen, was wird betont, was verschwiegen? Lassen sich bestimmte Positionen und Werthaltungen im Text erkennen, die für die Darstellung des Geschehenen relevant sein könnten? Welchen Einfluss haben diese auf die Glaubwürdigkeit der Quelle? Bei dieser Frageperspektive kommt es also darauf an, Urteile und Absichten der Darstellung zu durchschauen, um sozusagen hinter ihnen, unter Absehung davon zum Aussagegehalt der Quelle vorzudringen. Besonders aufschlussreich ist hier oft der Vergleich verschiedener Quellen, weil erst aus der – zunächst vielleicht verwirrenden – Vielfalt der Perspektiven auf ein historisches Ereignis eine plausible Rekonstruktion des Geschehenen erstellt werden kann.

Vorstellungen und Ideen

Wenn die Fragestellung hingegen auf die Rekonstruktion von Vorstellungen oder theologischen Ansichten und Ideen zielt, sind die Akzentsetzungen und Tendenzen gerade der Gegenstand des Interesses. Hier kommt es darauf an zu verstehen, welche Gedanken ein Text seinen Lesern auf welche Weise vermittelt. Die Analyse der inneren Ausgestaltung der Quelle dient in diesem Fall in erster Linie dazu, die sprachlichen und gedanklichen Tiefenschichten des Textes zu ergründen. In diesem Fall muss nicht „hinter" die Absichten und Intentionen zurückgefragt werden – es sei denn, um Erkenntnisse über die Autorin und das Zielpublikum zu erhalten.

Originalsprachen und Übersetzungen

Umgang mit Übersetzungen

Idealerweise wird die sprachliche Ausgestaltung eines Textes in der Originalsprache untersucht oder zumindest überprüft. Sofern die Forschenden der Ausgangssprache zumindest ansatzweise mächtig sind, sollten zumindest die genauer analysierten Textstücke auch im Original gelesen werden. Ist dies nicht möglich, sei es aus Unkenntnis der Quellensprache oder weil der Text nur in Übersetzungen verfügbar ist, dann sollten die Methodenschritte jeweils im Bewusstsein für die Problematik von Übersetzungen vollzogen werden. Dies gilt besonders für die Analyse der Syntaktik auf der Ebene einzelner Sätze und für die Untersuchung der Semantik, weil es im Übersetzungsvorgang unvermeidlich ist, dass die Logik und die Regeln der Ausgangssprache verlassen und die der Übersetzungssprache übernommen werden (müssen). Aber auch davon abgesehen sind Übersetzungen immer schon ein Vorgang kreativer Rezeption und Transformation [↗ Rezeption, Dritter Teil V.2]. Denn im Übersetzungsvorgang wird der Text in ein neues sprachliches und damit kulturell geprägtes Zeichensystem – und damit auch in neue Lebens-, Wahrnehmungs- und Denkkontexte – übertragen.

„Close reading", „wide reading", „distant reading"

Textlinguistische Analysen spielen in den exegetischen Disziplinen der Theologie eine herausragende Rolle. In der Historischen Theologie, die es nicht mit wenigen und relativ kurzen kanonischen Texten, sondern mit einer großen Fülle an oftmals umfangreichen Quellen zu tun hat, sind sie nicht in gleicher Weise zentral. Dennoch kann es lohnend sein, einzelne Textpassagen, die für die Beantwortung der eigenen Fragestellung zentral sind, sehr detailliert zu analysieren. Häufig können bestehende Forschungsthesen oder auch landläufige Meinungen über bestimmte Autor:innen mittels genauer Analysen zu Syntaktik, Rhetorik, Semantik und Traditionsgebrauch auf sehr plausible Weise überprüft, weiterentwickelt, relativiert oder sogar falsifiziert werden.

Close Reading und Wide Reading

In der Literaturwissenschaft hat sich für die möglichst präzise, allen sprachlichen Details, Bedeutungsnuancen und Effekten nachspürende Lektüre von Textpassagen der Begriff „close reading" eingebürgert. Diese Methode, bei der Hunderte Seiten von Sekundärliteratur zu wenigen Sätzen einer Quelle geschrieben werden können, wurde im Kontext des New Criticism seit der Mitte des 20. Jahrhunderts vor allem von englischen und französischen Wissenschaftler:innen entwickelt. Im Grunde genommen wurzelt dieses exakte Lesen, das intensive Abklopfen des Textes auf alle in ihm befindlichen Dimensionen und Sinnebenen, im Umgang mit kanonischen und heiligen Schriften. Insofern integriert „close reading" viele Elemente, die in der Schriftexegese seit Jahrhunderten etabliert sind. Komplementär dazu wurden sowohl in der Exegese heiliger Texte als auch in den Literaturwissenschaften Methoden des „wide reading" entwickelt. Diese zielen darauf, größere Zusammenhänge in den Blick zu nehmen, Kompositionsstrukturen zu erfassen und den Text in seine literarischen Kontexte einzubetten.

Distant Reading

Als Gegenkonzept zum „close reading" des New Criticism hat der italienische Literaturwissenschaftler Franco Moretti erstmals im Jahr 2000 vom „distant reading" gesprochen. Dabei geht es darum, große Textmengen im Blick auf bestimmte Aspekte, etwa die Häufigkeit des Vorkommens bestimmter Wörter, zu durchsuchen. Vor allem mit automatisch durchsuchbaren digitalen Texten und Suchfunktionen können große Quellenbestände durchforstet und Entwicklungen über lange Zeiträume erkannt werden. Das „distant reading" ist ein Meilenstein in der noch jungen Geschichte der Digital Humanities, weil hier neue wissenschaftliche Fragestellungen aufgrund von und im Dialog mit neuen technischen Möglichkeiten entwickelt wurden.

Anwendung

Für die historisch-theologische Arbeit können alle drei Leseperspektiven von großem Wert sein. Entscheidend ist auch hier wieder die Fragestellung: „Distant reading" bietet sich an, wenn ein historisches Ereignis aus möglichst allen verfügbaren Quellen rekonstruiert oder wenn die Bedeutung einer bestimmten theologischen Lehre anhand der Häufigkeit von spezifischen Schlagworten wie etwa „Rechtfertigung" (*iustificatio*) ermittelt werden soll. „Close reading" ist relevant, wenn der spezifische Blickwinkel oder die konkrete theologische Position einer einzelnen Quelle im Fokus ist. Die folgenden Ausführungen zielen eher auf ein „close reading", wenngleich für bestimmte Aspekte, etwa den Umgang mit Traditionen oder auch die Analyse von semantischen Feldern, Elementen und Methoden des „wide" und „distant reading" ebenfalls relevant sein können.

Literatur

Franco Moretti: Conjectures on World Literature, in: New Left Review, Bd. 1 (2000). https://newleftreview.org/issues/ii1/articles/franco-moretti-conjectures-on-world-literature

Peter Wenzel: New criticism, in: Metzler-Lexikon Literatur- und Kulturtheorie: Ansätze – Personen – Grundbegriffe, hg. v. Ansgar Nünning, 5. aktual. und erw. Aufl., Stuttgart/Weimar 2013, S. 562–565.

IV.1 Syntaktik: Die Struktur des Textes

Wortbedeutungen

„Text" ist ein deutsches Lehnwort aus dem Lateinischen: *textus* bedeutet ursprünglich „Gewebe, Geflecht, Gefüge". In der Syntaktik (von griechisch σύνταξις = Zusammenstellung, Anordnung) wird untersucht, wie der Text gedanklich und sprachlich zusammengefügt, nach welchen Mustern er gewoben wurde. Welche Erzählabläufe, Argumentationsgänge, Sinnlinien und Leitthemen gibt es? Sind sie eher typisch für die literarische Gattung oder eher spezifisch für diesen konkreten Text [↗ Gattung, Dritter Teil III.5]? Welche Hinweise geben sie auf Autor- und Leserschaft? Die Syntaktik kann auf verschiedenen Ebenen untersucht werden: für den gesamten Text (Makroebene), für einzelne besonders interessante Abschnitte (Mesoebene) und für einzelne Sätze (Mikroebene).

Argumentativ-diskursiv oder narrativ-erzählend

Eine Grundunterscheidung, die für alle weiteren Schritte der Textinterpretation, vor allem aber für die Strukturierung wichtig ist, betrifft den allgemeinen Charakter der Quelle: Es ist zu bestimmen, ob es sich um einen argumentativ-diskursiven oder um einen narrativ-erzählenden Text - oder um eine Mischung aus beidem handelt.

Makroebene: Gliederung

Auf der Makroebene geht es in der Syntaktik zunächst darum, die Struktur des gesamten Textes in Form einer Gliederung darzustellen. Manche Texte sind bereits vom Autor bzw. der Autorin gegliedert und mit Abschnittsüberschriften versehen. In diesem Fall muss keine eigene Gliederung erstellt, aber die vorgegebene Gliederung sorgfältig nachvollzogen werden. Aber nicht immer stammen die Abschnittsüberschriften in Quelleneditionen oder -übersetzungen von den Autor:innen selbst. Häufig wurden sie auch von den Herausgeber:innen einem ursprünglich nicht gegliederten Text zugefügt. Daher ist bei jeder Quellenausgabe zu prüfen, ob die Überschriften der Abschnitte von der Autorin oder vom Herausgeber stammen. Nur im ersten Fall erübrigt sich die Erstellung einer eigenen Gliederung.

Forschungsliteratur

Für Texte, die nicht bereits eine Gliederung enthalten, bieten häufig die Einleitungen zu Quelleneditionen eine Gliederung, oder eine Edition präsentiert den Text bzw. die Übersetzung sogar mit Abschnittsüberschriften der Herausgeber:innen. Es ist aber zu empfehlen, diese nicht einfach unkritisch zu übernehmen - einerseits, weil die Erstellung einer eigenen Gliederung zur intensiven Arbeit mit dem Text selbst zwingt und es ermöglicht, in die Struktur des Textes einzusteigen; andererseits, weil jede Gliederung auch schon eine Interpretation ist. Außerdem ist eine eigene Gliederung eine solide Grundlage für die Entscheidung, welche Textabschnitte genauer analysiert werden sollen. Für die Gliederung können Erkenntnisse über die literarische Gattung hilfreich sein, weil manche Gattungen eine feststehende Textstruktur aufweisen [↗ Gattung, Dritter Teil III.5].

Beispiel: Ein antikes Briefformular

Beispiel

Form	Inhalt/Funktion	Merkmal
Präskript – *Superscriptio* – *Adscriptio* – *Salutatio*	 Angabe der Absenderin Angabe des Adressaten Gruß	 Meist sehr knapp in einem Satz
Proömium	Wunsch, Dank an Götter, evtl. *captatio benevolentiae*	Stereotype Formulierungen
Corpus	Anlass, Anliegen, Inhalt und Aussage des Briefes	Typische Wendungen und Formeln zum Anlass, zum Brief als Ersatz für persönliche Gegenwart (Fernanwesenheit)
Epilog	Wiederholung/Verstärkung des Anliegens Besuchswunsch	
Postskript	Grüße – an Adressaten – an Dritte – von Dritten	Grußformeln – „Ich grüße dich" – „Grüße du NN" – „Es grüßt dich"

In diesem Fall müssen die Textteile nur der gattungstypischen Struktur zugewiesen werden.

Gliederungssignale

Es gibt aber auch im Text selbst Signale, welche für die Gliederung genutzt werden können. In erzählenden Texten sind das beispielsweise Wechsel von Ort und Zeit oder Personen, in argumentativen Texten Wort oder Wortgruppen, die einen Gedankengang strukturieren. Wie grob oder fein die Gliederung ausfällt, hängt vom Text selbst, aber auch von der Fragestellung ab. In jedem Fall sollte für die einzelnen Abschnitte eine aussagekräftige Überschrift (oder ein kurzer Satz) formuliert werden. Diese Überschrift kann entweder den wesentlichen Inhalt oder die Funktion eines Textabschnittes oder auch - sofern bekannt - eine etablierte, gattungstypische Form anzeigen. In manchen Fällen ist es auch sinnvoll, alle diese Aspekte in einer Übersicht miteinander zu verbinden.

Gliederungsarten

Eine Gliederung sollte die unterschiedlichen Ebenen im Text sichtbar machen. Dies kann auf verschiedene Weise visualisiert werden.

Nummerierung

(1) Entweder durch ein Nummerierungsraster mit Überschriften:

1. Hauptabschnitt
   1.1. Unterabschnitt
      1.1.1 Unter-Unterabschnitt
      1.1.2 Unter-Unterabschnitt
   1.2. Unterabschnitt
   1.3. Unterabschnitt
      1.3.1 Unter-Unterabschnitt
      1.3.2 Unter-Unterabschnitt
2. Hauptabschnitt
   2.1. Unterabschnitt
   2.2. Unterabschnitt
   2.3. Unterabschnitt

usw.

Strukturierung

(2) Oder durch Skizzierung der logischen Struktur:

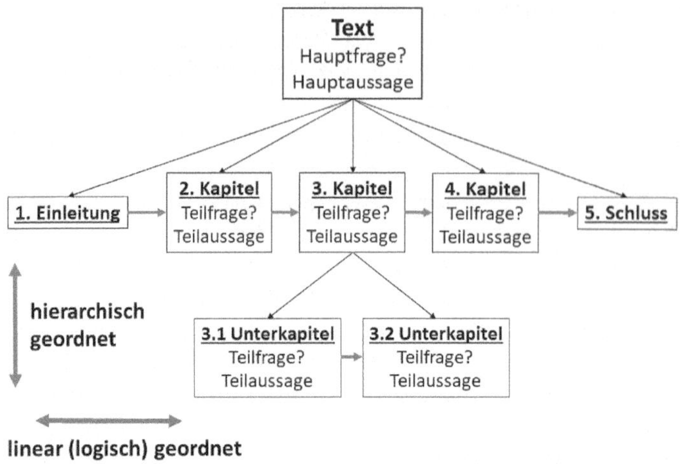

Frank Simon, 2023: https://www.learn-study-work.org/about-me-links/

(3) Oder mit einem frei gezeichneten Mindmap, welches die narrativen bzw. argumentativen Vernetzungen veranschaulicht:

Mindmap

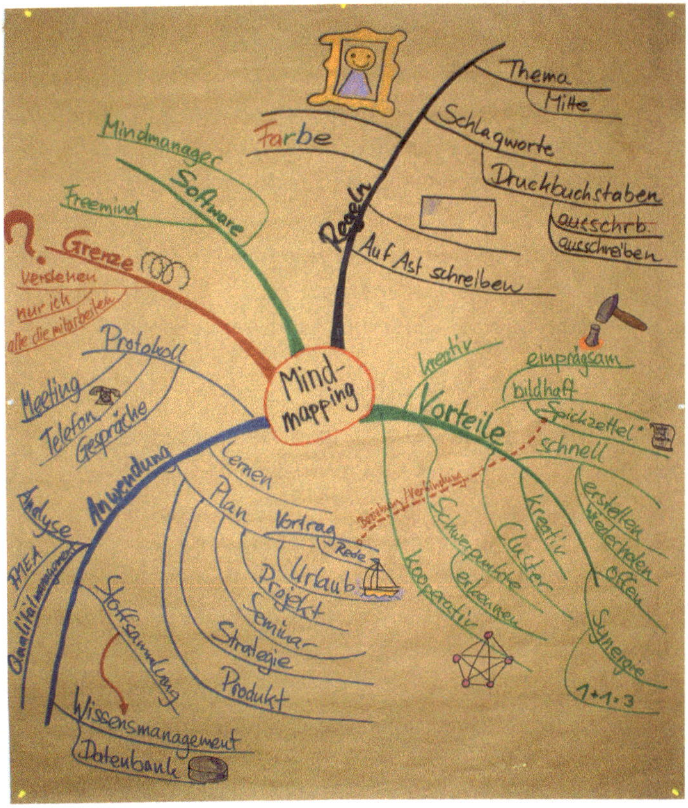

Mindmap: Markus Bärlocher, Mindmap zum Thema Mindmapping, 2008 (https://de.wikipedia.org/wiki/Datei:Pinwand-Mindmap.jpg)

Welche Art der Darstellung gewählt wird, hängt von der Eigenart des Auswahltextes und von den eigenen Präferenzen ab.

Auswahl

Folgendes Vorgehen empfiehlt sich für das Erstellen einer Gliederung:

1. Lektüre des gesamten Text(abschnitt)s und Markierung der Signale im Text, die für die Gliederung sinnvoll sein könnten (leserlenkende Bemerkungen, bestimmte Wörter, Wechsel von Zeit, Ort oder Personen etc.).
2. Definition der einzelnen Abschnitte, Formulierung aussagekräftiger Überschriften. Diese können inhaltlicher oder funktionaler Natur sein, aber es sollte ein einheitliches System gewählt werden.
3. Entscheidung für ein Ordnungssystem (Nummerierung, Strukturskizze, Mindmap).
4. Erstellen der Gliederung.
5. Vergleich mit anderen Gliederungsvorschlägen für denselben Text, z.B. aus Einleitungen zu Editionen oder aus der Forschungsliteratur und gegebenenfalls Revision.

Mikroebene: Analyse von Satzstrukturen

Syntaktische Analyse

Auf der Mikroebene werden im Rahmen der Syntaktik Satzstrukturen und ihre einzelnen Bestandteile analysiert. Welche Satz- und Wortarten, welche grammatischen Formen, welche Verbmodi kommen gehäuft, welche vielleicht gar nicht vor? Besteht der Text aus einfachen oder aus komplexen Satzgebilden mit vielen Ergänzungen? Treten Frage- oder Imperativsätze auf? Welche Rolle spielen direkte und indirekte Rede? Mit welchen Konjunktionen werden die Sätze verknüpft? Und welche Wirkung erzeugt das alles beim Lesen?

Die Beantwortung dieser Fragen kann einerseits wertvolle Einsichten in das Funktionieren des Textes und andererseits Hinweise auf den Bildungshintergrund von Autor:in und intendierter Leserschaft geben. Sie kann auch helfen, Erzählmuster oder Argumentationsgänge besser zu verstehen.

Der literarische Kontext

Literarische Analyse

Schließlich ist für die relevanten Textpassagen der größere literarische Kontext zu bestimmen. Handelt es sich um ein eigenständig überliefertes Werk, so können wir fragen, wie es sich in das Gesamtwerk des Autors oder der Autorin (sofern diese bekannt sind) einreiht. Ist es ein Früh- oder ein Spätwerk (sofern die Datierung feststeht)? Ist es in einer bestimmten, biographisch-theologisch geprägten Lebensphase entstanden (sofern die Vita bekannt ist)?

Wenn der betrachtete Quellentext ein Teil aus einem größeren Werk ist, sollte eruiert werden, in welche größere Einheit der Textabschnitt eingebunden ist. Für narrative Texte ist zu fragen: Was wird vorher, was nachher erzählt? Welche Auswirkungen hat das zuvor Berichtete auf das Verständnis des Textes? Bei argumentativen Passagen ist wichtig zu klären, ob ein in sich geschlossener Argumentationsgang vorliegt. Falls ja: Welche argumentative Funktion kommt ihm in der Gesamtkomposition zu? Falls nicht: Welche Gedanken werden vorausgesetzt, welche nicht zu Ende geführt?

Pragmatisch & Kompakt

Syntaktik

Die Syntaktik untersucht den Aufbau des Textes und seiner Teile, um Argumentationsgänge oder Erzählmuster besser zu verstehen: Welche narrative oder argumentative Struktur hat der Text? Wo sind Brüche? Gibt es Wort- oder Satzkonstruktionen, die auffallend häufig vorkommen? Auf der Makroebene kann eine Gliederung des Textes erstellt werden. Typische Merkmale von Gattungen oder Signale im Text selbst (formal: Nummerierungen oder inhaltlich: Wechsel der Themen) können dabei helfen. Während auf der Mesoebene einzelne Abschnitte analysiert werden, behandelt die Mikroebene die Satzstrukturen und ihre einzelnen Bestandteile. Welche Teile in welcher Genauigkeit syntaktisch untersucht werden, hängt von der Fragestellung für die eigene Forschung ab.

Anwendungsbeispiel

Die „*Pia desideria*" von Philipp Jakob Spener

Kontext der Entstehung der Schrift

Der Text mit der abgekürzten Titelbezeichnung „*Pia Desideria*" wurde als „Programmschrift" (Erich Beyreuther) oder als „*magna charta*" (Kurt Aland) des (lutherischen) Pietismus bezeichnet. Er erschien erstmals 1675 und war als „Vorrede" einer Predigtsammlung Johann Arndts vorangestellt. Der Frankfurter Verleger Johann David Zunner gab Arndts „Postilla", die erstmals von 1616 bis 1620 in vier Teilen erschienen war, neu heraus. Philipp Jakob Spener hatte auf Bitten Zunners die „Vorrede" in kurzer Zeit abgefasst (Spener, Werke, I/1, 88,29–90,4). Die Neuausgabe der Predigtsammlung erschien zur Frankfurter Frühjahrsmesse. Die „Vorrede" umfasste ursprünglich 28 Folioseiten und erlangte eine unerwartet hohe Resonanz. Sie kam daher schon zur Herbstmesse des gleichen Jahres als Separatdruck heraus unter dem Titel „Pia desideria: Oder Hertzliches Verlangen/Nach Gottgefälliger Besserung der wahren Evangelischen Kirchen" (I/1, 86,1–6). Das Vorwort, das Spener zu dieser Ausgabe verfasste und das die Vorgeschichte erläutert, ist mit dem 8. September 1675 datiert, das Titelblatt der Ausgabe führt allerdings das Jahr 1676 (I/1, 86, 22 und 102,19; siehe auch die Einführung, S. 64–67).

Formale Gliederung durch den Autor

Vorwort und Schrift sind zwar deutlich voneinander unterschieden. Allerdings setzte Spener sonst keine Zwischentitel. Der Verfasser gliederte den Text in einzelne, teilweise kurze Abschnitte. Zudem wurden Textteile in größeren Lettern gesetzt, etwa zitierte Bibelverse, Personennamen und Titel von Werken oder wichtige Stichworte, die den Text inhaltlich ordnen. Sie sind in der Edition gesperrt gedruckt. Dieses kleingliedrige Vorgehen erschwert den Überblick über die ganze Schrift. Es führt kein Weg daran vorbei, den ganzen Text zu lesen, einzelne Abschnitte inhaltlich zu charakterisieren, um sich dann an die Gliederung insgesamt heranzutasten. Dabei können Vorarbeiten aus Editionen oder aus der Sekundärliteratur hilfreich sein (vgl. die Übersicht in Spener, Werke, I/1, 58–64). Wer den Text als Ganzes liest, kann drei Hauptteile erkennen:

Inhaltliche Gliederung

(1) Im ersten Hauptteil nimmt Spener die „zeichen der zeiten" (I/1, 102,25) wahr und beschreibt den erbärmlichen Zustand der evangelischen (lutherischen) Kirchen, die zwar die rechte Lehre, Wort und Sakrament noch besitzen (I/1, 104,20–25; 110,5–7), geistlich aber im Elend sind (I/1, 106,5–7). Diesen Zerfall zeigt Spener an den drei Ständen, dem weltlichen Stand der Obrigkeit, dem geistlichen Stand der Prediger mit ihrer Theologie und schließlich dem dritten Stand, den lutherischen Christen in den Gemeinden, die alle drei im Leben verderbt sind. Der erste Hauptteil schließt mit einer zusammenfassenden Wendung, wonach dieser Zustand der äußeren Gestalt der Kirche mit betrübten Augen gesehen werde, einer wahren und in der Lehre reinen Kirche (I/1, 156,34–36). Damit ist zugleich das Ende des ersten Hauptteils inhaltlich deutlich markiert.

(2) Im folgenden Hauptteil erwähnt Spener die Juden und die Katholiken, die beide im Unglauben verharren und durch die elenden evangelischen Kirchen darin bestärkt werden. Doch Gott hat einen besseren Zustand seiner Kirchen auf Erden versprochen, was sich an den biblischen Verheißungen in der Heiligen Schrift sehen lässt (I/1, 176,26–28). Die Verheißung des Paulus im Römerbrief (11,25f.), wonach ganz Israel selig werde, stehe noch aus. Und auch das päpstliche Rom, das durch die Reformation Martin Luthers einen „merckliche[n] stoß" (I/1, 174,15f.) erhalten habe, werde fallen, sodass die Verheißung der Offenbarung (18 und 19) ganz erfüllt sein werde (I/1, 172,26–174,20).

(3) Im dritten Hauptteil macht Spener sechs Vorschläge, die zur Verbesserung des Zustandes der Kirchen beitragen sollen. Diese Reformvorschläge nummeriert Spener ausdrücklich durch. (a) Als Erstes schlägt Spener vor, „das Wort GOttes reichlicher unter uns zu bringen" (I/1, 192,34f.). (b) Zum anderen nennt er „die auffrichtung und fleisige übung deß Geistlichen Priesterthums" (I/1, 202,24f.), das mehr beachtet werden müsse. (c) Es folgt der Hinweis, dass es im Christentum mit dem Wissen nicht genug sei, „sondern es vielmehr in der praxi bestehe" (I/1, 208,17f.). (d) Als vierten Punkt lehnt er die konfessionellen Streitigkeiten ab und wirbt demgegenüber für Gebet, Vorbild und Bekennen. (e) Das Theologiestudium müsse einer Reform unterzogen werden, wobei die Theologieprofessoren Vorbilder werden müssten. Theologie bezeichnet Spener als *„habitus practicus"* (I/1, 240,5f.), wo alles auf die Praxis des Glaubens und Lebens ausgerichtet sei. (f) Als sechsten und letzten Punkt nennt Spener die Predigt, die der Erbauung dienen müsse.

Inhaltliche Benennung der Gliederung

Diese dreiteilige Gliederung wird von Spener nicht explizit vorgeschlagen, doch bietet sie sich inhaltlich als plausible Strukturierung an. Johannes Wallmann nennt als zusammenfassende Stichworte für die drei Hauptteile die Bezeichnungen (1) „Diagnose", (2) „Prognose" und (3) „Mittel zur Besserung" (Wallmann, Pietismus, S. 80). Diese Terminologie, die den dritten Teil auch mit „Therapie" benennen kann (Haizmann, Pia Desideria, S. 572), ist dem medizinischen Alltag entliehen und stammt in dieser Form nicht von Spener selbst. Auch Martin Brecht spricht von drei Teilen (Brecht, Spener, S. 304), ohne allerdings diese Terminologie aufzunehmen.

Untergliederung

Verwirrend kann bei der Durchsicht sein, dass die Hauptteile selbst teilweise wiederum gegliedert und mit arabischen Ziffern ausgezeichnet sind. So nennt Spener zum ersten Reformvorschlag, das Wort Gottes müsse wieder stärkere Beachtung finden, drei Punkte. Da die Gemeinde durch die Perikopenordnung nicht die ganze Schrift vernehmen könne und Zugang nur zu den im Gottesdienst ausgelegten Texten habe, „noch zu gedencken stehet/ob nicht der Kirchen wol gerathen wäre/wann nebens den gewöhnlichen Predigten über die verordnete Text noch auff andere weiß die leute weiter in die Schrifft geführet würden" (I/1, 194,33–196,1). Zu diesen anderen Formen der Begegnung mit dem „Wort Gottes" führt Spener dann die drei Punkte aus: (1) Die private Lesung der Heiligen Schrift selbst, vor allem des Neuen Testaments, im Haus durch den Hausvater (I/1, 196,1–12). (2) Die öffentliche Lesung ganzer biblischer Bücher in der Gemeinde, entweder ohne weitere Erklärung oder mit kurzen Zusammenfassungen. Die wäre vor allem für Leute wichtig, die nicht oder nicht gut lesen können oder keine Bibel besitzen (I/1, 196,13–20). (3) Neben den offiziellen Gottesdiensten schlägt Spener „auch andere versammlungen" vor, „wo nicht einer allein aufftrette zu lehren/(welches zu andernmahlen bleibet) sondern auch andere/welche mit gaben und erkantnuß begnadet sind/jedoch ohne unordnung und zancken/mit darzu reden/und ihre gottselige gedancken über die vorgelegte Materien vortragen/die übrige aber darüber richten möchten" (I/1, 196,23–30). Dabei bezieht er sich auf „die alte Apostolische art der Kirchen versammlung", wie sie Paulus vorgesehen habe (1. Kor. 14). Spener beschreibt dann, wohl mit den Erfahrungen, die er in Frankfurt schon gesammelt hatte, wie er sich diese Versammlung vorstellt: Die Mitglieder kommen zusammen, nehmen die Heilige Schrift, lesen daraus vor, besprechen brüderlich jede Stelle und was an ihr zur Erbauung dient (I/1, 198,3–6).

Inhaltliche Gewichtung

Dieser dritte Punkt, der ganz unscheinbar neben den anderen Punkten steht und in keiner Weise herausgehoben ist, enthält den eigentlichen explosiven Inhalt. Bisher war der Ort der Verkündigung des Evangeliums der offizielle Gottesdienst in der öffentlichen Kirche. Und das Monopol der Auslegung der Heiligen Schrift lag allein beim Pfarrer auf der Kanzel. Spener schlägt jetzt neben diesem offiziellen Ort ein neues Gefäß vor, in dem eine Gemeinschaft die Heilige Schrift liest und gemeinsam auslegt. Während die ersten beiden Punkte die Gepflogenheiten der Verkündigung nicht wirklich tangieren, ist es der dritte Punkt, der deutlich über den Usus der Zeit hinausgeht. An dieser Stelle sind die *„collegia pietatis"*, ist die *„ecclesiola in ecclesia"* zu situieren. Und an dieser Stelle werden die Bruchlinien zwischen der offiziellen Kirche mit dem kirchlichen Pietismus und den sich separierenden Gemeinden verlaufen, die sich nur noch in den Konventikeln treffen wollen und die offiziellen Gottesdienste meiden.
Dieser Punkt kann nur inhaltlich herausgearbeitet werden. Spener hebt ihn weder durch die Darstellung mit Titeln noch inhaltlich mit sprachlichen Mitteln hervor. Diese inhaltliche Bewertung bleibt eine Angelegenheit der Interpretation.

Literatur

Die Werke Philipp Jakob Speners. Studienausgabe, in Verbindung mit Beate Köster hg. v. Kurt Aland, Bd. I: Die Grundschriften, Teil 1, Gießen/Basel 1996.

Philipp Jakob Spener: Pia Desideria. Deutsch-Lateinische Studienausgabe, hg. v. Beate Köster, Gießen/Basel 2005 (Sonderausg. aus: Spener, Werke, I/1, S. 85–257).

Johannes Wallmann: Der Pietismus, 2., unver. Aufl., Göttingen 2019 (2005).

Martin Brecht: Philipp Jakob Spener, sein Programm und dessen Auswirkungen, in: Der Pietismus vom siebzehnten bis zum frühen achtzehnten Jahrhundert, hg. v. Martin Brecht (Geschichte des Pietismus, Bd. 1), Göttingen 1993, S. 278–389.

Albrecht Haizmann: Pia Desideria, in: Lexikon der theologischen Werke, hg. v. Michael Eckert/Eilert Herms/Bernd Jochen Hilberath/Eberhard Jüngel, Stuttgart 2003, S. 572f.

IV.2 Stil und Rhetorik: Die Redekunst im Text

Ein narrativer Text will nicht nur Inhalte vermitteln, sondern sein Publikum auch unterhalten. Ein argumentativer Text soll nicht allein durch die logische Kraft der Argumente, sondern auch durch deren sprachliche Präsentation überzeugen. Von dem römischen Dichter Horaz stammt der Ausspruch: „Die Dichter wollen entweder nützen oder unterhalten oder zugleich Erfreuliches und Nützliches über das Leben sagen" (Ars poetica 333: *Aut prodesse volunt aut delectare poetae aut simul et iucunda et idonaea dicere vitae*).

Anspruch und Wirklichkeit

Das gilt auch für Texte christlicher Autor:innen, obwohl im Christentum seit der Antike das Ideal der einfachen Sprache hochgehalten wurde. Die „Sprache der Fischer", das einfache Volksgriechisch (die sog. Koine), in der die Schriften des Neuen Testaments abgefasst sind, war für viele gelehrte christliche Autoren seit der Antike zugleich ein Ideal und ein Stein des Anstoßes. Die Polemik spätantiker Christen gegen die ausgefeilte Sprache der rhetorisch gebildeten „Heiden" kommt allerdings fast immer selbst in rhetorisch kunstvollem Kleid daher. Diese paradoxe Spannung zwischen Form und Inhalt bezweckt eine Botschaft an die gebildete Leserschaft: „Wir halten zwar das Ideal der schlichten Sprache hoch, können aber mit dem Bildungs- und Sprachniveau der gesellschaftlichen Elite durchaus mithalten!"

Identifikation und Interpretation

Die Untersuchung der rhetorischen Stilmittel erfolgt am besten in den beiden Schritten Identifikation und Interpretation. Für die Identifikation ist die unten stehende Zusammenstellung klassischer Stilmittel dienlich. Bei der Interpretation ist nach der (intendierten oder erzielten) Wirkung der Stilmittel zu fragen, wobei sich hier Spiel- und Diskussionsräume eröffnen.

Wirkung

Während beim Umgang mit Traditionsgut vieles unbewusst bzw. ohne eine spezifische Absicht der Autor:innen in den Text einfließt [↗ Traditionen, Dritter Teil IV.4], können wir im Allgemeinen davon ausgehen, dass rhetorische Stilmittel bewusst eingesetzt werden. Die Wirkung, die Autor:innen durch ihren Gebrauch erzielen, ist dabei – wiederum im Unterschied zum Umgang mit Traditionsgut – unabhängig davon, ob die Lesenden das Stilmittel erkennen. Viele Texte funktionieren jedoch nach dem Prinzip der doppelten Lesbarkeit: Sie erzielen rhetorisch bestimmte Wirkungen auf die gesamte Leserschaft, und stiften darüber hinaus eine Art Gemeinschaft mit der gebildeten Leserschaft, welche die rhetorischen Finessen erkennt und den Autor darin als „ihresgleichen" erfährt.

Identifikation und Interpretation rhetorischer Stilmittel

Effekte

Bis in die Gegenwart hinein nehmen wir wahr, dass die rhetorischen Stilmittel der Antike prägend und daher für die Analyse von Texten hilfreich sind. Ihre Wirkung kann hingegen kontextuell unterschiedlich sein. Die unmittelbaren Wirkungen (Effekte), die ein Text mit der Verwendung von rhetorischen Stilmitteln erzielen möchte, lassen sich nach folgenden Aspekten unterscheiden und beschreiben:

ästhetisch

Ästhetischer Effekt: Die sprachliche Schönheit eines Textes ruft ein positives Leseerlebnis hervor. Umgekehrt kann ein Text, der unter dem sprachlichen Anforderungsniveau seiner intendierten Leserschaft bleibt, auch Unwillen erzeugen und riskieren, nicht zu Ende gelesen zu werden.

didaktisch

Didaktischer Effekt: Viele Stilmittel fördern die Merkbarkeit des Gesagten.

argumentativ

Unterstützung der Argumentation: Die Art der Präsentation verstärkt die positive oder negative Wirkung und damit die Überzeugungskraft der Argumente.

persönlich

Bewunderung des Autors: Viele Autoren hoffen wohl schlicht auch auf den Bewunderungseffekt, der sich beim Lesen eines kunstvoll gestalteten Textes bei der Leserschaft einstellen soll.

Welche Wirkung ein Stilmittel bzw. die Häufung von Stilmitteln im konkreten Fall hat, muss jeweils unter Berücksichtigung der inhaltlichen Aussagen und des literarischen Kontextes bestimmt werden. Die folgende Übersicht stellt die häufigsten rhetorischen Stilmittel seit der klassischen Antike zusammen und benennt mögliche Wirkabsichten.

Übersicht über klassische rhetorische Stilmittel

Dieser Tabelle liegt eine Übersicht über wichtige Stilfiguren im Neuen Testament bei Finnern/Rüggemeier, S. 123-125, zugrunde, die wir an manchen Stellen verändert haben.

Bezeichnung	Erklärung	Beispiel	Mögliche Absicht/Wirkung
Klangfiguren			
Alliteration	Mehrere aufeinanderfolgende Wörter beginnen mit demselben Buchstaben.	Knackende Knochen, schwimmende Schwäne	ästhetisch, didaktisch (Merkbarkeit)
Anapher	Mehrere aufeinanderfolgende Sätze beginnen mit demselben Wort.	„*Wer soll nun* die Kinder lehren und die Wissenschaft vermehren? *Wer soll nun* für Lämpel leiten seines Amtes Tätigkeiten?" (W. Busch)	ästhetisch, didaktisch (Merkbarkeit)
Homoioteleuton	Mehrere aufeinanderfolgende Wörter haben denselben Endlaut.	Mitgeg*angen*, mitgef*angen*, mitgeh*angen*. Klein, aber fein.	ästhetisch, didaktisch (Merkbarkeit)
Paronomasie	Mehrere nahe beieinand erstehende Wörter haben einen ähnlichen Klang.	„Vom Volk der Dichter und Denker zu dem der Richter und Henker." (Karl Kraus)	ästhetisch, didaktisch (Merkbarkeit)
Figuren des Ersetzens (Tropen)			
Allusion	Anspielung	Das ist seine Achillesferse.	didaktisch
Chiffre	Verschlüsselte Redeweise	„Schwarze Milch der Frühe" (Paul Celan)	Interesse
Contradicto in adiecto	Widerspruch zwischen Nomen und beigefügtem Adjektiv	ein stummer Schrei	Verstärkung der Emotion, Irritation
Euphemismus	Anstößige Begriffe werden durch andere ersetzt.	„einander erkennen" für Geschlechtsverkehr; „die Entschlafenen" für „die Toten"	Minderung der Emotion
Hyperbel	Sprachliche Übertreibung	Er weinte ein Meer aus Tränen.	Verstärkung der Emotion
Ironie	Der Text meint eigentlich das Gegenteil von dem, was er vordergründig sagt.	Das ist ja eine schöne Bescherung!	Irritation

Bezeichnung	Erklärung	Beispiel	Mögliche Absicht/Wirkung
Figuren des Ersetzens (Tropen)			
Litotes	Eine Aussage wird durch die Verneinung ihres Gegenteils ausgedrückt.	Ich will nicht verschweigen, dass ...	Aufmerksamkeit
Metapher	Ein Wort bzw. eine Wortgruppe wird aus seinem ursprünglichen Zusammenhang herausgenommen und als Bild für etwas anderes verwendet.	Der kreative Kopf des Projekts.	Aufmerksamkeit
Metonymie	Ein begriffliches Konzept steht für ein anderes, das ihm verwandt ist.	Lasst uns ein Glas trinken.	Aufmerksamkeit
Paradoxie	Eine scheinbar widersprüchliche Aussage.	ein kleiner Riese	Aufmerksamkeit
Pars pro toto	Ein Teil steht für das Ganze.	Konstantin eroberte Rom.	Merkbarkeit
Personifikation	Abstrakte Dinge oder Begriffe werden wie Personen dargestellt.	Die Vorsehung meinte es gut mit ihnen.	Verstärkung
Pluralis auctoris	Autor:in spricht von sich im Plural.	Wir kommen nun zur Schlussfolgerung.	Integration der Leserschaft
Figuren des Weglassens			
Ellipse	Eigentlich notwendige Wörter im Satz werden weggelassen.	Erst die Arbeit, dann das Vergnügen. (hier fehlt das Verb)	Unterhaltung, Aufmerksamkeit
Anakoluth	Die begonnene Satzkonstruktion wird abgebrochen und eine neue begonnen.	Sie flüchteten und – Gott! Du sahst ihre Not.	Aufmerksamkeit, Mitgefühl
Rhetorische Frage	Eine Frage, bei der die Antwort bereits impliziert ist.	Habe ich es nicht gleich gesagt?	Stärkung der Argumentation
Figuren des Hinzufügens			
Figura etymologica	Zwei Wörter im Satz gehören demselben Wortstamm an.	Kämpft den guten Kampf!	Verstärkung der Aussage
Hendiadyoin	Dieselbe Bedeutung wird durch zwei verwandte Begriffe ausgedrückt.	nie und nimmer Feuer und Flamme	Verstärkung der Aussage
Parenthese	Ein Satz wird unterbrochen, um eine weitere Aussage einzuschieben.	Eines Tages – es war im Mai des Jahres 1497 – schneite es ganz unerwartet.	Aufmerksamkeit, Abwechslung
Pleonasmus	eschreibung eines Sachverhalts mit mehreren Wörtern, die dasselbe bezeichnen.	Gratisgeschenk, ein weißer Schimmel	Verstärkung der Emotion

Bezeichnung	Erklärung	Beispiel	Mögliche Absicht/Wirkung
Figuren des Hinzufügens			
Repetitio	Wiederholung eines Wortes oder Satzteils	Mein Gott, mein Gott, warum hast du mich verlassen?	Verstärkung der Emotion
Tautologie	Dieselbe Bedeutung wird mit identischen Begriffen ausgedrückt.	Gesagt ist gesagt. Gott ist Gott.	Verstärkung der Aussage
Figuren der Anordnung			
Chiasmus	Satzteile werden über Kreuz angeordnet.	„Ach Gott! die Kunst ist lang und kurz ist unser Leben." (Johann Wolfgang Goethe)	Merkbarkeit Verstärkung
Inclusio	Ein Wort bzw. ein Satz kommt am Anfang und am Ende einer Sinneinheit vor und bildet so deren Rahmen.	*Entbehren* sollst du! [...] Du sollst *entbehren*!	Verstärkung
Klimax Antiklimax	Steigerung in Form einer Kettenreihung	veni, vidi, vici (zugleich eine Alliteration) Die Welt, das Land, die Stadt habe ich verloren.	Verstärkung
Parallelismus – synthetisch – antithetisch	Zwei Sätze sind parallel konstruiert und besagen entweder beide dasselbe (synonymer und synthetischer Parallelismus) oder aber das Gegenteil (antithetischer Parallelismus).	Weit war der Weg, lang war die Wanderung. Der Herr ist mein Hirt, mir wird nichts mangeln. Heiß ist die Liebe, kalt ist der Tod.	Merkbarkeit Verstärkung

Captatio benevolentiae

Ein seit der Antike beliebtes Stilmittel ist die *captatio benevolentiae*, wörtlich das „Haschen um das Wohlwollen" des Publikums. Autor:innen werben, häufig zu Beginn eines Textes, um die Gunst der Leserschaft. Vermutlich stammt diese rhetorische Figur aus der mündlichen Rede. Häufig werden die Leser:innen direkt angesprochen, der Autor bekennt, eigentlich nicht die richtige Person für die übernommene Aufgabe zu sein oder weist auf Zeitknappheit und widrige Umstände bei der Arbeit an seinem Werk hin. Wichtig ist, sich bewusst zu machen, dass derartige Bekundungen auf das Wohlwollen der Leserschaft abzielen oder auch auf den inneren Widerspruch gegen die vom Autor geäußerten Bedenken gegen seine eigene Kompetenz. Aussagegehalt und historische Glaubwürdigkeit von *captationes benevolentiae* sind daher mit Vorsicht zu betrachten. Allerdings sollten sie auch nicht pauschal als rein topisch abgetan werden, da sie durchaus auch Informationen über die Autorin und die Abfassungsumstände enthalten können.

Literatur

Horaz, Ars poetica 333: Quintus Horatius Flaccus: Opera, hg. v. David Roy Shackleton Bailey, 4. Aufl., Stuttgart 2001 (1985).

Sönke Finnern/Jan Rüggemeier: Methoden der neutestamentlichen Exegese. Ein Lehr- und Arbeitsbuch, Tübingen 2016.

Pragmatisch & Kompakt

Stil und Rhetorik

Die Wirkung eines Textes wird nicht nur durch den Inhalt, sondern wesentlich durch die Art der Rede, den Sprachstil, bestimmt. Der Stil kann einerseits allgemein mit Adjektiven beschrieben werden (z. B. nüchtern, sachlich, engagiert, schwülstig). Die Wirkung eines Textes wird aber auch durch die Verwendung konkreter rhetorischer Stilmittel erzeugt. Welche etablierten Redeweisen und Stilmittel prägen den Text? Welche Arten der Leserlenkung sind damit verbunden? Viele rhetorischen Figuren sind sehr alt und haben sprachlich und kulturell übergreifende Wirkung. Bei der Analyse ist dennoch darauf zu achten, dass die beabsichtigte Wirkung unter Berücksichtigung der zeitgenössischen (und nicht unserer heutigen) rhetorischen Konventionen gedeutet wird. Außerdem ist zu beachten, dass manche rhetorische Stilmittel nur in der Originalsprache funktionieren und in Übersetzungen verloren gehen, während andere Effekte (z. B. die Alliteration) womöglich nur in der Übersetzung auftauchen. Daher ist die Konsultation des Originaltextes in jedem Fall erforderlich, wenn rhetorische Stilmittel als Argument in der Ausdeutung eines Textes verwendet werden sollen.

Anwendungsbeispiel

Huldrych Zwingli an König Franz I. von Frankreich

Kontext der Schrift

Im Jahr 1525 erschien die Abhandlung *„De vera et falsa religione commentarius"* im Druck. Nachdem Zwingli in seinen „Vßlegen vnd gründ der schlussreden oder Articklen" schon im Jahr der ersten Zürcher Disputation 1523 mit der Auslegung und Begründung seiner 67 Thesen („schlussreden") eine Zusammenfassung seiner reformatorischen Erkenntnisse in deutscher Sprache vorgelegt hatte, folgte die entsprechende lateinische Schrift, die noch stärker nach theologischen Themen gegliedert und in stetiger Auseinandersetzung mit der etablierten kirchlichen Lehre (wahre und falsche *religio*) die eigene reformatorische Theologie darlegte.

Widmungsschreiben

Zwingli widmete diese Schrift keinem Geringeren als dem König von Frankreich, Franz I., und wusste durchaus, was er tat. Geschickt nimmt er in der Eröffnung des Widmungsbriefs die zeitgenössische Gewohnheit auf, Schriften an möglichst hochgestellte Persönlichkeiten zu widmen, um sie zu kritisieren: Es sei unverschämt, wenn jeder aus dem Volk sich den vornehmsten Christen unter dem Vorwand aufdränge, es handle sich bei der gewidmeten Schrift um das christliche Bekenntnis.

Bescheidenheit und Ehrerweisung

Damit situiert er sich selbst implizit zunächst bei den einfachen Leuten und hebt den Widmungsempfänger, den er als „allerchristlichsten König von Frankreich" (*„Christianissimus Galliarum rex"*) anspricht, als höchstgestellte Persönlichkeit hervor. Allerdings nimmt er sich danach von Kritik aus: Er begründet seinen Vorwurf der Anmaßung damit, dass mit den Widmungen christlichen Repräsentanten aufgedrängt werde, was nicht wirklich christlicher Einsicht entspringe. Und natürlich gilt dieser Vorwurf nach Zwinglis Selbstverständnis nicht für die eigene Schrift. Im weiteren Verlauf lobt Zwingli den König weiter. Weil der König als umsichtig, freigebig und gütig gerühmt werde, habe er auf diese Menschlichkeit vertraut und ihm den *„Commentarius"* gewidmet.

Captatio benevolentiae

Das Lob des Königs verbindet Zwingli danach mit dem eigenen Werk: Weil der König den Titel des Allerchristlichsten führe, musste Zwingli auch seine – nach eigener Einschätzung – allerchristlichste Schrift ihm widmen. Und weil das französische Volk von alters her als besonders gottesfürchtig (*religiosus*) bekannt sei – implizit wiederum ein Kompliment auch an den König –, musste der *Commentarius* über die wahre und falsche Religion dem König gewidmet werden. Das Lob des Königs und damit das Werben um Wohlwollen instrumentalisiert Zwingli, um sein eigenes Werk, die Widmungsgabe, als der Ehre des Königs entsprechend einzuführen. Die Komplimente an den Widmungsempfänger, die vordergründig mit der Bescheidenheit des Widmungsstellers eingeführt werden, dienen letztlich der höchsten Empfehlung der vorliegenden Schrift. Die *captatio benevolentiae* umfasst zwar Ehrerweisung an den Widmungsempfänger und Bescheidenheitsbekundung des Widmungsstellers, doch „dreht" Zwingli die Achse so, dass die eigene Schrift im Licht des Widmungsempfängers erstrahlt und dadurch ein nicht unbescheidener Anspruch des Widmungsstellers sichtbar wird. Die gerne vorgegebene Bescheidenheit gegenüber dem ranghohen Widmungsempfänger wendet sich in einen kaum verdeckten Anspruch des Autors.

Instrumentalisierung der captatio benevolentiae

Wird mit dem verdeckten Eigenlob nicht das eigentliche Anliegen der *captatio benevolentiae*, nämlich das Wohlwollen des Widmungsempfängers zu erlangen, behindert? Da das Wohlwollen der gesamten Leserschaft gewonnen werden soll (und der Widmungsempfänger die Schrift möglicherweise überhaupt nicht liest), können kunstvolle und auch kecke Widmungsschreiben die Aufmerksamkeit und die Gunst der Leserschaft durchaus erlangen. Zwingli bietet jedenfalls seine ganze humanistische Beredsamkeit auf, um die humanistisch gebildete Leserschaft in Frankreich für die Schrift einzunehmen.

Die Widmung der Schrift an den französischen König ist höchst absichtsvoll. Wie erwähnt, gab es in Frankreich humanistische Kreise, und König Franz I. war diesen nicht abgeneigt. Zwingli, der selbst mit humanistischen Kreisen um Erasmus von Rotterdam verbunden war, versuchte bei diesen Kräften anzuknüpfen. Mit dem kunstvoll aufgebauten Widmungsbrief zeigte Zwingli seine Gelehrsamkeit, die wahre und falsche Religion zum Nutzen Frankreichs und des Königs darlegen konnte.

Literatur

Huldreich Zwinglis sämtliche Werke, hg. v. Emil Egli/Georg Finsler/Walther Köhler, Bd. 3, Leipzig 1914, S. 590–627: Einleitung, S. 628–912: De vera et falsa religione commentarius.

Huldrych Zwingli: Schriften, hg. v. Thomas Brunnschweiler/Samuel Lutz, Bd. 3, S. 31–452: Kommentar über die wahre und die falsche Religion, S. 457–477: Anmerkungen.

Martin Sallmann: Zwischen Gott und Mensch. Huldrych Zwinglis theologischer Denkweg im De vera et falsa religione commentaris (1525) (Beiträge zur historischen Theologie, Bd. 108), Tübingen 1999, S. 4–14: Widmungsbrief.

IV.3 Semantik: Die Zeichenwelt des Textes

Bedeutung und Relevanz

Während in Syntaktik und Rhetorik das Augenmerk auf den sprachlichen Formen liegt, nimmt die Semantik die Bedeutungsgehalte der Sprache in den Blick. Das Wort Semantik kommt vom griechischen Nomen σημεῖον für Zeichen bzw. dem Verb σημαίνειν für bezeichnen, etwas durch ein Zeichen kenntlich machen. In der semantischen Analyse fragen wir also nach der Beziehung zwischen Zeichengestalt und Zeichengehalt bei Wörtern, Sätzen und Texten. Welche Wortbedeutungen werden verwendet, um bestimmte Aussagen zu machen? Welche Wortbilder prägen den Text? Lassen sich semantische Felder bestimmen, bei denen sich verschiedene Begriffe und Wortarten um ein Thema gruppieren lassen? Gibt es durchgehende Sinnlinien, die den Text prägen? Aus welchem Bereich der Lebenswelt (Politik, Wirtschaft, Gesellschaft, Familie, Kultur, Frömmigkeit, Philosophie) stammen diese Wortfelder?

Wir hatten gesagt, in der Historischen Theologie gehe es darum, Inanspruchnahmen des Christlichen zu verstehen. Für dieses Verständnis sind die sprachlichen Sinngehalte und Bilder, mit denen die Quellen von den Taten und Gedanken der Menschen und ihrer Bezugnahmen auf Gott berichten, zweifellos zentral. Volker Leppin zufolge ist die Semantik sogar das Kerngeschäft der Kirchengeschichte bzw. der Historischen Theologie [↗ Zugänge zum Fach, Erster Teil I.].

Semantische Felder

Eine semantische Analyse wird am besten induktiv, das heißt von den Beobachtungen am Text ausgehend, durchgeführt. Dabei werden die prägenden Wörter im Text identifiziert, eventuell auch mit unterschiedlichen Farben markiert und dann in übergeordnete semantische Gruppen eingeteilt. Da es hier allein um die Bedeutung geht, können verschiedene Wortarten in eine Gruppe sortiert werden. Für jedes auf diese Weise erkannte Wortfeld sollte eine Überschrift gefunden werden, die auf alle einzelnen Wörter passt. Wenn die Wortfelder gefunden sind, kann nach Beziehungen zwischen diesen Feldern gefragt werden. Stehen sie im Text harmonisch nebeneinander, oder erzeugen sie eine Spannung? Lösen sie einander ab, oder tauchen sie miteinander verwoben auf? (Hierfür sind die Erkenntnisse zur Syntaktik beizuziehen.) Werden bestimmte Wortfelder bestimmten Personen, Ereignissen oder Ebenen zugeteilt? Was verraten die Wortfelder über die Inanspruchnahme des Christlichen in diesem konkreten Text?

Da jeder Text eine ganz eigene semantische Welt schafft, lässt sich die semantische Analyse am besten an einem konkreten Beispiel vorführen.

Pragmatisch & Kompakt

Semantik

Die semantische Analyse wendet sich den Bedeutungsgehalten der im Text verwendeten Wörter zu. In welcher Sprach- und Zeichenwelt bewegt sich der Text? Welche Motive und Sprachbilder treten besonders häufig auf? Welche zeit- oder gattungstypischen Elemente fehlen? Es empfiehlt sich, Wortfelder zu bestimmen und deren Verwendung im Blick auf Inhalt und Wirkung des Textes auszudeuten. Auch hier ist darauf zu achten, dass Bedeutungsgehalte sich verändern können und daher im Bewusstsein für den historischen und kulturellen Kontext der Quelle bestimmt werden müssen.

Anwendungsbeispiel

Mechthild von Magdeburg, „Das Fließende Licht der Gottheit"

Überlieferung

Das Werk der deutschsprachigen Mystikerin Mechthild von Magdeburg (ca. 1207/10–1282/94) ist nicht im Original erhalten. Die älteste überlieferte Textfassung findet sich in einer Handschrift der Klosterbibliothek Einsiedeln und ist eine um 1343/5 angefertigte Übertragung in die oberdeutsche Schreibsprache durch die sogenannten Basler Gottesfreunde. Obwohl dieser Text also fast ein Jahrhundert nach der Niederschrift des Werks durch Mechthild entstand und eine spätere Form des Deutschen präsentiert, sollte für die Untersuchung der Semantik mit diesem mittelalterlichen Text gearbeitet werden. Denn einige Aspekte kommen in der Übertragung in modernes Deutsch nicht zum Tragen.

Text

I.4. Von der hovereise der sele, an der sich got wiset

Swenne die arme sele kumet ze hove, so ist si wise und wol gezogen. So siht si ihren got vrœlichen ane. Eya, wie lieplich wirt si da enpfangen! So swiget si und gert unmesseklich sines lobes. So wiset er ir mit grosser gerunge sind gœtlich herze. Das ist gelich dem roten golde, das da brinnet in einem grossen kolefúre. So tuot er si in sin gluegendes herze. Alse sich der hohe fúrste und die kleine dirne alsust behalsent und vereinet sind als wasser und win, so wirt sie zu nihte und kumet von ir selben. Alse si nút mere mœgi, so ist er minnesiech nach ir, als er ie was, wan im gat zuo noch abe. Sp spichet si: „Herre, du bist min trut, min gerunge, min vliessender brunne, min sunne und ich bin din spiegel." Dis ist ein hovereise der minnenden sele, die ane got nút mag wesen.

Übersetzung

I.4 Von der Hofreise der Seele, bei der sich Gott offenbart

Wenn die arme Seele an den Hof kommt, ist sie verständig und von feiner Art. Voll Freude schaut sie ihren Gott an. Eia, wie liebevoll wird sie empfangen. Sie schweigt und begehrt unermesslich sein Lob. Da zeigt er ihr mit großem Verlangen sein göttliches Herz. Er gleicht dem roten Golde, das in einem großen Kohlenfeuer brennt. Und er legt sie in sein glühendes Herz hinein. Wenn sich der hohe Fürst und die geringe Magd so innig umarmen und vereint sind wie Wasser und Wein, dann wird sie zunichte und kommt von sich selbst [i.e.: kommt sich selbst abhanden]. Sobald sie nichts mehr vermag, ist er jedoch liebeskrank nach ihr, wie er es von jeher war, weil er weder zu- noch abnimmt. Dann spricht sie:

„Herr, Du bist mein Geliebter,
meine Sehnsucht,
mein fließender Brunnen,
meine Sonne,
und ich bin Dein Spiegel."

Dies ist eine Hofreise der liebenden Seele, die ohne Gott nicht sein kann.

Semantische Felder

Die folgenden semantischen Felder lassen sich im Text anhand zusammengehöriger Wörter identifizieren:

Wörter	hove – hovereise wol gezogen der hohe fúrste – die kleine dirne	lieplich enpfangen gert unmesseklich gluegendes hereze alsus behalsen und vereinet sint minnesiech min trut min gerunge minnende sele	roten golde brinnet grossen kolefúre gluegend sunne
Semantisches Feld	HÖFISCHES LEBEN	LIEBE/EROTIK/MINNE	LICHT/WÄRME

Syntaktik: Verben

Die Dynamik des Textes wird an den Verben deutlich, mit denen die Aktivität (oder vielmehr: die Passivität) der Seele beschrieben ist: Sie kommt, schaut, wird empfangen, schweigt, begehrt, wird zunichte, kommt sich abhanden, vermag nichts (kumet, siht, wirt enpfangen, swiget, gert, wirt ze nihte, kumet von ir selben) – um schließlich doch: zu sprechen (sprichet).

Rhetorik: Metaphern

Die wörtliche Rede der Seele enthält zudem drei Metaphern für die Beziehung zu Gott: Der „fließende Brunnen" (vliessender brunne) ist wohl von biblischer Sprache inspiriert (Hld 4,15; Joh 4,14; Offb 7,17, 21,6) – eine Beobachtung, die bei der Untersuchung verarbeiteter Traditionen vertieft betrachtet werden müsste [↗ Traditionen, Dritter Teil IV.4]. Ob dies auch für die Bezeichnung des Geliebten als „meine Sonne" (min sunne) zutrifft, wäre zu prüfen. Beide Metaphern kommen im gesamten Werk Mechthilds häufig vor und stehen für ihren Versuch, die überströmende Liebesbewegung Gottes in Worte zu fassen, von der die Seele der Mystikerin ergriffen und in die sie hineingenommen wird.

Stilmittel

Im unmittelbaren Kontext dieser Passage nimmt die Bezeichnung Gottes als „mine sunne" die bereits zuvor eingeführte Metapher vom roten Gold im Zentrum des Kohlenfeuers auf. Verstärkt wird die Wirkung noch dadurch, dass die drei Metaphern in der Originalsprache eine Paronomasie bilden: gerunge – brunne – sunne [↗ Stilmittel, Dritter Teil IV.2]. In der letzten Metapher – die menschliche Seele als „Spiegel" Gottes – wird die anthropologische Konsequenz der Vereinigung der Seele mit Gott verdichtet. Nachdem sie aus Liebe zu Gott sich selbst abhandengekommen und zunichte geworden ist, wird sie zum Spiegelbild Gottes. Für dieses

Sprachbild lässt sich keine biblische Vorlage ausmachen, es scheint der poetischen Kraft der Autorin entsprungen zu sein.

Autorschaft

Mechthild von Magdeburg gilt als erste Person überhaupt, die theologische Inhalte in deutscher Sprache niederschrieb. Sie war wahrscheinlich adliger Abstammung und daher mit der höfisch-ritterlichen Welt vertraut. Mit zwölf Jahren wurde sie ihrem eigenen Bericht zufolge zum ersten Mal „vom Heiligen Geist gegrüßt" (IV 2) und widmete sich fortan der Minne Gottes. Mit zwanzig Jahren verließ Mechthild ihr Elternhaus und lebte für ca. dreißig Jahre als Begine in Magdeburg – arm und unbekannt, aber immer wieder von Visionen und religiösen Offenbarungen heimgesucht. Nachdem sie diese Erfahrungen viele Jahre lang für sich behalten hatte, berichtete sie ihrem Beichtvater, dem Dominikaner Heinrich von Halle, davon. Dieser forderte sie auf, ihre Erlebnisse schriftlich festzuhalten. Heinrich redigierte und veröffentlichte die Aufzeichnungen Mechthilds in einem nicht mehr rekonstruierbaren Ausmaß, sodass eigentlich von einer Co-Autorschaft der Mystikerin und ihres Beichtvaters gesprochen werden müsste. Dass Mechthild ihren Lebensabend in einem Zisterzienserinnenkloster, höchstwahrscheinlich in Helfta, verbrachte, ist möglicherweise eine Reaktion auf das Aufsehen, welches ihre Schriften in Magdeburg erregten.

Historischer Kontext

Mechthild war nämlich nicht nur eine zurückgezogene Mystikerin, sie sparte auch nicht mit Kritik an den Zuständen der damaligen Kirche und der Orden. Nicht zufällig schloss sie sich der Bewegung der Beginen an, einer im 12. Jahrhundert rasch aufblühenden Bewegung von zumeist adligen Frauen, die ein gemeinschaftliches Leben in Armut und Gebet außerhalb der etablierten Ordensstrukturen führten. Sie lebten in unabhängigen sogenannten Beginenhöfen zusammen und widmeten sich jenseits der kirchlichen Kontrolle einem Leben in Gebet und diakonischem Engagement. Seit dem späten 13. Jahrhundert wurden Beginen von den kirchlichen Autoritäten verstärkt in die bestehenden, etablierten Klöster gedrängt und schließlich auch mehrfach offiziell verboten und verfolgt.

Interpretation

Unter Berücksichtigung dieses historischen Kontextes lassen sich die Beobachtungen zur Semantik ausdeuten: Mechthild beschreibt die mystische Gottesbegegnung in der Kulisse der in ihrer Lebenswelt selbstverständlichen höfischen Minne. Die menschliche Seele unternimmt eine „hovereise" zu ihrem Geliebten und präsentiert sich bei ihrer Ankunft „wohl erzogen" (wol gezogen). Allerdings findet ein Rollentausch der Geschlechter statt: Während in der weltlichen Minne ein Mann am Hof der adligen Frau erscheint und um sie wirbt, ist es hier die weibliche Seele, als „geringe Magd" (kleine dirne), die um den „hohen Fürsten" (hohe fúrste), Gott, wirbt. Bemerkenswert ist zudem die Gegenseitigkeit der Anziehungskraft: Die Seele „begehrt unermesslich" (gert unmesseklich), Gott ist „liebevoll", „glühenden Herzens", ja „liebeskrank" (minnesiech). Und während in der höfischen Minne oft die Ungewissheit im Blick auf die Erwiderung der Liebe durch die Verehrte thematisiert wird, spricht aus diesem Text eine erfüllte Sehnsucht. Die Geliebten umarmen und vereinen sich innig („alsust behalsent und vereinet") – beachte die erotisch-körperliche Sprache! –, sodass die Seele sich ganz in Gott verliert. Die weltliche Minne wird hier also auf die Beziehung zwischen Seele und Gott übertragen und dabei in mehrfacher Hinsicht überboten.

Literatur

Codex Einsidlensis Msc. 277 (Digitalisat: https://www.e-codices.unifr.ch/de/list/one/sbe/0277), zitiert nach: Mechthild von Magdeburg: ‚Das fließende Licht der Gottheit'. Nach der Einsiedler Handschrift in kritischem Vergleich mit der gesamten Überlieferung, hg. v. Hans Neumann, Bd. 1, Text besorgt von Gisela Vollmann-Profe, München/Zürich 1990, S. 10f.

Übertragung in modernes Deutsch, zitiert nach: Mechthild von Magdeburg: Das fließende Licht der Gottheit, 2. neubearb. Übersetzung mit Einführung und Kommentar von Margot Schmidt (Mystik in Geschichte und Gegenwart. Texte und Untersuchungen Abteilung I, Bd. 11), Stuttgart 1995, S. 14.

IV.4 Traditionen: Der Text als Netzwerk

Wenn Texte „Gewebe" (lateinisch: *textus*) sind, dann ist auch zu fragen, aus welchen Fäden und Stoffen diese Gewebe gemacht und wie die einzelnen Bestandteile miteinander verwoben sind. Fast jeder Text entsteht in Kenntnis von und Auseinandersetzung mit anderen Texten oder Wissensbeständen, die den Autor:innen entweder selbstverständlich oder besonders wichtig sind. Die Verarbeitung von solchem Traditionsgut kann sich sehr explizit oder auch gut versteckt im Text niederschlagen. Im ersten Fall, wenn explizit auf andere Texte oder Traditionen verwiesen wird, ist davon auszugehen, dass mit der Bezugnahme auf Traditionsgut eine bestimmte Absicht verbunden ist. Im zweiten Fall können wir durch die Identifikation und Interpretation von implizit vorhandenen Bezugnahmen die Sprach- und Denkwelt einer Quelle ausleuchten und daraus Rückschlüsse auf die Lebenswelt und den Bildungshintergrund der Autor:innen ziehen.

Theologumena

Auch für die wichtigsten Begriffe und Vorstellungen, die bei der Analyse der Syntaktik und Semantik zutage getreten sind, wird nun der „traditionsgeschichtliche" Hintergrund beleuchtet: Woher stammen die Begrifflichkeiten und Vorstellungen? Sind verbreitete Topoi der Philosophie-, Wirtschafts-, Sozial- oder Kulturgeschichte im Text verarbeitet? Finden sich traditionelle theologische Vorstellungen oder Redeweisen, sogenannte Theologumena?

Ebenso wichtig wie die Identifikation von Traditionsgut ist die Interpretation: Wie wird im Text mit den vorliegenden Traditionen umgegangen? Gibt es direkte Indienstnahmen, Umdeutungen oder Zurückweisungen? Werden verschiedene Traditionen im Text miteinander ins Gespräch gebracht?

Für die Identifikation und Interpretation von Traditionsgut ist es sinnvoll, unterschiedliche Grade von Präzision und Transparenz, und davon abgeleitet von Intentionalität im Umgang mit vorliegenden Texten zu unterscheiden. Hierfür können folgende Begriffe hilfreich sein:

- Ein *Zitat*, abgeleitet von lateinisch *citare* = herbeirufen, anführen, vor Gericht ziehen, ist eine als solche markierte, wortgetreue Übernahme eines Textstückes in den eigenen Text. In historischen Texten werden Zitate häufig nicht mit Anführungs- und Schlusszeiten markiert, sondern mit rahmenden Bemerkungen wie z. B.: „gemäß NN", „wie NN sagt", „steht doch schon in der Schrift …". Exakte Quellengaben sind bis ins 19. Jahrhundert hinein die Ausnahme. Zitat
- In einem *Referat*, von lateinisch *referre* = sich auf etwas beziehen, wird der Inhalt eines fremden Textes sinngemäß, aber nicht wörtlich wiedergegeben. Heute muss die referierte Quelle in wissenschaftlichen Texten unbedingt angegeben werden, anderenfalls handelt es sich um ein Plagiat und widerspricht der guten wissenschaftlichen Praxis. In historischen Texten waren die Regeln hierfür nicht so streng, sodass Referate nicht immer auf Anhieb als solche zu erkennen sind. Referat
- Eine *Referenz*, ebenfalls von lateinisch *referre* abgeleitet, ist ein expliziter Hinweis auf eine Gewährsperson oder eine Quelle, ohne dass der Referenztext selbst wiedergegeben wird, wie es im Zitat der Fall ist. Eine Referenz wäre etwa: „Wie bereits Platon in seiner Ideenlehre betont hat …", ohne dass dann ein konkretes Platon-Zitat folgt. Was folgt, ist vielmehr ein Referat: die Wiedergabe des wesentlichen Inhalts in eigenen Worten. Ob die folgende Aussage die Ideenlehre Platons dann wirklich zutreffend wiedergibt oder ob der Autor eher auf die Wirkung der Nennung seiner Autorität abzielt, ist eine Sache der Interpretation. Referenz
- Eine *Allusion*, von lateinisch *alludere* = anspielen, andeuten, eine Anspielung also, ist weniger explizit als Zitat und Referenz. Es handelt sich um mehr oder weniger präzise Andeutungen, die häufig für das Verständnis der Aussage verzichtbar wären, aber auf einen positiven Effekt bei denjenigen Leser:innen abzielen, die die Anspielung auf Traditionsgut als solche erkennen. Allusion

Intertextualität

Zitat, Referenz und Allusion können auf der Ebene einzelner Sätze oder kürzerer Textausschnitte identifiziert und interpretiert werden. Auf der Ebene eines vollständigen Textes oder größerer Abschnitte ist der Begriff der *Intertextualität* wichtig. Er wurde von der Literaturwissenschaftlerin Julia Kristeva geprägt, die im Jahr 1967 in einem Essay über den russischen Philosophen und Kulturwissenschaftler Michail Bachtin feststellte, dass jeder Text sich als „ein Mosaik von Zitaten" aufbaut. In der Intertextualität geht es also um die Beziehung zwischen dem zu interpretierenden Text und anderen Texten, die diesen geprägt haben. Julia Kristeva – die übrigens mit Roland Barthes, dem Autor des Essays „Der Tod des Autors" befreundet war [↗ Roland Barthes, Dritter Teil II.1] – entwickelte ihre Theorie der Intertextualität im Rahmen des Poststrukturalismus mit der Absicht, die Idee der Autorenintention abzulösen. Ihr radikales, ja ontologische Verständnis von Intertextualität hat sich in der historischen und auch in der bibelexegetischen Forschung nicht durchgesetzt. Dennoch hat sich die Frage nach der Intertextualität bewährt und immer wieder als fruchtbar erwiesen.

Wirkabsicht

Ein moderates Verständnis von Intertextualität versucht, die Autorenintention beim Umgang mit Traditionen stärker zu berücksichtigen und hebt auf die Wirkabsicht bei der Verwendung von Traditionsgut im Blick auf die Leserschaft ab. Intertextualität liegt demnach dann vor, wenn Autor:innen Intertextualität „markieren“, indem sie andere Texte in Form von Zitaten, Referenzen oder Allusionen bewusst in ihre Texte einflechten und auch davon ausgehen, dass die Leser:innen diese Bezüge erkennen und in ihr Verständnis des Textes einfließen lassen.

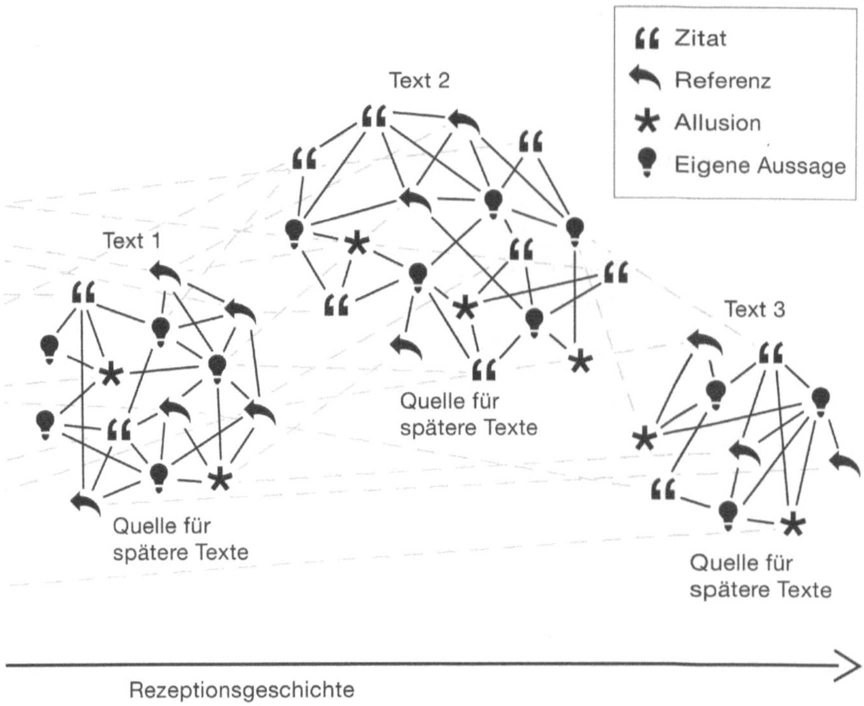

Grafik 3 Die meisten Texte enthalten neben den eigenen, originären Aussagen ihrer Autor:innen auch Gedanken oder ganze Passagen aus bereits vorliegenden Texten. Quellentexte können auf mehr oder weniger explizite Art zur Geltung kommen: als Zitat, als Referenz, als Allusion. Jeder Text kann zudem potentiell zu einer Quelle für andere, spätere Texte werden.

Bibel und Liturgie

Für viele christliche Quellen ist die Bibel der erste und wichtigste Referenztext, wobei der Umfang des Bibelkanons je nach christlicher Konfession variiert. Aber auch liturgische Texte haben in vielen Quellen ihre Spuren hinterlassen. Beides, Bibel und Liturgie, prägten die Sprach- und Denkwelt der christlichen Autor:innen bis weit in die Neuzeit hinein. Umso schwieriger ist es oft einzuschätzen, ob die Anklänge bewusst als ein Signal an die Leserschaft gesetzt wurden oder ob sie eher unbewusst in den Text eingeflossen sind. Gleiches gilt für die antike und jeweils zeitgenössische Philosophie oder für historische Werke, die beim Abfassen des eigenen Werks als Quellen gedient haben.

Quellenapparate

Für die Identifikation von Traditionsgut bieten die Quellenapparate in kritischen Editionen häufig sehr wichtige Informationen. Sie führen diejenigen Bibelstellen und Werke anderer Autor:innen auf, die von den Hersteller:innen der Edition anhand von semantischen und syntaktischen Übereinstimmungen als verarbeitetes Traditionsgut identifiziert wurden. Es ist aber zu beachten, dass diese in der Regel keine Aussagen darüber machen, um welche Art der Bezugnahme es sich handelt. Die Frage, ob ein Text oder Traditionsgut bewusst und mit einer pragmatischen Absicht im Blick auf die Leserschaft eingespielt wurde oder nicht, ist eine Sache der Interpretation und damit der plausiblen Argumentation.

Zitationsstandards

Ebenfalls zu beachten ist, dass die heutigen Zitationsstandards und -regeln nicht zu allen Zeiten etabliert gewesen sind. Antike und mittelalterliche christliche Autor:innen zitieren Bibelstellen häufig aus dem Kopf, ohne sie in einer Bibelhandschrift nachzuprüfen. Und selbst wenn sie es getan hätten, wäre die Überprüfung des Zitats anhand einer heutigen Bibelausgabe nicht angemessen, da es bis zur Erfindung des Buchdrucks keine Normtexte gab. Ähnliches gilt für liturgische Texte, die im konkreten Umfeld variieren konnten, oder auch für philosophische Referenzen, die nicht unbedingt aus einer vollständigen Werkausgabe, sondern beispielsweise auch aus Florilegia oder Schulbüchern übernommen worden sein könnten. Wir können mittelalterlichen oder frühneuzeitlichen Autor:innen also nicht vorwerfen, sie würden unkorrekt zitieren, weil sie nicht exakt den genauen Wortlaut wiedergeben oder ihre Angaben zum Nachweis unvollständig sind. Wir müssten schon genau wissen, welche Ausgabe eines Werks eine Autorin zur Hand hatte, um die Genauigkeit der Wiedergabe zu prüfen. Und selbst dann wäre noch zu berücksichtigen, dass die damaligen Standards für Zitate und Referenzen andere waren als heute.

Außerdem ist es möglich, dass manche Traditionsstücke wie Bibeltexte oder Sprichwörter so stark im allgemeinen Sprachgebrauch verankert waren, dass sie weder von Autor:innen noch von Leser:innen als Zitate erkannt wurden. All dies macht die Identifikation und Interpretation von Traditionsgut zu einer wenig eindeutigen Angelegenheit.

Schrift und Tradition

Historische Theologie kann aber auf die Untersuchung des Umgangs mit Traditionsgut in ihren Quellen nicht verzichten. Denn „Tradition" hat im Christentum großes Gewicht, in vielen Konfessionen kommt ihr sogar theologische Dignität zu. „Schrift und Tradition" ist das Begriffspaar, mit dem die christliche Theologie die Idee der Offenbarung beschreibt und diskutiert. Je nach Konfession werden Schrift und Tradition unterschiedlich gewichtet: Die orthodoxen Kirchen gehen davon aus, dass die Offenbarung in den ersten acht Jahrhunderten der christlichen Geschichte abgeschlossen wurde. Die römisch-katholische Kirche spricht von einem Offenbarungsstrom, der sich von der Bibel durch die gesamte Kirchengeschichte bis in die heutige Zeit zieht. Und in den aus der Reformation hervorgegangenen Kirchen wird das „Schriftprinzip" hochgehalten, demzufolge alle Tradition sich an der Wahrheit des Gotteswortes in der Bibel messen lassen muss. Dieser Überzeugung ist letztlich auch Gerhard Ebelings Definition von „Kirchengeschichte als Geschichte der Auslegung der Heiligen Schrift" verpflichtet [↗ Zugänge zum Fach, Erster Teil I.]. Die Analyse des Umgangs mit Traditionsgut in historischen Quellen ist also durchaus mit kontroverstheologischem Potential geladen.

Im Konzert der theologischen Disziplinen ist die Historische Theologie für die „Tradition" zuständig, während sich die exegetischen Fächer der „Schrift" widmen [↗ Das Fach innerhalb der Theologie, Erster Teil II.]. In der konkreten Quellenarbeit der Historischen Theologie gehört wiederum die „Schrift", also die Bibel, in den Bereich der in historischen Quellen verarbeiteten Traditionen.

Dreischritt

Für die Identifikation, Interpretation und Bewertung des Umgangs mit Traditionsgut empfehlen wir, an den folgenden Fragen entlangzugehen:

Identifikation

- Welches Traditionsgut wird im Text verarbeitet?
- Wie explizit geschieht dies (als Zitat, Referenz, Allusion)?

Interpretation

- Was spricht für bzw. gegen die Annahme, dass der Autor/die Autorin das Traditionsgut mit der Intention in den Text einfließen ließ, dass die Leserschaft es als solches erkennt?
- Handelt es sich nach den damals geltenden Maßstäben um eher wortgetreue oder eher sinngemäße Übernahmen?
- Wird den explizit genannten Autor:innen und Texten eine besondere Autorität zu- oder abgesprochen?
- Gibt es Hinweise darauf, dass Traditionsgut bewusst geändert oder uminterpretiert wurde?
- Welche Absicht im Blick auf die intendierte Leserschaft könnte mit dem beobachteten Umgang verbunden sein?
- Welche Informationen über den Autor bzw. die Autorin, v.a. im Blick auf den Bildungsstand, lassen sich aus den Traditionsstücken entnehmen, die vermutlich nicht mit einer bestimmten Absicht im Text verarbeitet sind?

Bewertung

- Wie ist der Umgang mit Traditionsgut im Kontext seiner Zeit zu beurteilen? Greift der Text auf für seine Zeit übliche Wissens- und Textbestände zurück? Gibt es überraschende Rückgriffe auf Traditionen, die in jener Zeit sonst keine Rolle spielten? Entspricht der Umgang den damals in Geltung stehenden Maßstäben für Zitierweise oder Bezugnahmen auf die Bibel?

- Gibt es Hinweise darauf, dass in der Quelle Traditionsgut *wider besseres Wissen* mit einer bestimmten Absicht uminterpretiert wird?

Literatur

Ulrich Broich: Formen der Markierung von Intertextualität, in: Ulrich Broich/Manfred Pfister (Hg.): Intertextualität. Formen, Funktionen, anglistische Fallstudien (Konzepte der Sprach- und Literaturwissenschaft, Bd. 35), Tübingen 1985, S. 31–47.

Julia Kristeva: Bachtin, das Wort, der Dialog und der Roman, in: Jens Ihwe (Hg.): Literaturwissenschaft und Linguistik. Ergebnisse und Perspektiven, Bd. 3, Frankfurt 1972, S. 345–375.

Pragmatisch & Kompakt

Traditionen

Die wenigsten Texte entstehen im luftleeren Raum. Viele nehmen, bewusst oder unbewusst, vorliegende sprachliche und gedankliche Tradition auf und verarbeiten sie. In welchem Denkraum bewegt sich der Text? Welche biblischen, philosophischen, theologischen oder historiographischen Quellen oder Motive sind explizit oder implizit verarbeitet bzw. stehen im Hintergrund? Wie wird mit den Traditionen umgegangen? Diese Fragen lassen sich am besten durch Identifikation von Zitaten und Anspielungen und deren Prüfung an den Referenztexten beantworten.

Anwendungsbeispiel

Bibel und Kirchenväter in der „*Confessio Augustana*"

Historischer Kontext

Anfang 1530 schrieb Kaiser Karl V. den Augsburger Reichstag aus. Mit König Franz I. von Frankreich und Papst Clemens VII. hatte der Kaiser Friedensschlüsse vereinbart, sodass er sich erstmals nach dem Wormser Reichstag von 1521 wieder innenpolitischen Angelegenheiten zuwenden konnte. Ziel war es, die im Reich aufgebrochenen Religionsstreitigkeiten zu befrieden. Da sich im Osten eine militärische Konfrontation mit dem osmanischen Reich abzeichnete, sollte es zu einer schnellen Einigung zwischen den religiösen Parteien kommen. Die außenpolitische Gefahr durch das osmanische Reich kommt nicht nur in der Vorrede, sondern auch im Haupttext zur Sprache (Vorrede und Art. 21, BSLK 44,4–11; 83b,7–13).

Entstehung und Gattung

Die Entstehung der „*Confessio Augustana*" hat eine komplexe Geschichte: Kurfürst Johann der Beständige gab bei seinen Theologen eine Rechtfertigung des landesherrlichen Vorgehens in Auftrag. Bei der Ankunft in Augsburg Anfang Mai wurde der Delegation bewusst, dass die Verteidigungsschrift auch Lehrartikel enthalten sollte. In Rücksprache mit Martin Luther, der in Coburg zurückbleiben musste, arbeitete Philipp Melanchthon am Text. Da der Kaiser erst Mitte Juni in Augsburg eintraf, blieb Melanchthon die entsprechende Zeit. Verschiedene Texte wie die „Schwabacher Artikel" (1528), die „Marburger Artikel" (1529), Melanchthons „Unterricht der Visitatoren" (1528) und Luthers „Vom Abendmahl Christi" (1528) gingen in unterschiedlicher Form in die Lehrartikel ein. Melanchthon suchte den Ausgleich, befürwortete sogar das gemeinsame Vorgehen der lutherischen Seite mit der etablierten Kirche gegen Straßburg und Zürich. Als Kaiser Karl V. der protestantischen Delegation abweisend begegnete, änderte sich die Situation noch einmal drastisch und mehrere protestierende Stände unterschrieben jetzt die Schrift. Aus der anfänglich kurfürstlichen Rechtfertigung war nun eine umfassendere Schrift mit der Bezeichnung „Bekenntnis" und „*confessio*" geworden. Es lag eine deutsche Fassung vor, die dem Kaiser vorgelesen und danach zusammen mit der lateinischen Fassung übergeben wurde.

Innere Ausgestaltung

Der Hauptinhalt der Schrift ist in zwei Teile gegliedert, wobei eine „Vorrede"/„*Praefatio*" vorausgeht (BSLK 44–49). Im ersten Hauptteil werden die „Artikel des Glaubens und der Lehre"/„*Articuli fidei praecipui*" in 21 Artikeln geboten (BSLK 50–83b) und mit einem kurzen Schluss beendet (BSLK 83c–d). Im zweiten Hauptteil folgen sieben weitere Artikel, welche die veränderten Missbräuche darlegen: „Artikel, von welchen Zwiespalt ist, da erzählet werden die Mißbräuch, so geändert seind"/„*Articuli in quibus recensentur abusus mutati*" (BSLK 84–133). Wiederum endet der Teil mit einem kurzen Schluss (BSLK 133–135).

Tendenz zum Konsens

Wie der historische Kontext nahelegt, strebte die „*Confessio Augustana*" letztlich einen Ausgleich zwischen den Parteien an. Daher werden im ersten Hauptteil, der die Mehrzahl der Artikel umfasst, kurz und bündig sowie in einem moderaten und affirmativen Ton die Hauptpunkte der christlichen Lehre dargelegt. Im zweiten Teil folgen dann die kontroverstheologischen Punkte. Der ganze Dissens umfasse lediglich gewisse wenige Missbräuche, wie es nur im lateinischen Abschluss heißt: „*Tota dissensio est de paucis quibusdam abusibus* [...]" (BSLK 83c,14f.), was eine außerordentlich optimistische Einschätzung der Umstände war.

Traditionen – altkirchliche Bekenntnisse

Dieser Absicht, den Konsens zu suchen und zu betonen, entspricht es, mit den ersten drei Artikeln die grundlegenden theologischen Themen Trinität, Erbsünde und Christologie zu behandeln und ausdrücklich auf die einigenden Glaubensbekenntnisse, das *Nicaeno-Constantinopolitanum* für die Trinitätslehre und das *Apostolicum* bei der Christologie, zu verweisen. So heißt es am Anfang des ersten Artikels über Gott, dass mit großer Übereinstimmung („*magno consensu*") gelehrt werde, das Dekret des Konzils von Nicäa über die Einheit des göttlichen Wesens („*essentia*") und die drei Personen („*personae*") sei wahr und sei zu glauben (BSLK 50,3–7).

Traditionen – Bibel

Die Heilige Schrift war für die reformatorische Theologie von grundlegender Bedeutung. In ihr wird das Evangelium laut, das dem Sünder um Christi willen Erlösung und Freiheit zusagt. Und wo dieses Evangelium Glauben findet, versammelt sich die Kirche. Die Heilige Schrift wurde daher zur kritischen Instanz für Lehre und Leben, aber auch für die kirchliche Überlieferung und die kirchliche Ordnung.

Referenz

Beim zentralen Artikel „Von der Rechtfertigung" (Art. 4, BSLK 56) wird zwar am Ende des kurzen Textes auf Röm 3 und 4 verwiesen, aber es gibt weder ein Zitat noch eine Auslegung. Es wird offensichtlich vorausgesetzt, dass der Inhalt dieser Kapitel präsent ist und die vorausgehende Darlegung plausibilisiert. Mit der Referenz wird also lediglich an diesen Zusammenhang erinnert. Solche expliziten Hinweise auf die Bibel ohne weiteren Kommentar kommen vergleichsweise wenig vor. Zitate der Bibel sind deutlich häufiger.

Zitat

Nachdem im Artikel „Von der Kirche" (Art. 7, BSLK 61) die beiden Kennzeichen („*notae ecclesiae*") der einen, heiligen Kirche („*una sancta ecclesia*"), nämlich reine Verkündigung des Evangeliums und rechte Verwaltung der Sakramente, bezeichnet wurden, wird festgehalten, dass für die wahre Einheit der Kirche („*vera unitas ecclesiae*") die Übereinstimmung („*consentire*") in der Verkündigung des Evangeliums („*doctrina evangelii*", wobei im deutschen Text „Evangelium gepredigt" steht) und der Verwaltung der Sakramente („*administratio sacramentorum*") genüge („*satis esse*"). Übereinstimmung bei menschlichen Überlieferungen, Riten und Zeremonien sei nicht notwendig („*nec necesse est*"). Und als Beleg für diese Konzentration auf das Notwendige wird am Ende Eph 4,4f. zitiert: „Ein Leib, ein Geist, wie ihr berufen seid zu einerlei Hoffnung euers Berufs, ein Herr, ein Glaub, ein Tauf." Im lateinischen Text sind es knapper die Verse Eph 4,5f.: „*Una fides, unum baptisma, unus Deus et pater omnium etc.*" Während der deutsche Text präzis Paulus, den Epheserbrief und das entsprechende Kapitel erwähnt, verweist der lateinische Text nur auf Paulus. Auch im deutschen Text kommen manchmal biblische Zitate ohne weitere Verweise vor. Manchmal wird einfach auf die Rede Christi hingewiesen (siehe z.B. Art. 6 oder 8), die Editoren weisen dann die biblische Belegstelle in der Marginalie nach (BSLK 62). Zitate aus der Bibel mit unterschiedlichen Belegformen kommen in mehreren Artikeln vor (Art. 7–9, 11–12, 16, 18–21, 22–28).

Allusion

Auch Anspielungen auf biblische Texte finden sich in der „*Confessio Augustana*". Im ausführlichen Artikel „Vom Glauben und guten Werken" (Art. 20), ein für die reformatorische Theologie herausfordernder, grundlegender kontroverstheologischer Punkt, werden ausnahmsweise mehrere Bibelstellen zitiert. In einer Passage wird der Glaube, dass die Heilsereignisse faktisch zwar stattgefunden haben, aber Heil nicht wirklich wirken, auch als *fides historica* im Gegensatz zur *fides iustificans* bezeichnet, abgelehnt. Auch Teufel und Gottlose glaubten die Geschichten, dass Christus gelitten habe und auferstanden sei (BSLK 79,6–15). Hier wird auf Jak 2,19 angespielt, wo erwähnt ist, dass auch Dämonen an Gott glauben. Die Perikope Jak 2,14–26 behandelt thematisch exakt die im Artikel ausgeführte Frage, nämlich dass der Glaube nicht ohne Werke bleiben könne. Die Anspielung auf den Vers und auf die ganze Perikope dürfte den Theologen wohl klar gewesen sein. Auch Allusionen kommen mehrfach vor (siehe z.B. Art. 24).

Wer die unterschiedlichen Bezugnahmen auf die Bibel überblickt, wird feststellen, dass in den umstrittenen Artikeln des zweiten Hauptteils biblische Stellen stärker, mehrfach in einzelnen Artikeln und ausführlicher zum Zug kommen, was nicht verwundert, weil dort die argumentative Auseinandersetzung stärker zum Tragen kommt. Im ersten Hauptteil dagegen werden die Bezüge zur Schrift moderat eingesetzt.

Traditionen – Kirchenväter

Ein vergleichbares Bild zeigt sich bei den übrigen Bezügen auf Kirchenväter oder Theologen. Im Artikel „Von neuem Gehorsam" (Art. 6, BSLK 60), in dem es bereits um Glaube und gute Werke geht, wird erstmals ein Zitat eines Kirchenvaters als Beleg beigezogen und wiedergegeben.

Zitat

Als Kirchenvater ist Ambrosius angeführt, allerdings handelt es sich um ein Zitat von Pseudo-Ambrosius, auch Ambrosiaster genannt, aus einem Kommentar zum ersten Korintherbrief (zu 1. Kor 1,4). In einem weiteren wichtigen Feld der Auseinandersetzung, dem freien Willen (Art. 18, BSLK 73f.) wird eine längere Stelle aus der pseudo-augustinischen Schrift „*Hypomnesticon contra Pelagianos et Coelestianos*" zitiert, die belegen soll, dass die Menschen über einen freien Willen in äußeren Werken verfügen, nicht aber, was Gott betrifft. Ausdrücklich hält der deutsche Text fest, dass damit nichts Neues gelehrt werde, was die klaren Worte Augustins zeigten. Der Zusammenhang nicht allein mit der Schrift, sondern auch mit der Überlieferung sollte dargelegt werden.

Referenz

Ein drittes Mal im ersten Hauptteil gibt es Bezüge zu Kirchenvätern in dem schon erwähnten, ausführlichen und gewichtigen Artikel über Glauben und Werke (Art. 20). Hier wird auf Augustinus und sein Buch *„De spiritu et littera"* hingewiesen. Dieses Werk ist für die reformatorische Theologie von enormer Bedeutung geworden. Augustinus legt das Pauluswort: „[…] der Buchst. tötet, der Geist aber macht lebendig" (2. Kor 3,6), das dem Werk auch den Namen gab, auf den grundlegenden Unterschied zwischen Gesetz und Gnade aus. „Buchstabe" und „Gesetz" sind zwei Weisen der Offenbarung, die äußere Belehrung durch das Gesetz im Alten und Neuen Testament und die innere Offenbarung der Gnade durch die Eingießung des Heiligen Geistes in das Herz. Die Referenz soll die exklusive Stellung des Glaubens gegenüber den guten Werken belegen: Aus „Augustino" könne man beweisen, „[…] dass wir durch den Glauben an Christum Gnad erlangen und fur Gott gerecht werden, und nicht durch Werk, wie sein ganz Buch De spiritu et litera ausweiset" (BSLK 77,18–23). Selbstverständlich stellt sich die Frage, ob und inwiefern die reformatorische Theologie Augustins Buch angemessen rezipierte. Eine weitere Stelle im deutschen Text nennt allein Augustinus, nicht aber das Werk, auf das angespielt wird. Die Editoren geben daher zwei mögliche Werke an, das eine von Augustinus selbst, das andere eine pseudo-augustinische Schrift (BSLK 80,6–12 mit Anm. 1, deutscher Text). Der lateinische Text verzichtet auf diese Referenz, gibt aber mit einigen Zeilen ein kurzes Zitat von Ambrosius, das die Editoren einer pseudo-ambrosianischen Schrift zuweisen (BSLK 80,21f., lateinischer Text). Dieser Umstand zeigt zum einen, dass die beiden sprachlichen Fassungen nicht einfach Übersetzungen sind, sondern wohl nebeneinander geschrieben wurden, und dass der Umgang mit Autoritäten unterschiedlich sein konnte.

Traditionen – weitere Formen

Während also in drei Artikeln des ersten Hauptteils auf Kirchenväter zurückgegriffen wird, um die Zusammenhänge mit der kirchlichen Überlieferung aufzuzeigen und damit auch festzustellen, dass nicht einfach eine „neue" Lehre aufgedrängt werden soll, nehmen diese Bezüge im zweiten Hauptteil mit den umstrittenen Punkten zu. Neben weiteren Kirchenvätern wie Cyprian (Art. 22), Hieronymus (Art. 22) und Johannes Chrysostomus (Art. 24, 25) kommen auch kirchliche Würdenträger vor wie Papst Gelasius (Art. 22) und Papst Pius II. (Art. 23) oder Nikolaus von Kues (Art. 22), der als Kardinal angesprochen ist. Mit diesen Namen werden kirchenrechtliche oder historische Belege eingeführt. Theologen und Kirchenmänner wie Johannes Gerson (Art. 26, 27), der den Konziliarismus unterstützte und zur Mystik neigte, werden beigezogen. Eine laufende Auseinandersetzung mit dem kirchlichen Recht, etwa mit der Sammlung *Decretum Gratiani* (z.B. Art. 23, 27, 28), und mit historischen Werken wie der *Historia tripartita* (Art. 24, 26), einer Kompilation von drei früheren Kirchengeschichten, findet statt. Diese intensive diskursive Arbeit mit der biblischen und der kirchlichen Überlieferung zeigt die gelehrte Vertrautheit Melanchthons mit diesen kontroverstheologischen Themen.

Wir haben oben auf den Text als „Gewebe" hingewiesen [↗ Text als „Gewebe", Dritter Teil IV.1]. Allein diese knappe Übersicht über die biblischen und kirchlichen Bezüge zeigt die „Verwebungen", die diese hochstehende theologische Schrift formt. Dabei sind hier die oben genannten Texte, die schon im Vorfeld des Augsburger Reichstags erarbeitet worden waren und die für die *„Confessio Augustana"* beigezogen wurden, noch nicht einmal im Blick – geschweige denn die Schriften Luthers und Melanchthons, welche die Inhalte ebenfalls prägen.

Literatur

Die Bekenntnisschriften der evangelisch-lutherischen Kirche (BSLK), hg. im Gedenkjahr der Augsburgischen Konfession 1930, Göttingen [13]2010.

Die Bekenntnisschriften der Evangelisch-Lutherischen Kirche. Vollständige Neuedition (BSLK.N), hg. v. Irene Dingel, Göttingen 2014, S. 63–225: Die Confessio Augustana, bearb. v. Gottfried Seebaß/Volker Leppin.

Die Bekenntnisschriften der Evangelisch-Lutherischen Kirche. Quellen und Materialien, hg. v. Irene Dingel, Bd. 1: Von den altkirchlichen Symbolen bis zu den Katechismen Martin Luthers, Bd. 2: Die Konkordienformel, Göttingen 2014.

Bernhard Dittrich: Das Traditionsverständnis in der Confessio Augustana und in der Confutatio (Erfurter Theologische Studien, Bd. 51), Leipzig 1983.

IV.5 Pragmatik: Der Text als Sprechakt

Sprechakt-Theorie

Sprache dient nicht einfach der Übermittlung von Informationen oder der Behauptung von Wahrheiten. Sie wird auch mit bestimmten Wirkabsichten eingesetzt. Sprachliche Äußerungen können (und sollten) daher auch als Handlungen (griechisch: πράγματα) verstanden und gedeutet werden. Dies ist die Einsicht der sogenannten „Sprechakt-Theorie“, als deren Begründer der Philosoph John Langshaw Austin (1911–1960) gilt. Die sprachphilosophischen Arbeiten Ludwig Wittgensteins (1889–1951) aufnehmend und weiterführend, hielt Austin im Jahr 1955 in Harvard Vorlesungen unter dem Titel „How to do things with words“. Darin legte er dar, dass sprachliche Äußerungen immer auch Handlungen sind.

Performative und konstative Äußerungen

Er unterschied dabei zwischen performativen und konstativen Äußerungen: Konstative Äußerungen behaupten, wahr zu sein, und können sich als richtig oder falsch erweisen. Performative Äußerungen wollen etwas bewirken und können im Blick auf ihre tatsächliche Wirkung gelingen oder misslingen. Austin und seine Nachfolger:innen interessierten sich besonders für diese performativen Äußerungen und ihre soziale Relevanz. Das Verständnis von Sprechakten als symbolischen Handlungen, in denen sich Wahrheit ereignen und durch die Wirklichkeit konstituiert werden kann, hat in den Kulturwissenschaften den sogenannten „performative turn“ eingeleitet [↗ Turns, Zweiter Teil III.2].

Leserlenkung

Die Sprechakt-Theorie und ihre Betonung der Performanz sprachlicher Äußerungen lässt sich auf Texte übertragen und für die historisch-theologische Arbeit fruchtbar machen. Auch Texte können und müssen als Handlungen ihrer Autor:innen aufgefasst werden. Die Pragmatik nimmt diese dynamische, performative Funktion eines Textes in den Blick, sie fragt nach der Handlungsanweisung und Leserlenkung durch den Text. Welche Kommunikationsabsicht verfolgt der Text im Blick auf die Adressat:innen? Welche Emotionen will der Text bei seiner Leserschaft hervorrufen? Sollen die Lesenden zu bestimmten Einsichten gebracht, zu einem bestimmten Verhalten angeregt oder zu ganz konkreten Handlungen animiert werden? Welche „Wahrheiten" konstituiert der Text?

Narrative Texte

In narrativen Texten, Predigten oder Streitschriften kann zum Beispiel danach gefragt werden, welche Personen Sympathie bzw. Antipathie erregen sollen und auf welche Weise der Text diese Wirkung zu erzielen versucht (z. B. mit entsprechenden Adjektiven, mit Formeln der Leserlenkung). Hierbei muss beachtet werden, dass nicht die heutigen und eigenen Wertvorstellungen, sondern die kulturellen Normensysteme der damaligen Rezipient:innen als Maßstab für pragmatische Absichten der Autor:innen angelegt werden müssen.

Argumentative Texte

Argumentative Texte wie theologische Traktate gehören dagegen eher in den Bereich konstativer Äußerungen, sodass ihre Pragmatik relativ pauschal mit dem Versuch beschrieben werden kann, die Leser:innen von der Wahrheit des Erörterten zu überzeugen. Aber auch in solchen Textgattungen kann es Passagen geben, die rhetorisch und performativ geladen sind.

Die Hinweise auf pragmatische Absichten in einem Text können mehr oder weniger explizit und subtil sein. Sind viele Aufforderungssätze und direkte Ansprachen an die Leserschaft enthalten (Syntaktik), so lässt sich die Pragmatik relativ einfach bestimmen. Manche Autor:innen lassen auch persönliche Kommentare in ihre Darstellung einfließen. Aber auch weniger explizite Beobachtungen zu Gattung, Semantik oder dem Umgang mit Traditionen können im Blick auf die Pragmatik des Textes mit viel Gewinn ausgewertet und interpretiert werden.

Die Ermittlung der Pragmatik ist also bereits ein synthetischer und interpretierender Schritt, mit dem wir uns auf dünneres Eis begeben als bei der Analyse von Syntaktik, Semantik und Traditionen. Es kommt hier darauf an, die Einzelbeobachtungen zu Umfeld, äußerer Gestalt und innerer Ausgestaltung der Quelle plausibel miteinander zu verknüpfen und zu überzeugenden Argumentationen zusammenzuführen.

Literatur

John Langshaw Austin: How to Do Things with Words (The William James Lectures 1955), Harvard 1962, 2. Aufl., Oxford 1978.

Annika Bostelmann/Doreen Brandt/Kristin Skottki (Hg.): Sprechen, Schreiben, Handeln. Interdisziplinäre Beiträge zur Performativität mittelalterlicher Texte, Münster 2017.

Pragmatisch & Kompakt

Pragmatik

Die Pragmatik fragt nach der Wirkabsicht, die ein Text beim Publikum erzielen soll. Die Sprechakt-Theorie versteht Aussagen als Handlungen und unterscheidet zwischen konstativen (feststellenden) und performativen (auffordernden) Sprechakten. Um die Pragmatik zu bestimmen, können konstative Aussagen im Blick auf (explizite und implizite) Wertungen befragt werden. Für performative Aussagen sind (explizite und implizite) Handlungsaufforderungen zu bestimmen. Die Pragmatik eines Textes wird durch eine interpretierende Zusammenschau verschiedener Methodenschritte bestimmt. Dabei ist zu bedenken, dass die heutige und individuelle Wirkung eines Textes nicht unbedingt der zeitbedingten Pragmatik entspricht. Daher sollte besonders gut auf die Plausibilität der Deutung geachtet werden.

V. Wirkungen eines Textes

Intendierte und kontingente Wirkungen

Die meisten Texte werden mit einer bestimmten Aussage- oder Wirkabsicht verfasst. Ob die Leser:innen eines Textes tatsächlich in der erhofften Weise reagierten, ob also die Wirkabsicht Erfolg hatte, liegt nicht in der Macht der Verfasser:innen. Deshalb unterscheiden wir zwischen den beabsichtigten, intendierten und den tatsächlichen, kontingenten Wirkungen. In beiden Fällen lassen sich zudem kurzfristige von langfristigen Wirkungen unterscheiden: Die Wirkabsicht kann sich entweder in erster Linie auf Rezipient:innen in der Gegenwart der Autor:in beziehen oder auf die „Nachwelt" gerichtet sein. Und die tatsächlichen Wirkungen können in unmittelbarer zeitlicher Nähe ganz anders ausfallen als mit größerem Abstand. Viele bedeutende Wissenschaftler:innen und Kunstschaffende bekamen zu ihren Lebzeiten nicht die Aufmerksamkeit und Anerkennung, die sie mit ihren Werken erzielen wollten, und wurden erst von der Nachwelt „entdeckt" und gewürdigt. Häufig wird dann gesagt, diese Menschen oder ihre Werke seien „ihrer Zeit voraus gewesen" - ein Urteil, das auf eigentümliche Weise historische Kontextsensibilität mit der Überheblichkeit von Nachgeborenen verbindet.

V.1 Beabsichtigte Wirkungen

Intention der Textes vs. intentio auctoris

Was eine Autorin mit einem Text mitteilen oder bewirken wollte, können wir nie mit letzter Sicherheit sagen, weil uns der Zugang zu der hinter dem Text stehenden Person letztlich versperrt bleibt. Dennoch kann historische Forschung - im Unterschied vielleicht zur Literaturwissenschaft - nicht ganz darauf verzichten, die Frage nach den Intentionen der Menschen hinter den Texten und Bildern zu stellen, die sie als Quellen für Erkenntnisse über die

Vergangenheit nutzen will. Aber diese intendierten Wirkungen können nur als mehr oder weniger plausible Hypothesen formuliert werden. Dies geschieht durch Interpretation der Beobachtungen zur äußeren Gestalt und inneren Ausgestaltung der Quelle – also zur Wahl der literarischen Gattung und zu deren Ausgestaltung, zur Syntaktik, Semantik, Rhetorik und zum Umgang mit Traditionsgut. Dabei ist es wichtig, den historischen Kontext [↗ Das Umfeld der Textquelle, Dritter Teil II.] zu berücksichtigen, da dieser den Resonanzraum für den Text bildet: jene Welt, die Autor:in, Text und Leserschaft miteinander teilten. Nur das, was Menschen in der jeweiligen Zeit und Umgebung überhaupt wissen, verstehen und tun konnten, kann die Intentionen der Autor:innen beeinflusst haben.

Autorschaft

Wenn die Autorschaft eines Textes unzweifelhaft ist, können zusätzlich Informationen aus der Biographie oder aus anderen Werken hinzugezogen werden [↗ Autorschaft, Dritter Teil II.1]. Im Fall von Pseudonymität, Anonymität oder zweifelhafter Autorschaft sind wir stärker auf den Text selbst zurückgeworfen. Häufig geben Widmungsschreiben, Vor- und Nachworte oder explizite Anreden der Leserschaft im Text Auskunft über die Intentionen, weil die Autor:innen sich darin direkt an ihre intendierte Leserschaft wenden. Allerdings darf auch hier nicht alles für bare Münze genommen werden. Eine *captatio benevolentiae* [↗ Stilmittel, Dritter Teil IV.2] etwa ist ein rhetorisches Stilmittel, mit dem Autoren die Gunst ihrer Leserschaft gewinnen wollen, indem sie sich beispielsweise besonders bescheiden geben oder die widrigen Umstände bei der Abfassung des Werkes betonen. Hier hilft es bisweilen „zwischen den Zeilen" oder sogar „gegen den Strich" zu lesen, um den „eigentlichen" Intentionen auf die Spur zu kommen [↗ Leseweisen, Dritter Teil I.].

Implizite Adressatenschaft

Es kann in einigen Fällen auch sinnvoll sein, zwischen Adressat:innen und intendierter Leserschaft zu unterscheiden. Manche Texte sind in Titel, Widmung oder Vorwort explizit adressiert, haben aber eine breitere Leserschaft im Blick. So war es etwa in der Antike üblich, dass persönliche Briefe zwar an konkrete Individuen adressiert, aber in größeren Kreisen verbreitet und gelesen wurden. Die Autor:innen wussten um diese weitere Verbreitung und beförderten sie teilweise auch. Es ist also davon auszugehen, dass sie ihre Briefe auch bereits im Blick auf diese breitere Leserschaft verfassten, sodass der konkrete Adressat fast schon zum Stilmittel wird.

Um die intendierte Wirkung eines Textes zu erfassen, sollten wir fragen:

- Welche Leserschaft hat der Text im Blick, wen soll er erreichen?
- Was soll dieser Leserschaft mitgeteilt oder welches Verhalten, welche Reaktion auf den Text soll bei ihr bewirkt werden?

Je nach Erkenntnisinteresse und Fragestellung der konkreten historischen Arbeit kann die intendierte Wirkung des Textes genau das sein, wonach ich suche oder aber als Störfaktor für die Erhebung der Informationen erscheinen, die ich der Quelle entnehmen will. Ein polemischer Text, der im Kontext einer theologischen Auseinandersetzung verfasst wurde, kann wertvolle Informationen über die Position und Ziele des Autors liefern, wenn er „gemäß der Intention" gelesen wird. Wenn ich allerdings den genauen Verlauf der Kontroverse rekonstruieren und alle beteiligten Parteien und Positionen gleichberechtigt darstellen möchte, dann stellen die tendenziösen und polemischen Bemerkungen ein Problem dar und müssen „gegen den Strich" gelesen werden. In beiden Fällen ist es wichtig, eine Vorstellung von den intendierten Wirkungen des Autors zu entwickeln – im ersten Fall um sie präzise wiedergeben, im zweiten Fall um sie kritisch hinterfragen zu können. Die intendierten Wirkungen können für die eigene Fragestellung aber auch irrelevant sein – etwa dann, wenn dem Text Erkenntnisse über soziale und kirchliche Bedingungen oder über die Entwicklung der Quellensprache zur damaligen Zeit entnommen werden sollen.

V.2 Tatsächliche Wirkungen

Rezeption

Die tatsächlichen Wirkungen eines Textes liegen außerhalb der Verfügungsgewalt der Autor:innen, sie haben sich im Verlauf der Geschichte ergeben und können den intendierten Wirkungen durchaus gegenläufig sein. Die Wirkungs- oder auch Rezeptionsgeschichte (vom lateinischen Verb *recipere* = aufnehmen) spielt in den Literaturwissenschaften und auch in den exegetischen Fächern der Theologie eine zunehmend wichtige Rolle. Ihre Bedeutungssteigerung geht auch mit der Problematisierung der Autorschaft bzw. mit deren Bedeutung für das Verständnis eines Textes einher [↗ Autorschaft und Authentizität, Dritter Teil II.1]. Ist es nicht viel entscheidender und auch methodisch plausibler zu erforschen, wie ein Text tatsächlich gewirkt hat, als darüber zu spekulieren, was die Autor:innen bewirken wollten? Wir haben bereits erläutert, dass historische Arbeit auf die Frage nach Intentionen nicht ganz verzichten kann. Aber es kann auch kein Zweifel daran bestehen, dass die tatsächlichen Wirkungen von Texten den Lauf der Geschichte oftmals stärker geprägt haben als die intendierten.

Kurzfristige Wirkung

Im Blick auf die kurzfristigen Wirkungen eines Textes auf die zeitgenössische Leserschaft können wir fragen: Gibt es Hinweise darauf, dass die Autorin zu ihrer Zeit mit ihrer Wirk- oder Aussageabsicht erfolgreich war – oder im Gegenteil dafür, dass sie ihr Ziel verfehlte? Wurden Forderungen aus dem Text umgesetzt, haben sich Einsichten oder Deutungsweisen durchgesetzt? Hinweise dazu können Quellen geben, die eine direkte Reaktion darstellen, oder auch spätere Texte desselben Autors, in denen er selbst die Wirkung früherer Schriften rezipiert. Wenn verschiedene Redaktionen vorliegen [↗ Redaktionen, Dritter Teil III.4], kann ein Vergleich indirekten Aufschluss über die Wirkungen der jeweils früheren Versionen geben. Weniger eindeutige Hinweise können geschichtliche Ereignisse und Tatsachen geben, für die ein Bezug zur Quelle plausibel hergestellt werden kann.

Langfristige Wirkung

Im Blick auf die langfristigen Wirkungen stellen sich Fragen wie: Wann und wo, auf welche Weise und mit welcher Absicht wurde auf den Text zurückgegriffen? Ist die Quelle zu Traditionsgut für andere geworden, oder hat sie eher eine Randexistenz geführt? Gibt es besonders intensive Zeiten der Rezeption, und falls ja, wie sind diese zu erklären? Wertvolle Hinweise können aus der Überlieferungsgeschichte des Werkes kommen [↗ Überlieferung, Dritter Teil III.1]. Wie viele Handschriften bzw. gedruckte Auflagen eines Werkes gibt es (Quantität)? Wie verteilen sie sich über die Zeit, wo sind sie geographisch zu verorten? Gibt es Hinweise darauf, dass die Rezeption gesteuert wurde? Für die Suche nach Rezeptionsspuren bedeutete die Entwicklung automatisch durchsuchbarer Textformate im Computerzeitalter einen Quantensprung. War die Rezeptionsforschung früher auf aufwendige Recherchen an vielen verschiedenen Orten, auf glückliche Zufallsfunde und überraschende Entdeckungen angewiesen, so ist es heute leicht, ganze Datenbanken sehr schnell nach Namen von Personen, Werktiteln oder Schlüsselbegriffen zu durchsuchen [↗ Datenbanken, Zweiter Teil VI.].

Ebenso relevant wie die quantitative Intensität der Rezeption ist die Frage, wie mit den Texten inhaltlich umgegangen wurde (Qualität).

Rezeptionsspuren

Hierfür können wir einerseits Rezeptionsspuren in den Überlieferungsträgern des Textes selbst und andererseits Bezugnahmen in späteren Werken suchen und auswerten. Handschriftliche Besitzervermerke oder *ex libris* (als Stempel oder als eingeklebter Zettel) halten fest, wem das Buch tatsächlich gehörte. Wenn es sich um bekannte Personen handelt, kann sehr konkret über deren Rezeptionsinteresse spekuliert oder auch in ihrem Nachlass nach weiteren Spuren der Rezeption gesucht werden. Sehr wertvoll sind auch Benutzungsspuren in den Dokumenten. In Handschriften und Druckwerken geben Textmarkierungen wie Unterstreichungen oder Anstreichungen am Rand sowie Randnotizen (sog. Marginalien) Auskunft darüber, was bestimmte (allerdings nicht immer namentlich bekannte) Leser:innen an einem Text interessiert, gestört, verärgert oder zu eigenen Gedanken inspiriert hat. Es gibt ganze Forschungsprojekte, die sich nicht dem Haupttext, sondern ausschließlich den Nutzerspuren widmen. Je nach Intensität der Rezeption werden diese Spuren möglichst umfassend oder nur exemplarisch untersucht. Ein Anspruch auf Vollständigkeit ist illusorisch, da wir nie wissen können, welche Rezeptionsspuren uns nicht überliefert sind [↗ Zufall der Überlieferung, Dritter Teil III.2]. Natürlich geben auch posthume Redaktionen und Neubearbeitungen Aufschluss über die Aufmerksamkeit späterer Generationen für ein Werk [↗ Redaktionen, Dritter Teil III.4].

Aufschlussreich sind aber auch Bezugnahmen und Anspielungen auf den Text in späteren Quellen. Wird darin explizit oder indirekt auf den fraglichen Text Bezug genommen? Welche inhaltlichen Akzente werden dabei gesetzt?

Hier sind dieselben Fragen und Methoden relevant, die wir im Abschnitt über den Umgang mit Traditionen erläutert haben [↗ Traditionen, Dritter Teil IV.4], aber das Rezeptionsverhältnis und damit die Fragerichtung ist umgekehrt: Ein Text, in den Zitate und Anspielungen als Traditionsgut verwebt worden waren, ist selbst zum Traditionsgut für spätere Texte geworden. Daher müssen dieselben Fragen und Methoden auf den rezipierenden Text angewendet werden, wenn die Wirkung des rezipierten Textes erforscht werden soll.

Darüber hinaus können wir auch hier nach Wirkungen in einem weiteren Sinn fragen: Gibt es aus späterer Zeit Hinweise auf Personen, Ereignisse, Zusammenhänge, Gedanken oder Bewertungen, die in einem Zusammenhang mit dem untersuchten Text stehen (könnten)? Wie eng sind die Verbindungen? Welche Schlüsse lassen sich daraus im Blick auf die „Langzeitwirkung" des rezipierten Textes ziehen?

Forschende als Teil der Wirkung

Schließlich ist es wichtig, sich bewusst zu machen, dass wir uns als Forschende letztlich auch selbst in die Wirkungsgeschichte ein- und sie fortschreiben: Indem wir einen Text zur Quelle historischer Arbeit machen, ihn analysieren und interpretieren, rezipieren wir ihn. Eine erste, kurzfristige Reaktion stellen häufig Gutachten, Benotungen oder Rezensionen dar. Ob und wie unsere Rezeption des Textes auch langfristig einmal zum Gegenstand weiterer Forschungen wird, haben wir nicht (oder nur sehr eingeschränkt) in der Hand. Wenn dies der Fall sein sollte, so werden unsere Forschungsfragen Aufschluss (oder zumindest erste Anhaltspunkte) über unser Rezeptionsinteresse geben, und es bleibt späteren Generationen vorbehalten, ihre Urteile über die Legitimität und die Qualität unserer Rezeption zu formulieren. Dies ist der unendliche und kontingente Lauf der Wirkungsgeschichte: Texte werden zu Quellen für Texte, welche wiederum als Quellen für weitere Texte genutzt werden.

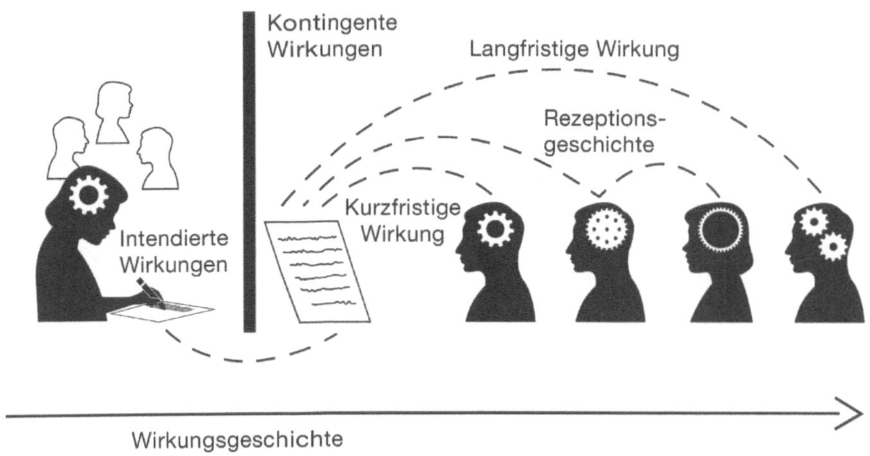

Grafik 4 Leserschaften und Wirkungen eines Textes

Die meisten Texte verfolgen eine Intention mit Blick auf eine bestimmte Leserschaft (intendierte Leserschaft und Wirkungen). Welche Wirkungen und welche Leserschaften ein Text aber tatsächlich erreicht, liegt nicht in der Macht der Autor:innen (kontingente Leserschaften und Wirkungen). Langfristige Wirkungen eines Textes ergeben sich zudem aus dem Zusammenwirken verschiedener Rezeptionsvorgänge, in denen ganz unterschiedliche Verständnisse des ursprünglichen Textes ihre (kontingenten) Wirkungen entfalten können.

Zusammenfassend und unter Aufnahme neuerer Forschungsdiskurse lassen sich vier verschiedene Formen tatsächlicher Wirkungen von Texten unterscheiden:

Reaktion

- *Reaktion:* Manchmal liegen direkte Bezugnahmen auf Quellen vor, die als Antwort oder Entgegnung verfasst wurden. Eine unmittelbare schriftliche Reaktion auf einen Text kann zum Beispiel eine Streitschrift sein, die als Entgegnung verfasst wurde, oder auch ein erklärender Kommentar. Es gibt aber natürlich auch andere als schriftliche Reaktionen, etwa die Umsetzung einer im Text formulierten Forderung in die Realität - oder auch deren Verhinderung. Solche Reaktionen sind uns aber meistens wiederum nur aus schriftlichen Quellen bekannt.

Rezeption

- *Rezeption:* Der vom lateinischen *recipere* = empfangen, aufnehmen abgeleitete Begriff beschreibt allgemein die Aufnahme oder Verarbeitung einer Quelle in einen neuen Kontext. Rezeption bezeichnet also alle Arten von Wiederverwendung eines Textes und Bezugnahme auf einen Text. Sie reicht von der wortgetreuen Abschrift oder dem Nachdruck eines Textes über Redaktionen und Übersetzungen in andere Sprachen bis hin zu Zitaten oder Anspielungen.

Transformation

- *Transformation:* Der Begriff der Transformation (von lateinisch *transformare* = umformen, verwandeln) trägt der Beobachtung Rechnung, dass Texte durch Rezeption verändert werden. Dieses Phänomen kann auch als „kreative Rezeption“ verstanden werden. Die Rede von Transformationen prägte seit den 2010er-Jahren die Kulturwissenschaften stark. Sie trägt der Tatsache Rechnung, dass der Rückgriff auf Relikte aus der Vergangenheit fast immer im Interesse der eigenen Gegenwart geschieht - und dass dies seine Spuren an den verwendeten Relikten hinterlässt. Der Begriff Transformation kann auf einzelne Quellen wie auch auf größere Phänomene angewendet werden. So wird etwa von Transformationen der klassischen Antike in Spätantike und Renaissance gesprochen.

Allelopoiesis

- *Allelopoiesis:* Dieser Kunstbegriff wurde von einer interdisziplinären Forschungsgruppe geprägt, die in den Jahren 2005 bis 2015 an der Berliner Humboldt-Universität „Transformationen der Antike“ untersuchte. Er ist zusammengesetzt aus den griechischen Wörtern ἀλλήλον = gegenseitig sowie ποιήσις = Hervorbringung und führt den Ansatz der Transformation weiter. Im Hintergrund steht die Beobachtung, dass Rezeption immer ein Vorgang ist, der nicht nur das Objekt, sondern auch das Subjekt der

Rezeption betrifft und verändert. Rezipierende und Rezipiertes bringen einander im Rezeptionsvorgang gegenseitig hervor. Dies gilt nicht nur für frühere Aufnahmekontexte, sondern auch für die forschenden Subjekte selbst. Wenn ich also heute Huldrych Zwinglis Schrift „Von erkiesen und fryheit der spysen" lese, dann eigne ich mir diesen Text an - und dies hat Auswirkungen sowohl auf den Text (es ist nicht mehr „der Zwingli" von Zürich im Jahr 1522) als auch auf mich (weil die Lektüre sich auf mein Denken, vielleicht sogar auf mein Leben, auswirkt).

Literatur

Hartmut Böhme/Lutz Bergmann/Martin Dönike/Albert Schirrmeister/Georg Töpfer/Marco Walter/Julia Weitbrecht (Hg.): Transformation. Ein Konzept zur Erforschung kulturellen Wandels, Berlin 2011 (E-Book 2019).

Pragmatisch & Kompakt

Wirkungen

Da Text und Autorschaft zwar unterschieden, aber nicht voneinander abgetrennt werden können, ist es hilfreich, von den Wirkungen des Textes zu sprechen. Es lassen sich intendierte (beabsichtigte) und kontingente (tatsächliche) Wirkungen unterscheiden. Bei der Frage nach intendierten Wirkungen spielen Autor:innen, Text und Adressat:innen eine wesentliche Rolle, wobei die unterschiedlichen Faktoren argumentativ oft zu „weichen" Beurteilungen führen. Für die kontingenten Wirkungen, die zusätzlich in kurzfristige und langfristige Wirkungen unterschieden werden können, spielen der Text und seine Rezipient:innen die wesentliche Rolle, während die Autor:innen in den Hintergrund treten. Um an die Rezeption eines Textes zu kommen, müssen die „Spuren" des Rezeptionsprozesses gesichert und analysiert werden.

Anwendungsbeispiel

Der Streit um das Apostolikum

Apostolikum – Name und Gebrauch

Über Jahrhunderte gehörte das „*Symbolum apostolicum*" (wie es neuzeitlich genannt wird, zuvor wurde es als „*Symbolum Apostolorum*" bezeichnet), oft vereinfachend als „Apostolikum" überschrieben, zum christlichen Grundbestand der Lehre und des Kultes. Es wurde im Gottesdienst, vor allem bei Taufen, benutzt, um den Glauben zu bekennen, im Gebet diente es der inhaltlichen Ausrichtung etwa im Tagzeitengebet oder bis heute beim Rosenkranzgebet.

Entstehungsgeschichte und Gattung

Das Apostolikum hat in seiner heutigen Form eine komplizierte Entstehungsgeschichte. Erstmals ist es Anfang des 8. Jahrhunderts in einer annähernden Textgestalt bezeugt. Es ist eine erweiterte Fassung des sogenannten „*Romanum*", eines stadtrömischen Taufbekenntnisses, das wohl im 3. Jahrhundert aus einem älteren Taufbekenntnis hervorging, das in Frageform gefasst und in der Tauffeier benutzt worden war. Das „*Romanum*" war die Grundlage für verschiedene lokale Bekenntnisse. Durch die Rezeption erlangte das Apostolikum schon im 8. und 9. Jahrhundert eine überregionale Bedeutung, setzte sich dann auch als römisches Taufbekenntnis durch und erlangte bis ins 13. Jahrhundert in der westlichen Kirche seine zentrale Stellung für Liturgie und Theologie. Die ältere Bezeichnung *„Symbolum Apostolorum"* weist noch darauf hin, dass seine Entstehung schon früh den Aposteln zugeschrieben wurde.

Intendierte und tatsächliche Wirkung

Das Apostolikum gehört ursprünglich also in den Zusammenhang der Taufliturgie. Der christliche Glaube sollte in seinen wesentlichen Inhalten den Täuflingen vorgelegt, im Taufunterricht erläutert und dann während der Taufe bekannt werden. Die „intendierte Wirkung" des Textes war es also, die Glaubensinhalte kurz und prägnant in verständlicher Weise für die Täuflinge und für die christliche Gemeinde zusammenzufassen. Dass der Text dann überregionale und schließlich eine beherrschende Stellung in der westlichen Kirche erlangte, gehört zu den „tatsächlichen Wirkungen" des Textes, der sich gegenüber anderen regionalen Taufbekenntnissen durchsetzte.

Stellung während der Reformation

Die Reformatoren hielten am apostolischen Glaubensbekenntnis fest und schätzten es hoch. In der Erschließung und Vermittlung der christlichen Glaubensüberzeugungen war es ein fester Bestandteil. Es wurde in den Katechismen ausgelegt und erhielt so Eingang in die normativen Bekenntnisschriften der reformatorischen Kirchen (*norma normata*). Martin Luther legte es im Großen und im Kleinen Katechismus aus (1529), und auch im Heidelberger Katechismus war es enthalten (1563). Am Apostolikum wurde damit die reformatorische Erkenntnis affirmativ dar- und ausgelegt. Die Reformatoren zogen es aber auch bei, wenn sie ihren reformatorisch geprägten Glauben gegenüber der etablierten Kirche rechtfertigen mussten. Sie wollten dann darauf verweisen, dass sie nicht eine „neue" Lehre aufbrachten, sondern vielmehr auf den alten, bewährten Grundlagen kirchlicher Lehre fußten. Huldrych Zwingli etwa orientierte sich in seinen theologischen Schriften *„Fidei Ratio"* (1530) und *„Christianae Fidei Expositio"* (1531) am Apostolikum, oder er legt es in seiner Berner Predigt 1528 im Rahmen der Einführung der Reformation in Bern 1528 aus. Auch in der *„Confessio Augustana"* (1530) wird das apostolische Glaubensbekenntnis als Grundbestand des christlichen Glaubens aufgenommen und ausdrücklich erwähnt (Art. 3 „Von dem Sohne Gottes"). Diese kontingente Wirkung des Apostolikums, Gottesdienst und Lehre der reformatorischen Kirchen auszurichten und zu formen, kann zwar nicht zu den beabsichtigten Wirkungen des Textes gehören, liegt aber doch auf der Linie, die Kerngehalte der christlichen Lehre zusammenzufassen und im Gottesdienst zu bekennen. Bis in die Gegenwart dient das Apostolikum in ökumenischen Gesprächen zwischen der römisch-katholischen Kirche und den reformatorischen Kirchen als gemeinsamer, einigender Bezugspunkt.

Anhebende Kritik

Erstmals wurde das Bekenntnis im 17. Jahrhundert von der lutherischen Orthodoxie inhaltlich kritisiert, weil es wesentliche reformatorische Erkenntnisse wie die Rechtfertigung allein aus Glauben nicht umfasse, zugleich aber Inhalte wie die Jungfrauengeburt Mariens oder die Höllenfahrt Christi darlege, die nicht zum zentralen (reformatorischen) Glauben gehörten.

Apostolikumsstreit in Deutschland

Im 19. Jahrhundert wurde die Kritik aber so grundlegend, dass eine Entfernung des Bekenntnisses aus dem Gottesdienst und dem Lehrbestand gefordert wurde. In Deutschland brach der Konflikt um das Apostolikum 1871/1872 aus, als zwei Pfarrer des Berliner kirchlichen Liberalismus in Vorträgen Jungfrauengeburt und Höllenfahrt kritisierten. Das Berliner Konsistorium sprach einen Verweis und eine Amtsenthebung aus. Als der Evangelische Oberkirchenrat als nächsthöhere Instanz die Amtsenthebung aufhob, erregten sich die Gemüter der konservativen Kirchenparteien.

1877 beantragte die Kreissynode Berlin-Kölln die Abschaffung des Apostolikums, was Wilhelm I. zu einer scharfen Entgegnung bewog. 1891 ersetzte der pietistisch geprägte württembergische Pfarrer Christoph Schrempf bei der Taufe das Apostolikum durch eine selbst verfasste Tauffrage. Nach einer Untersuchung wurde er von der Kirchenbehörde seines Amtes enthoben. Dieser Anlass sorgte für großes Aufsehen und heftige Diskussionen in ganz Deutschland. Schrempf war kein Außenseiter, sondern wurde innerhalb seiner Landeskirche unterstützt. Von Studenten um Rat gebeten, äußerte sich auch Adolf Harnack, zeigte Verständnis für die Kritik an der Verwendung des Apostolikums, lehnte eine Abschaffung aber ab und empfahl, den liturgischen Gebrauch freizustellen, bis ein zeitgemäßes Bekenntnis abgefasst sei. Das apostolische Glaubensbekenntnis wirkte in diesem historischen Kontext nicht einigend und vergewissernd, sondern führte zu einer scharfen innerkirchlichen Kontroverse – eine kaum beabsichtigte, aber tatsächliche Wirkung des Textes.

Apostolikumsstreit in der Schweiz

Schon früh brach der Streit um das Apostolikum auch in der Schweiz aus. Der Auftakt kam 1845 aus St. Gallen, wo in der reformierten Synode die Streichung aus der Taufliturgie beantragt wurde, aber keine Mehrheit fand. In Zürich verabschiedete die Synode eine Liturgie, die für die Sakramente jeweils zwei Formulare vorsah, eines mit und eines ohne Apostolikum. Ein einziges und verbindliches Formular ohne Apostolikum wurde 1874 von der Synode im Kanton Thurgau verabschiedet, worauf sich eine Minoritätsgemeinde von der Kirche lossagte. Hier ereignete sich auch rechtlich eine Kirchentrennung. In Basel und Bern wurde die Frage während der 1870er-Jahre in den Kirchen mit reger Anteilnahme der Öffentlichkeit heftig debattiert. Am Ende des Jahrzehnts war das apostolische Glaubensbekenntnis in keiner der kantonalen Kirchen mehr exklusiv und verpflichtend vorgesehen. Damit hatte sich in der Schweiz der theologische Liberalismus durchgesetzt, der um der Freiheit und Wahrhaftigkeit des Glaubens willen unterschied zwischen einem ausformulierten, bindenden Bekenntnis und einem notwendigen, zum Wesen der Kirche gehörenden Bekennen, das in der Debatte der Zürcher Synode auch als „Bekenntniss, das in der Luft schwebt" (Gebhard, S. 92) bezeichnet wurde.

Langfristige Wirkung

Obwohl es nur im Thurgau zu einer kleinen Kirchentrennung kam, wurden faktisch die Kirchgemeinden bis in die zweite Hälfte des 20. Jahrhunderts von der Kontroverse zwischen „freisinnigen", liberalen und „positiven", konservativen Mitgliedern geprägt. In den größeren Kirchgemeinden wurden jeweils ein liberaler und ein konservativer Pfarrer gewählt, sodass die liberalen und die konservativen Gläubigen den Gottesdienst und die Sakramente bei „ihrem" jeweiligen Pfarrer besuchten. Es handelte sich dabei nicht um eine rechtliche Kirchentrennung, aber faktisch doch um einen tiefen Zwiespalt, der das kirchliche Leben zeichnete. Das Apostolikum hatte in seiner tatsächlichen Wirkung im 19. und 20. Jahrhundert exakt das Gegenteil von dem hervorgerufen, was es ursprünglich beabsichtigt hatte, nämlich den einen christlichen Glauben zum Ausdruck zu bringen und zu bekennen.

Literatur

Julia Winnebeck: Apostolikumsstreitigkeiten. Diskussionen um Liturgie, Lehre und Kirchenverfassung in der preußischen Landeskirche 1871–1914 (Arbeiten zur Kirchen- und Theologiegeschichte, Bd. 44), Leipzig 2016.

Rudolf Gebhard: Umstrittene Bekenntnisfreiheit. Der Apostolikumsstreit in den Reformierten Kirchen der Deutschschweiz im 19. Jahrhundert, Zürich 2003.

Hermann Hesse: Nachruf auf Christoph Schrempf, in: Neue Schweizer Rundschau, Bd. 11 (1943–1944), S. 717–726.

VI. Quellenvergleich

Häufig können Eigenarten und Akzentsetzungen im Vergleich zweier oder mehrerer Texte besser erkannt werden als in der isolierten Betrachtung einzelner Quellen. Im Vergleich entsteht eine Art von „Tiefenschärfe", die den Gegenstand und seine Eigenarten klarer erkennen lässt.

Ereignisse und Strukturen

Wenn das Erkenntnisinteresse auf die zuverlässige Rekonstruktion historischer Ereignisse oder Zusammenhänge zielt, ist ein Quellenvergleich im Grunde unverzichtbar. Dieser kann aber erst erfolgen, wenn Umfeld, äußere Gestalt und innere Ausgestaltung in allen zu vergleichenden Texten untersucht wurden.

Regeln

Für den Quellenvergleich zur Gewinnung historisch zuverlässiger Erkenntnisse hat Christoph Markschies (S. 129) vier Regeln aufgestellt, die wir hier mit geringen Anpassungen wiedergeben:

1. Es muss beim Quellenvergleich sorgfältig auf die Gleichartigkeit bzw. Unterschiedlichkeit der Quellen im Blick auf Zeit, Ort, Gattung und Tendenz sowie auf Abhängigkeitsverhältnisse zwischen den zu vergleichenden Quellen geachtet werden.
2. Die Quelle mit der am wenigsten tendenziösen Sicht auf den Gegenstand hat Vorrang.
3. Die ältere Quelle hat, sofern sie nicht übertrieben tendenziös berichtet, den Vorrang.
4. Ein Ereignis ist umso wahrscheinlicher und eine Information ist umso glaubwürdiger, je mehr voneinander unabhängige Quellen sie bezeugen.

Vorstellungen und Ideen

Wenn das Erkenntnisinteresse auf die Tendenzen und Intentionen, auf Vorstellungen und Ideen in der Quelle selbst gerichtet ist, kann ein Vergleich mit anderen Quellen hilfreich sein, um die beobachteten Akzentsetzungen und Wertungen, die sprachlichen Bilder und philosophisch-theologischen Argumente einzuordnen. Repräsentieren sie ein sehr spezifisches Profil der Autorin bzw. des Autors, oder reihen sie sich in den damaligen Mainstream ein? Ergibt der Quellenvergleich bestimmte Abhängigkeiten oder Rezeptionsverhältnisse? Für einen Quellenvergleich mit diesem Erkenntnisinteresse ist nur die erste der oben aufgeführten Regeln relevant. Die anderen Vergleichspunkte müssen mit Blick auf die jeweilige Fragstellung spezifisch formuliert werden.

Selbstverständlich kann eine historisch-theologische Arbeit auch von vornherein auf einen Quellenvergleich abzielen. In diesem Fall ist bereits bei der Konzeption auf die erste oben aufgeführte Regel zu achten. Der eigentliche Quellenvergleich kann erst nach der Untersuchung von Umfeld, äußerer Gestalt und innerer Ausgestaltung der entsprechenden Quellen erfolgen. Allerdings ergeben sich aus der komparativen Fragestellung wahrscheinlich bereits Schwerpunktsetzungen für die Auswahl und Ausführung der einzelnen Methodenschritte.

Vierter Teil: Betrachten, Untersuchen und Ausdeuten von Bildquellen

I. Bilder als Quellen

Bilderreichtum

Wir leben in einer bilderreichen Welt. Viele Informationen in digitalen und gedruckten Medien erreichen uns zuerst über Bilder. Denn Bilder wirken unmittelbarer als Texte. Sie lassen sich mit einem Blick erfassen. Sie scheinen uns die Welt vor Augen zu führen, wie sie wirklich ist. Sie halten Momente der Wirklichkeit fest, die unserer Erinnerung schnell entgehen würden oder die wir gar nicht so schnell erfassen konnten, wie sie geschehen sind. Der Leistungssport kommt schon lange nicht mehr ohne Bild- und Videobeweise aus, und das Verhältnis von Text und Bild in Zeitungen und Nachrichten hat sich im Verlauf der vergangenen Jahrzehnte kontinuierlich zugunsten der Bilder verschoben. Wir sind es gewohnt, uns einen Großteil unserer globalen Gegenwart über Bilder zu erschließen.

Bild und Abbild im Alltag

Die Allgegenwart und (angebliche) Unmittelbarkeit von Bildern kann leicht darüber hinwegtäuschen, dass Bilder nicht einfach Abbilder der Wirklichkeit sind. Kaum eine digitale Aufnahme wird im digitalen Zeitalter unbearbeitet in die Welt gesandt. Längst sind wir daran gewöhnt, Bildausschnitte und Farbgebung zu optimieren, wenn nicht sogar störende Elemente aus der Originalaufnahme zu entfernen oder gewünschte hinzuzufügen. Aber auch unbearbeitete Bilder sind Produkte einer interpretierten und gestalteten Wahrnehmung: Die Fotografin bestimmt, welchen Ausschnitt der Wirklichkeit die Betrachter:innen mit welcher Tiefenschärfe sehen und welche Perspektive sie dabei einnehmen. Mit der Erfindung der Selfie-Funktion hat sich zudem die Blickrichtung umgekehrt: Während die Betrachter:innen von Fotografien in früheren Zeiten mit den Urheber:innen eines Bildes in dieselbe Richtung schauten, ist es nun möglich, dass die dargestellten Personen den Blick der Betrachtenden antizipieren und auf sich selbst lenken. Damit ist eine ganz neue Deutungshoheit der Bildobjekte über ihre eigene Abbildung gegeben. Die technischen Möglichkeiten erlauben einen enorm kreativen Umgang mit den Quellendaten – und damit einen enorm kreativen Umgang mit der abgebildeten Wirklichkeit. Dies alles ist uns im Grunde genommen klar. Doch entspricht unsere alltägliche Rezeption von Bildern dieser Einsicht meistens nicht. Umso wichtiger ist eine Reflexion über den Umgang mit Bildern in wissenschaftlichen Zusammenhängen.

Bilder in der Wissenschaft

Auch im wissenschaftlichen Alltag entspricht der Umgang mit Bildmaterial nicht immer der Einsicht in die komplexe Natur von Bildern. Allzu oft werden Bilder in Präsentationen für Vorlesungen und Vorträge, in Arbeitsmaterialien und Lehrbüchern unkommentiert als bloße Illustration für Texte verwendet – so, als würden sie die „selbstredend" historische Wahrheit zeigen. Dies geschieht nicht nur mit Fotografien, sondern für die Zeit vor der Erfindung der Fotografie auch mit Gemälden und Zeichnungen, Skulpturen, liturgischen Gegenständen und Gebäuden. Kaum eine Einführung in die Reformationsgeschichte kommt ohne die Portraits Martin Luthers und Huldrych Zwinglis von Lukas Cranach d. Ä. und Hans Asper aus. Aber nur selten wird auf die spezifischen Perspektiven und Darstellungsmodi eingegangen, die diese Bilder prägen. In den meisten Fällen werden sie den Texten unkommentiert beigefügt, gewissermaßen als dokumentarisches Anschauungsmaterial, das vor Augen führt, wie die behandelten Personen tatsächlich ausgesehen haben.

Bilder als Kunstwerke

Aber weder Gemälde noch Fotografien bilden Wirklichkeit einfach ab, sondern beide sind Kunstwerke, kreative Gestaltung der Weltwahrnehmung. Im Zuge der technischen Fortschritte haben sich Malerei und Fotografie sogar einander angenähert: Beide speisen sich aus der Betrachtung der wirklichen Welt, aber sie bilden diese Welt nicht ab, sondern gestalten und deuten sie. Wieder kann ein Blick in die Medien den Wandel verdeutlichen: Fotografie wird bereits seit Längerem als journalistisches *„storytelling"* angesehen, wie etwa die jährliche Vergabe von Preisen für die besten *„World Press Photos"* zeigt. Und während bis vor Kurzem vor allem Fotografien zur Illustration von Texten genutzt wurden, setzen Zeitschriften heute zunehmend Grafiken oder auch Gemälde ein. Manchmal werden Inhalte auf ganzseitigen ikonischen Darstellungen vermittelt, bei denen nur wenige Textanteile die Symbole und Bilder erläutern.

Texte und Bilder

Auch im Blick auf ihren Quellenwert für die historische Erkenntnis sind die Unterschiede zwischen Bildern und Texten weniger groß, als es im alltäglichen Umgang mit Bildern scheinen mag. Diese Einsicht versuchen wir mit den in der Kapitelüberschrift gewählten Verben auszudrücken, die nahezu mit den für die Textinterpretation gewählten identisch sind: Als Quellen historisch-theologischer Arbeit können und müssen Bilder wie Texte analytisch untersucht und ausgedeutet werden. Denn bei der Interpretation von Bildquellen stellen sich ganz ähnliche Fragen wie für Texte: Auch hier spielen die äußere Gestalt (Material, Aufstellungs- bzw. Anbringungsort und Kontext, Echtheit) und die innere Ausgestaltung (Bildelemente, Formen und Farben, Umgang mit Traditionen, Bildrhetorik und -pragmatik) und die Wirkung (Bearbeitungen, Rezeption) eine entscheidende Rolle.

Der wesentliche Unterschied besteht in der Wahrnehmung, die aus der unterschiedlichen raumzeitlichen Ausdehnung von Texten und Bildern resultiert: Texte präsentieren ihre Inhalte in einem fortlaufenden Modus, nach und nach, und werden daher in der diachronen Wahrnehmungsweise des Lesens erfasst. Bilder dagegen präsentieren sich räumlich und werden in der synchronen Wahrnehmungsweise des Betrachtens erfasst.

Bilder als Quellen

Bilder können in vieler Hinsicht als Quellen für historische Erkenntnis dienen. Wie auch bei Texten hängt der Umgang mit Bildern in der historischen Arbeit von der Fragestellung ab. So können Gemälde und Fotografien Anschauungsmaterial über die kulturellen Gegebenheiten ihrer Entstehungszeit geben, etwa über zeitgenössische Kleidung, Möbel oder Werkzeuge. In diesem Fall muss keine besonders ausgefeilte Methodik zur Interpretation der Bilder angewendet werden. Allerdings ist es ratsam, auch in diesen Fällen das Bewusstsein wachzuhalten, dass kein Bild einfach die historische Wirklichkeit zeigt, sondern auch typisierte Darstellungen möglich sind.

Begrenzung

Wir konzentrieren uns hier, entsprechend unserem Verständnis von historischer Theologie als Inanspruchnahme des Christlichen, auf die Interpretation von Bildaussagen im Kontext christlicher Kulturgeschichte. Obwohl in den vergangenen Jahrzehnten das Bewusstsein für die Bedeutung und die Eigenart von Bildquellen in den historischen und theologischen Wissenschaften gestiegen ist, gibt es noch keine etablierte oder standardisierte Methodik zur Analyse und Interpretation von Bildern als Quellen historisch-theologischer Forschung. Im Folgenden stellen wir zwei verschiedene Ansätze zur Untersuchung von Bildquellen vor, die zuerst in den Kulturwissenschaften entwickelt und von uns für die historisch-theologische Arbeit adaptiert wurden: die „ikonologisch-ikonographische Methode“ nach Erwin Panofsky und die „Cluster-Methode“ nach Sonja K. Foss. In einem dritten, synthetischen Schritt schlagen wir ein Vorgehen bei der Bildinterpretation vor, das die Stärken, aber auch die berechtigte Kritik an diesen beiden Methoden einbezieht, und führen am Beispiel der Dreifaltigkeitsikone von Andrej Rubljov skizzenhaft vor, wie dieses Vorgehen im Rahmen historischer Theologie angewendet werden kann.

II. Die ikonographisch-ikonologische Methode nach Erwin Panofsky

In den 1920er- und 1930er-Jahren bemühte sich ein Kreis von Intellektuellen in Hamburg gegen den Trend der Zeit um die Wiederbelebung einer kunsthistorischen Methode, bei der nicht Stil- und Formanalysen, sondern die Bildinhalte und -aussagen im Vordergrund stehen. Sie nannten diese Methode, unter Rückgriff auf ein Werk des Renaissance-Gelehrten Cesare Ripa aus dem Jahr 1593, „Ikonologie“. Zu den Mitgliedern dieses Hamburger Kreises zählte neben seinen Begründern, dem Künstler Aby Warburg und dem Philosophen Ernst Cassirer, auch der Kunsthistoriker Erwin Panofsky. Er veröffentlichte im Jahr

1939, kurz nach seiner von den Nationalsozialisten forcierten Übersiedlung von Hamburg nach Princeton, seine „Studien zur Ikonologie". Mit seinem Namen verbindet sich heute vor allem die ikonographisch-ikonologische Methode. Die Bezeichnung ist programmatisch für das Verständnis von Bildern, das hinter dieser Methode steht: Bilder werden geschrieben (ikonographisch, von griechisch γραφεῖν = schreiben, und davon abgeleitet auch: malen) und können entsprechend gelesen und rational gedeutet (ikonologisch, von griechisch λόγος = Wort, Sache, Verstand) werden. Dabei legte Panofsky großen Wert auf die Berücksichtigung des historischen und kulturellen Kontextes eines Bildwerks. „Ein australischer Buschmann wäre nicht in der Lage, das Motiv des letzten Abendmahls als solches zu erkennen; ihm würde es lediglich die Vorstellung eines Essens in lebhafter Runde vermitteln", schrieb er mit Blick auf Leonardo da Vincis berühmtes Mailänder Gemälde aus den 1490er-Jahren (Panofsky 1980, S. 130; ↗ Abb. 8). Und der englische Kunsttheoretiker Peter Burke fügte im Jahr 2001 richtig hinzu: „Die meisten (westlichen) Leser dürften sich in einer ähnlichen Situation befinden, wenn sie mit der Bildsprache von Hindus oder Buddhisten konfrontiert werden" (Burke, S. 43).

Abb. 8 Leonardo da Vinci, Il Cenacolo, 1494–1497, Wandgemälde in Secco-Technik, Dominikanerkloster Santa Maria delle Grazie, Mailand.

Dreischritt

Weil also Bilder die kulturellen Codes ihrer Entstehungszeit und -umgebung in sich tragen, müssen diese Codes entschlüsselt werden, um zu einer angemessenen Deutung des Bildes als Quelle für seine Zeit zu gelangen. Diesem Anliegen dient die sorgfältige Unterscheidung von drei Schritten im Prozess der Bildinterpretation:

Beschreibung

Zuerst sollen in der *ikonographischen Beschreibung* die „natürlichen“ Dinge und Ereignisse im Bild möglichst deutungsfrei identifiziert werden, also im Blick auf das Abendmahl etwa der Tisch, die Menschen, das Geschirr und die Brote (Dinge) sowie das gemeinsame Essen (Ereignis).

Analyse

Erst im zweiten Schritt, der *ikonographischen Analyse*, wird die konventionelle Bedeutung von Motiven und Symbolen unter Berücksichtigung der zeitgenössischen kulturellen Codes entschlüsselt und ihrer Vorgeschichte analysiert. In diesem Schritt kann da Vincis Fresko als letztes Abendmahl Jesu mit seinen Jüngern erkannt werden, wie es in den Evangelien beschrieben wird.

Interpretation

Schließlich wird im Rahmen der *ikonologischen Interpretation* die Bedeutung des Bildes in seinem kultur- und ideengeschichtlichen Kontext rekonstruiert und gedeutet. Hierfür ist nach Panofskys Überzeugung das intensive Studium von Textquellen, vor allem von zeitgenössischen philosophischen Werken, unverzichtbar.

Würdigung

Dabei hat Panofsky nicht nur Inhalte und Aussagen im Blick, die Kunstschaffende bewusst ins Bild gesetzt haben, sondern auch solche, die in der jeweiligen Zeit so selbstverständlich waren, dass sie eher unbewusst Eingang in das Bild gefunden haben. Es geht ihm also nicht ausschließlich darum, die Intention der Kunstschaffenden zu rekonstruieren, sondern ein Bildwerk insgesamt als Quelle für seine Zeit zu deuten. Eine ganz ähnliche Überlegung haben wir im Zusammenhang mit den drei Leseweisen für Texte mit der Unterscheidung der Lektüre „gemäß der Intention“ und „zwischen den Zeilen“ angestellt [↗ Leseweisen, Dritter Teil I.]. Die besondere Stärke von Panofskys Ansatz besteht in der Sensibilität für kulturelle und historische Kontexte. Die Trennung der (vorikonographischen) Beschreibung von der (ikonographischen) Analyse bewahrt vor vorschnellen Identifikationen von Bildinhalten aufgrund von Selbstverständlichkeiten der eigenen Zeit der Betrachtenden und zwingt zur historischen Arbeit mit den Konventionen der Entstehungszeit eines Bildes. Ein verwandter Gedanke steckt hinter unserer Aufforderung, die Kontextualität und Fremdheit von historischen Quellen im Bewusstsein zu behalten und ihr methodisch gerecht zu werden [↗ Grundkompetenzen, Erster Teil V.].

Kritik und Weiterführung

Diese Parallelen verdeutlichen, dass und inwiefern sich die ikonographisch-ikonologische Methode besonders gut zur Wahrnehmung und Deutung von Bildern als Quellen für die historische Arbeit eignet. Wenn wir sie heute anwenden, sollten wir allerdings auch die berechtigte Kritik berücksichtigen, die an dieser Methode geübt werden kann und geübt wurde. Sie betrifft im Wesentlichen drei Bereiche.

Eigenwert der Bilder

Erstens ist die Dominanz von Texten bei der Interpretation von Bildern zu hinterfragen. Abgesehen davon, dass die Auswahl der Referenztexte meist intuitiv ist und eine Kenntnis dieser Texte bei den zeitgenössischen Auftraggebern, Künstlerinnen und Betrachtenden in den seltensten Fällen als gesichert erwiesen werden kann, stellt sich die ganz grundsätzliche Frage, ob Eigenart und Eigenwert von Bildern in dieser Methode ausreichend gewürdigt werden können. Es empfiehlt sich daher, die ikonographisch-ikonologische Methode mit anderen Ansätzen zu kombinieren, bei denen die Eigenheiten von Bildern stärker zur Geltung kommen. Dies ist etwa bei der Cluster-Analyse mit ihrer Analyse von Bildrhetoriken der Fall [↗ Cluster-Analyse, Vierter Teil III.].

Materialität

Zweitens spielen die Materialität und der konkrete Kontext von Bildwerken, also die Gattung (Malerei, Skulptur, Handschriftenminiatur) und der Anbringungsort (z.B. öffentlich oder privat; Kirche, Palast oder Grab.) bei Panofsky eine untergeordnete Rolle für die Deutung eines Bildes. Für die historische Arbeit ist die Einbettung von Quellen in ihren lebensweltlichen Kontext und damit verbunden die Frage nach der Funktion von Quellen in diesem Kontext jedoch zentral. Welche Rolle spielt es, dass da Vincis Abendmahl sich ursprünglich im Speisesaal eines Dominikanerklosters befand? Diese Frage kann bei der Interpretation des Bildes im Kontext der Historischen Theologie nicht außer Acht gelassen werden.

Herstellung

Drittens findet die soziale Komponente von Bildherstellung und -rezeption bei Panofsky zu wenig Beachtung. Auftraggeberinnen, Künstler und Betrachtende könnten je eigene und sehr unterschiedliche Interessen und Perspektiven im Blick auf Bilder haben. Daher ist es – jedenfalls im Kontext der Historischen Theologie – problematisch, von nur einem möglichen Bildinhalt auszugehen. Wenn es der Historischen Theologie darum geht, verschiedene Weisen der Indienstnahme des Christlichen zu ergründen, dann sollte sie dafür nicht nur das Bild selbst, sondern auch die an seiner Herstellung, Nutzung und Rezeption beteiligten Menschen in den Blick nehmen. Dass dies nicht immer in aller Vollständigkeit geschehen kann und muss, sondern je nach spezifischer Fragestellung erfolgt, ändert nichts an der grundsätzlichen Forderung. Denn es dürfte ohne Weiteres einleuchten, dass zunächst da Vinci selbst ein anderes Interesse mit diesem Bild verband als sein Auftraggeber, der Mailänder Herzog Ludovico Sforza, und die Mönche, die es über Jahrhunderte während ihrer gemeinsamen Mahlzeiten betrachtet haben, noch einmal ein anderes Interesse hatten als Künstler und Auftraggeber.

Rezeption

Schließlich ist auch die Rezeption von Bildwerken beachtenswert und historisch-theologisch aufschlussreich, wie ein Blick in die allerjüngste Vergangenheit zeigt. Während der globalen pandemischen Krise, die wegen des SARS-Virus COVID-19 im Jahr 2020 in der gesamten Welt ausbrach, kursierten im Internet verschiedene Bearbeitungen des Bildes, darunter diese drei:

Abb. 9 Meme vom 2.4.2020
https://de.rbth.com/lifestyle/83270-gemaelde-quarantaene-memes (eingesehen am 30.07.2021).

Abb. 10 Einladung der Evangelischen Kirchengemeinde Sonnborn, eingestellt am 07.04.2020 https://www.sonnborn.de/aktuelles/aktuelle-meldungen/aktuelle-meldungen-leser/94456.html (eingesehen am 30.07.2021, Link 2023 inaktiv).

Abb. 11 Twitter-Post Meme mit Leonardos Abendmahl vom 2.12.2020 https://mobile.twitter.com/mausimmuseum/status/1334181148172431363/photo/1 (eingesehen am 30.07.2021).

Diese Bearbeitungen belegen nicht nur die Popularität des über fünfhundert Jahre alten Bildes, an dem Erwin Panofsky vor fast einhundert Jahren seine ikonographisch-ikonologische Methode veranschaulicht hat. Sie bezeugen auch die Auswirkungen, die der Lockdown während der Corona-Pandemie für die Kirchen und ihr Gemeinschaftsleben hatte - sowie die Versuche, damit konstruktiv oder auch humoristisch umzugehen.

Literatur

Peter Burke: Eyewitnessing. The Uses of Images as Historical Evidence, London 2001, dt. Ausg.: Augenzeugenschaft. Bilder als historische Quellen, übers. aus dem Engl. von Matthias Wolf, Berlin 2003.

Erwin Panofsky: Studies in Iconology, New York 1939, dt. Ausg.: Studien zur Ikonologie, übers. von Dieter Schwarz, Köln 1980.

III. Die Cluster-Analyse

Schlüsselbegriffe und Wortfelder

Die Cluster-Analyse stammt ursprünglich aus der Disziplin der Rhetorik (Kenneth Burke). Schlüsselbegriffe („key terms") eines Textes werden identifiziert. Entsprechende Wörter oder Wendungen, die im Text vorkommen, werden um den Schlüsselbegriff herum zu einer Gruppe („cluster") zusammengestellt. Diese „Cluster" können die Bilder und die Vorstellungen, die der Autor oder die Autorin von einem Gegenstand oder einem Thema entwerfen, aufschlüsseln. Das Vorgehen ist vergleichbar mit dem Suchen nach „semantischen Wortfeldern" [↗ Semantik, Dritter Teil IV.3].

Dreischritt

Diese Form der Textanalyse lässt sich auch für die „Lektüre" von Bildern verwenden. Sie versucht, die „Rhetorik", die Interaktion zwischen Bild und Betrachtenden, in den Blick zu nehmen und zu analysieren. Drei Schritte können das Vorgehen strukturieren (Sonja K. Foss). Sie werden hier zur Veranschaulichung an der sogenannten „Göttlichen Mühle" aus dem Jahr 1521 durchgeführt.

Schritt 1: Bestimmung der Schlüsselelemente des Bildes

Bildinhalte als Schlüsselelemente

Signifikante Bildinhalte werden erfasst und benannt. „Signifikant" sind Elemente, die „ins Auge fallen", herausgehoben oder intensiv dargestellt sind, sich wiederholen, über das ganze Bild sich verteilen oder an einem Ort konzentriert auftauchen. In Bildern können auch Formen, Figuren oder Farben als Schlüsselelemente identifiziert werden. Schlüsselelemente können auch Anordnungen sein (z. B. Über- und Unterordnungen oder Gegenüberstellungen).

Im Bild „Die Göttliche Mühle" können die folgenden Elemente als signifikant bezeichnet werden:

1. Personenansammlung
2. Figuren mit Nimbus
3. Gegenstände
4. Natur und Tiere
5. Texte

Abb. 11 [Martin Seger,] Göttliche müly, [hg. v. Hans Füssli,] Zürich [: Christoph Froschauer d. Ä., 1521], Zentralbibliothek Zürich, Sig. Zwingli 106: a.1.

Schritt 2: Erstellen der Cluster

Zuordnung und Beschreibung weiterer Beobachtungen

Weitere Elemente oder Begriffe um die Schlüsselbegriffe gruppieren (Cluster erstellen): Die Schlüsselstellen werden beschrieben, weitere Beobachtungen, Elemente, Begriffe den Schlüsselbegriffen zugeordnet. Diese Zuordnungen können sich ergeben durch die Stellung der Elemente, etwa lokale Nähe oder Unter- und Überordnung, durch thematische Verbindungen oder durch Zusammenhänge wie „Ursache-Wirkung". Diese Zusammenhänge können auch kurz umschrieben werden.

1. Personenansammlung: Die Personen in der Bildmitte sind unterschiedlich groß, unterschiedlich angezogen, einige sind mit Handlungen beschäftigt, sind aktiv, andere tun nichts und stehen da, sind passiv. Die Gruppe ist komplex und interagiert.
2. Figuren mit Nimbus: Linke, obere Bildecke Figur als Gott Vater, mit Weltkugel in der linken Hand, rechte Hand mit ausgestrecktem Zeigefinger, geneigtes Haupt mit Nimbus, Abgrenzung durch ein umstrahltes Wolkenband, Feuerflamme unterhalb der göttlichen Figur; zweite herausgehobene Figur mit Nimbus mittlere Bildhälfte links, Christusfigur, die einen Sack auf der linken Schulter trägt und den Trichter der Mühle mit kleinen Figuren - Personen und Tieren - befüllt, die ebenfalls je einen Nimbus haben (auch die Tiere).
3. Gegenstände: In der linken, mittleren und unteren Bildhälfte befinden sich ein Holzhaus mit Wasserrad, Wasserbach, Mühltrichter, runder Mühlkasten mit einer kleinen Mehlrinne, Auffangtisch für das Mehl, Sack mit Müllerzeichen und Kreuz gekennzeichnet, Holzgefäß, Bücher, Dreschflegel.
4. Natur und Tiere: Der Figur Gottes ist in der rechten, oberen Bildecke ein Ausschnitt aus der „Natur" gegenübergestellt, Hügel mit Wiese, Gebüsch, Bäumen, das erwähnte Wolkenband reicht bis zu dieser Darstellung; unterhalb des Hügels fliegt eine Vogelfigur über der Personengruppe in der rechten Bildhälfte und ruft „ban", „ban"; schon erwähnt ist der Wasserbach mit Mühlrad, die Szene findet auf festem Boden statt.
5. Textliche Elemente: Das Bild enthält auch textliche Elemente, Figuren sind angeschrieben, Spruchbänder liegen auf der Anrichte, der Vogel krächzt „ban", „ban". Das Bild ist überschrieben, und auf der Rückseite ist ein kurzer Text abgedruckt, der das Bild erläutert.

Schritt 3: Auslegen der umschriebenen Cluster

Vertieftes „Zusammenschauen" der Elemente und Beschreibungen

Die wahrgenommenen und umschriebenen Elemente werden in einem dritten Schritt vertieft beobachtet und (allenfalls mit den gesammelten Vorinformationen) in ihrem Zusammenhang des Bildganzen dargestellt. Damit sollten die Auffassungen des Autors zum aufgenommenen Thema sichtbar werden. Die Komposition der Schlüsselelemente, allenfalls auch die Gegenüberstellungen von Gut-und-Böse-Elementen, können Spannungen oder Konflikte aufzeigen.

1. Personenansammlung

Die Personen in der Bildmitte sind in zwei Gruppen unterteilt: Auf der linken Bildhälfte stehen fünf Personen zwar Rücken an Rücken, arbeiten aber offenbar vertrauensvoll zusammen, denn sie sind in den Ablauf einer Produktion eingebunden. Zwei Figuren überragen die Personengruppe, Christus mit Nimbus und der Bauer mit Hut, angeschrieben als „Karsthans", der den Dreschflegel schwingt und am Rücken eine Waffe trägt. Christus füllt den Mahltrichter mit dem Mahlgut, den vier Evangelisten - Matthäus als Menschengestalt mit Flügeln, Lukas als Stier, Markus als Löwe und Johannes als Adler, der eben aus dem Getreidesack gleitet - und Paulus mit dem Schwert in der Mitte des Trichters. Am Auffangtisch sammelt Erasmus von Rotterdam das aus der Mehlrinne fließende Mehl zusammen und füllt es in den Mehlsack, auf dem das Mühlrad als Müllerzeichen und das Kreuz für das Heilsereignis stehen. Das Mehl ist mit vier Spruchbändern versehen. Es handelt sich um die christlichen Tugenden „Glaube", „Hoffnung", „Liebe" (1. Kor 13) sowie die antike Kardinaltugend der „Stärke" (*fortitudo*). Über dem Sack schwebt eine Taube als Symbol für den Heiligen Geist. Erasmus trägt das Gewand eines Gelehrten mit Barett. Hinter Erasmus wirkt Martin Luther als Bäcker, der am Backtrog den Teig knetet. Luther trägt Tonsur und Mönchskutte und ist damit als Augustinereremit erkennbar. Die Figur zwischen Luther und „Karsthans" verteilt dann das „Brot" in Form von Büchern, nämlich der Bibel. Bauer, Müller und Bäcker sind an diesem Handwerk beteiligt. Dabei nimmt der Bauer „Karsthans" neben Christus, der als Müller fungiert, eine zentrale Stellung ein: Als Bauer, der das Getreide drischt, steht er am Anfang der Produktion, zugleich aber steht er auch am Ende, hinter der Figur, welche die Bibel verteilt, und schwingt den Dreschflegel, der über die andere Gruppe in der rechten Bildhälfte reicht.

Diese Gruppe auf der rechten Seite des Bildes besteht aus Geistlichen, die das Treiben der anderen Gruppe beobachten, selbst aber nicht tätig sind. Im Vordergrund steht eine Dreiergruppe, der Papst mit Hirtenstab und Tiara, neben ihm ein Kardinal mit entsprechendem Hut und dahinter ein Dominikanermönch mit Tonsur, weißem Habit und schwarzem Mantel. Hinter dieser Dreiergruppe sind eine Bischofsmütze sichtbar und der Kopf eines weiteren Geistlichen mit Tonsur. Es sind ebenfalls fünf Personen, die aber gedrängt am rechten Bildrand zusammenstehen. Über der Gruppe fliegt die erwähnte Vogelgestalt, die den Bann krächzt, den Bann, den der Papst über Ketzer ausspricht.

Zwischen diesen zwei Personengruppen sind Bücher in einer fallenden Bewegung dargestellt, das Produkt der „göttlichen Mühle" und ihrer Handwerker, das Evangelium, das den Geistlichen angeboten, von diesen aber nicht angenommen wird. Die fallenden Bücher liegen auf einer Diagonalen, die von der rechten, unteren Bildecke, die von den Geistlichen besetzt ist, über den Verteiler der Bücher und „Karsthans" zur linken, oberen Bildecke führt, in der Gott Vater dargestellt ist. Diese Diagonale trennt die beiden Personengruppen, stellt sie einander gegenüber, konfrontiert sie im Muster „Gut – Böse".

2. Figuren mit Nimbus

Alle Figuren, die mit Nimbus ausgezeichnet sind, befinden sich auf der linken, der „guten" Seite der Diagonalen: Gott ist in der linken, oberen Ecke des Bildes im Himmel situiert und deutlich von der „Welt" mit einem strahlenden Wolkenband getrennt. Die Weltkugel in der linken Hand zeichnet ihn als Regenten über die Welt aus, während die rechte Hand mit dem ausgestreckten Finger als Segensgestus verstanden werden kann. Zugleich ist die Figur Gottes der „Welt" und dem dargestellten Geschehen zugewandt. Durchbrochen wird diese göttliche Sphäre hin zur „Welt" mit einer Feuerzunge, Symbol für den heiligen Geist, die auf die Mühle zugreift. Jesus Christus ist in das Heilsereignis der „göttlichen Mühle" eingebunden, befüllt als Müller den Mahltrichter mit dem Mahlgut, den Evangelisten und Paulus, die ebenfalls mit dem Nimbus als heilige, göttliche Elemente ausgezeichnet sind, wenn auch weniger deutlich als Gott, Vater und Sohn.

Gott, Vater im Himmel, Jesus Christus als Müller und die Evangelisten mit Paulus als Mahlgut liegen in einer Linie von ganz oben im Himmel, zum Vermittler Jesus Christus in der oberen Bildmitte, zum Mahltrichter mit dem Mahlgut in der Bildmitte. Diese vermittelnde Linie kann weiter gezogen werden zur Taube, die in der unteren Bildmitte über dem Mehlsack schwebt. Die gleiche Richtung von oben nach unten wird unterstützt durch die schon erwähnte Feuerflamme, neben der Taube ein Symbol für den heiligen Geist, die aus dem Wolkenband auf die Mühle überschlägt. Die Auszeichnungen mit Nimbus nehmen von oben nach unten ab, das „Göttliche", das „Heilige", das durch den Nimbus angezeigt wird, geht ein in die Mühle und das Handwerk und schließlich in das Produkt, das „Brot" in Form des Evangeliums. Die Handwerker, „Karsthans", Erasmus, Luther und der Verteiler der Evangelien tragen keinen Nimbus.

3. Gegenstände

Die Gegenstände, welche die Handwerker benutzen, befinden sich in der linken, mittleren und unteren Bildhälfte und liegen damit auf der „guten" Seite der Diagonalen. Sie gehören alle in den Zusammenhang der Mühle: Das Haus mit dem Wasserrad, angetrieben vom Bach, der Mühltrichter, der runde Mühlkasten mit der kleinen Mehlrinne, der Auffangtisch für das Mehl, der Mehlsack mit Müllerzeichen und Kreuz, das Holzgefäß, in dem der Teig geknetet wird, und schließlich der Dreschflegel, der über beiden Bildhälften steht. Die Mühle selbst ist „marginalisiert“ und steht am linken Bildrand, im Zentrum stehen die Tätigkeiten, an denen der Bauer beteiligt ist, der das gedroschene Getreide für die Mühle liefern muss, der Müller, der das Getreide mahlt und das Mehl in Säcke abfüllt, und der Bäcker, der das Produkt der Mühle, das Getreidemehl, abnimmt und weiterverarbeitet. Bauer, Müller und Bäcker sind an der Produktion beteiligt, die in der Mitte der Darstellung steht. „Karsthans“ als Bauer, Jesus Christus als Müller, Erasmus als Müller und Luther als Bäcker sind aktiv in die Herstellung des Evangeliums involviert. Eine weitere Figur verteilt das Evangelium.

Die gegenüberstehende Gruppe der Geistlichen ist passiv. Als Gegenstände gibt es dort nur die Kleidung und die Hüte sowie den Hirtenstab, welche die Geistlichen in ihrer Funktion auszeichnen. Abwendung und abwehrende Hände sind die einzigen erkennbaren Tätigkeiten. Der von „Karsthans“ geschwungene Dreschflegel schwebt – gleichsam als Bedrohung – über der Gruppe der Geistlichen. „Karsthans“, mitten im Bild situiert, in gleicher Größe wie Christus dargestellt, diesen sogar ein wenig überragend, mit der gleichen Blickrichtung wie Gott Vater, erhält so eine zentrale, dynamische Stellung im Ganzen des Bildes. Während also die Gegenstände und die Aktivitäten auf der „guten“ Seite konzentriert sind, gibt es auf der „bösen“ Seite keine Gegenstände, die benutzt werden, vielmehr sind die Geistlichen untätig. Diese Passivität wird auch durch die Darstellung der Natur unterstrichen.

4. Natur und Tiere

In der rechten, oberen Bildecke ist „Natur“ dargestellt: ein Hügel mit Wiese, darauf Bäume und Gebüsch. Keine Bewegungen, keine Handlungen sind sichtbar. Obwohl der Ecke mit der Figur Gottes gegenüberliegend, ist diese Darstellung von „Natur“ nicht als dessen Schöpfung inszeniert, sondern erscheint vielmehr als Ausstaffierung des Szenenbildes. Sie liegt auf der „bösen“ Seite des Bildes und unterstreicht die Passivität des Klerus, der darunter steht. Diagonal gegenüber ist die Mühle mit ihren Gegenständen abgebildet, die für die Tätigkeiten der Handwerker benutzt werden. Der Bach als einziges natürliches Element treibt dort das Mühlrad an. Zwischen der „Natur“ und dem Klerus auf der rechten Bildhälfte fliegt eine Vogelkreatur, die einzige Aktivität, einzige Bewegung, die den Bann des Papstes in die Richtung der gegenüberliegenden Personengruppe kräht.

5. Textliche Elemente

Die textlichen Elemente sind auffällig. Sie sind unterschiedlich situiert: (1) Es gibt einzelne Wörter im Bild selbst, (2) der Holzschnitt ist als Ganzes mit einem zweizeiligen Titelreim überschrieben, wobei es sich nicht eigentlich um eine Titelüberschrift handelt, sondern um eine Bemerkung zum Bild, und schließlich (3) ist auf der Rückseite des Blattes ein Text abgedruckt, der das

Bild kurz und bündig beschreibt: „Beschribung der götlichen müly…". (4) Der Holzschnitt ist zudem Teil einer umfangreicheren Flugschrift, die insgesamt sechs Blätter enthält, fünf Blätter mit Text, mehrheitlich in der Form von Paarreimen.

Für die Bildinterpretation sind selbstverständlich alle Texte von Interesse und sollten berücksichtigt werden, allerdings sind mit dem Fokus auf das Bild selbst die Textelemente, die in einem unmittelbareren, engeren Zusammenhang stehen, von besonderem Interesse. Dazu gehören die Textelemente im Bild, die Überschrift und die Beschreibung des Holzschnittes (also Vorder- und Rückseite des ersten Blattes).

Im Bild sind zunächst drei Akteure ausdrücklich benannt: „Karsthans", Erasmus von Rotterdam und Martin Luther. Zudem sind, weniger gut lesbar, die Spruchbänder, die aus der Mehlrinne auf den Auffangtisch rieseln, von Erasmus zusammengeschaufelt und in den Mehlsack abgefüllt werden, angeschrieben: „hoffnung", „lieb", „gloub" und „sterk". Der Vogelfigur sind die Worte „ban", „ban" in den Schnabel gelegt. Der Text der Beschreibung des Bildes auf der Rückseite ist in Form eines Trichters dargestellt. Die göttliche Mühle sei durch Gottes Gnade gestartet („angelassen") worden, der berühmteste aller Müller, Erasmus von Rotterdam, schaufle das göttliche Mehl zusammen („zuosamen geschwarbet"), der treue Bäcker Martin Luther backe und der strenge „Karsthans" beschirme das Ganze. Damit sind die Hauptakteure, die schon im Bild selbst bezeichnet sind, in ihrer handwerklichen, metaphorischen Funktion beschrieben. „Karsthans" wird dabei weniger in seiner Rolle als Bauer, der das Getreide drischt, sondern als Beschützer der Herstellung des Evangeliums gesehen. Nicht erwähnt sind Jesus Christus, auch nicht die Person, die vor „Karsthans" steht und die Bücher verteilt. Als Autoren der „göttlichen Mühle" werden zwei Schweizer Bauern genannt, die dem groben und rauen Volk – wie die Bauern genannt würden – angehörten. Diese Bemerkung korrespondiert mit dem zweizeiligen Paarreim als Überschrift des Holzschnitts: „Dyß hand zwen schwytzer puren gmacht [–] Fürwar sy hand es wol betracht."

Der übrige Text, der mittelbarer zum Holzschnitt steht, könnte jetzt ebenfalls einbezogen werden, könnte ebenfalls mit der Cluster-Analyse behandelt und mit dem Holzschnitt in Verbindung gebracht werden. Welche inhaltlichen Elemente des Textes korrespondieren mit dem Holzschnitt? Welche stehen möglicherweise in Spannung dazu? Welche zusätzlichen Inhalte bietet der Text über den Holzschnitt hinaus?

6. „Karsthans" und der unbekannte Verteiler der Bibel

Werden alle Beobachtungen und die bisherigen Informationen zusammengenommen, liegt es nahe, die Figur des „Karsthans" noch einmal anzusprechen. Die Figur steht in der Mitte des Bildes, exakt im Schnittpunkt der beiden Bilddiagonalen, und ist prominent neben Christus platziert, den er abgesehen vom Nimbus sogar überragt. „Karsthans" ist die Bezeichnung für den „gemeinen Mann", typisiert als Bauer Hans mit einem „Karst", einer Hacke, mit der er das Feld bewirtschaftet. In der Entstehungszeit der Flugschrift gab es einen Diskurs um die reformatorische Bewegung, in dem diese Figur immer wieder aufgenommen wurde. Dabei entwickelte sie sich zu einem mündigen Bauern mit Dreschflegel, der sich religiös und politisch gewandt äußern kann und schließlich zum Anhänger der reformatorischen Lehre und zum Verteidiger des Evangeliums wird. In dieser Frühphase der Reformation ist die Figur des „gemeinen Mannes" eng mit der reformatorischen Bewegung verbunden. Der „gemeine Mann" wehrt sich als selbstständige Person gegen die etablierten religiösen und politischen Ordnungen. Mit den folgenden Entwicklungen, die in den Bauernkrieg führen, verschwindet die Figur aber schnell wieder von der Bildfläche.

Da Zwingli nachweislich an der Entstehung der Flugschrift beteiligt war, wurde die These aufgestellt, der unbekannte Verteiler der Bücher im Gewand eines Gelehrten mit Barett, der im schützenden Schatten des „Karsthans" steht, könnte Zwingli selbst sein. Die These lässt sich letztlich nicht einwandfrei belegen, ist aber reizvoll.

Weitere methodische Schritte

Diese letzten Beobachtungen am Bild zeigen, dass für die weitere Auslegung zusätzliche Informationen durch weitere methodische Schritte gewonnen werden müssen. Die Cluster-Analyse ist also jeweils nur ein möglicher Zugang zu Bildern (und auch zu Texten), die nicht ohne die übrigen methodischen Schritte angewendet werden sollte. Im vorliegenden Fall müsste sicher der Text beigezogen werden, der zur ganzen Flugschrift gehört, um die „innere Gestalt" der gesamten Schrift weiter zu ergründen: Sind Holzschnitt und Text inhaltlich stimmig? Geht der Text über die Inhalte des Bildes hinaus? Gibt es Spannungen oder Brüche zwischen Text und Bild? In welcher Zuordnung stehen Bild und Text? Auch die „äußere Gestalt" müsste weiter behandelt werden: Wer ist die Autorschaft? In welchem Zusammenhang steht sie mit den erwähnten „Schweizer Bauern"? Die Gattung der Flugschriften müsste behandelt werden. Wie und wann verlief der literarische Diskurs um „Karsthans"? Gibt es für den vorliegenden Druck Vorgänger oder Vorbilder? Wichtig wäre auch das Motiv der religiösen Mühlenbilder, etwa der zeitgeschichtlichen „Hostienmühlen", die für die „göttliche Mühle" Vorbilder waren.

Stärke der Cluster-Analyse

Die Cluster-Analyse kann außerordentlich fruchtbar sein, weil sie den Reichtum des Bildes und die vielfältigen Beobachtungen der Betrachtenden auf- und ernst nimmt. Je nach Fragestellung können einzelne Schlüsselelemente in den Hintergrund treten oder gar wegfallen, etwa wenn es allein um die Figur des „Karsthans" oder um die Abläufe der Herstellung geht. Trotzdem bleibt eine gesamthafte Analyse wichtig, weil etwa die Figur des „Karsthans" – wie wir gesehen haben – in bestimmten Zusammenhängen dargestellt oder der Herstellungsprozess mit bestimmten Rollenverteilungen dargestellt wird.

„Augenfällig" ist beim vorliegenden Holzschnitt, dass die reformatorische Bewegung als „Team" präsentiert wird, als Gruppe, die zusammenwirkt. Diese Zusammenarbeit wurde als inspiriert und gesegnet von Gottes Gnade, aber auch beschirmt und unterstützt vom Stand der gemeinen Leute, aufgefasst, was sozialgeschichtlich bemerkenswert ist. Die Vertreter der etablierten Kirche dagegen lehnen die Bewegung und den Kerngehalt, das Evangelium, ab und reagieren mit den altbekannten Waffen der Kirche, dem Bann. Die politische Ebene ist allein durch den Stand der Bauern repräsentiert. Vertreter der weltlichen Obrigkeiten fehlen.

Literatur

Kenneth Burke: A Rhetoric of Motives, Berkeley 1969 (New York 1950).

Sonja K. Foss: Rhetorical Criticism. Exploration and Practice, Long Grove [4]2009.

Christine Göttler: Das älteste Zwingli-Bildnis? – Zwingli als Bild-Erfinder: Der Titelholzschnitt zur „Beschribung der göttlichen müly", in: Hans-Dietrich Altendorf/Peter Jezler (Hg.): Bilderstreit. Kulturwandel in Zwinglis Reformation, Zürich 1984, S. 19–39.

Karsthans. Thomas Murners „Hans Karst" und seine Wirkungen in sechs Texten der Reformationszeit [...], hg., übers. u. komment. von Thomas Neukirchen, Heidelberg 2011.

IV. Synthese: Bildinterpretation in drei Schritten

Im Folgenden skizzieren wir ein Vorgehen zur Interpretation von Bildern im Rahmen der Historischen Theologie, das von der ikonographisch-ikonologischen Methode nach Erwin Panofsky inspiriert ist und die berechtigte Kritik daran aufnimmt. Dieser Kritik versuchen wir mit der Einbeziehung der Cluster-Analyse sowie weiterer Erkenntnisse aus dem Umgang mit Textquellen konstruktiv zu begegnen. Es ist ratsam, sich in der konkreten Erarbeitung einer Bildinterpretation an diesen Schritten zu orientieren und die Beobachtungen jedes Schrittes zu notieren. Der endgültige Text sollte dann aber nicht einen Bericht über das Vorgehen, sondern eine synthetische Darstellung der Erkenntnisse bieten. Wie das aussehen kann, wird im Anwendungsbeispiel vorgeführt.

IV.1 Betrachten und Beschreiben

Das Ziel dieses Schrittes ist die genaue (visuelle) Erfassung des Bildinhalts. Wie sieht das Bild aus? Was ist zu sehen?

Die Herausforderung besteht darin, keine vorschnellen Identifikationen vorzunehmen. Wenn zum Beispiel eine Frau mit einem Kind im Arm zu sehen ist, sollte darin nicht voreilig „Maria mit Jesus" erkannt, sondern zunächst die

Figurengruppe so präzise wie möglich beschrieben werden. Es ist nämlich nicht immer so wie in Panofskys Beispiel des Australiers, der das Abendmahl da Vincis nicht als solches erkennt. Bilder können auch dadurch missverstanden werden, dass die Betrachtenden immer schon zu wissen glauben, was dargestellt ist. Frauen mit Kindern sind in den Katakomben Roms nicht automatisch Mariendarstellungen. Manchmal ist einfach die Verstorbene dargestellt. Und ein Schafträger stellte nicht unbedingt für jeden antiken Künstler und jede Betrachterin Jesus als den biblischen guten Hirten dar - auch wenn Christ:innen das in der gesamten römischen Welt beliebte Motiv so deuten konnten. Um solche voreiligen Schlüsse zu vermeiden, soll in diesem ersten Schritt nur das wirklich und für alle Betrachtenden, unabhängig von ihrem kulturellen und historischen Kontext und Bildungsstand, Sichtbare beschrieben werden.

Stellen Sie sich vor, dass Sie das Bild einer blinden Person beschreiben!

- Aus welchem Material ist das Bild angefertigt? Was lässt sich über den Bildträger sagen?
- Welche Maße hat es?
- Gibt es Bearbeitungsspuren oder Beschädigungen?
- Wie ist das Bild aufgebaut? Welche Bildelemente sind zu sehen?
- Wie lassen sich Form- und Farbgebung beschreiben? Welche Wirkung entfalten sie?
- Gibt es Textelemente im oder am Bild? Was besagen sie? In welcher visuellen Beziehung stehen sie zum Bild?

Alle Beobachtungen sollen möglichst vollständig und möglichst deutungsoffen gesammelt werden. Es braucht hierzu keine weiteren Hilfsmittel als einen Notizzettel und einen Stift - oder Bildschirm und Tastatur. Ein wenig Zeit und die Bereitschaft, ganz genau hinzuschauen, genügen.

IV.2 Untersuchen und Analysieren

Auf die detaillierte Erfassung des Sichtbaren folgt die Identifikation der Bildelemente und ihrer Bedeutung. Was ist dargestellt?

In manchen Fällen ist diese Frage leicht zu beantworten, etwa dann, wenn das Bild einen Titel hat, der den Bildinhalt bezeichnet. In diesem Fall müssen nur noch diejenigen Bildelemente identifiziert werden, die vom Titel nicht abgedeckt sind. Ebenfalls relativ einfach ist die Identifikation von weit verbreiteten kulturellen Codes - zumindest für Betrachtende, die dem Kulturraum angehören, in dem ein bestimmtes Motiv oder Symbol verbreitet ist. Die meisten Westeuropäer:innen dürften die Darstellung von zwölf männlichen Personen, die sich um eine zentrale Figur an einem Tisch gruppieren, recht schnell als Darstellung des letzten Mahls Jesu mit seinen Jüngern identifizieren. Um hier keinem Irrtum zu erliegen, ist es aber ratsam, die eigenen Vermutungen zu überprüfen. Hilfreiche Hilfsmittel sind Lexika und Handbücher zur christlichen Ikonographie oder auch spezifische Sekundärliteratur zum konkreten Objekt [↗ Beigaben IV.].

Die zweite analytische Frage betrifft die Art und Weise, wie die identifizierten Bildinhalte dargestellt und mit welcher Bedeutung sie belegt sind.

Hierfür können sowohl Elemente aus der ikonographischen Analyse als auch der Cluster-Methode zur Anwendung kommen. Das Bilden von Clustern hilft dabei, ästhetische Schwerpunktsetzungen und Zusammenhänge und Gegensätze im Bild besser zu erfassen. Eine Untersuchung der Geschichte einzelner Motive oder Symbole gibt Aufschluss darüber, welche Traditionen in dem Bild aufgenommen sind und wie diese verarbeitet werden. Präsentiert das Bild konventionelle Darstellungen, oder bricht es mit den Vorgaben seiner Vergangenheit? Schafft es vielleicht etwas ganz Neues?

Bei Darstellungen biblischer Szenen sollte die entsprechende Stelle nachgelesen werden, und zwar möglichst in einer Bibelausgabe und -sprache, die zur Entstehungszeit des Bildes in Umlauf war. Ein detaillierter Vergleich von Bild und Referenztext führt häufig zu interessanten Entdeckungen: Was wird dargestellt, was nicht? Wie sind die Figuren gestaltet? Handelt es sich um eine historische Darstellung oder um eine Adaption an die eigene Zeit? Wenn Letzteres, kann das Bild historische Informationen über die Lebenswelt seiner Entstehungszeit bergen. Im ersten Fall gibt es Aufschluss darüber, wie sich Auftraggeberinnen und Künstler die biblische Antike vorgestellt haben.

- Identifizieren Sie den Bildinhalt und die einzelnen Elemente!
- Welche Bildelemente haben eine Schlüsselfunktion für das Gesamte?
- Welche Elemente werden durch Farben, Formen oder andere Merkmale miteinander verbunden, welche gegeneinander abgesetzt?
- Wodurch werden Verbindungen bzw. Gegensätze hergestellt?
- Wenn das Bild eine biblische Episode darstellt: Inwiefern illustriert das Bild den Bibeltext, inwiefern kommentiert es ihn? Welche im Text genannten Dinge oder Ereignisse sind dargestellt, welche nicht – und welche im Text nicht genannten Dinge finden sich im Bild?

Ähnliche Fragen können auch gestellt werden, wenn das Bild ein historisches Ereignis oder Personen darstellt, zu denen Referenztexte vorhanden sind. Welche Situation, welcher Augenblick eines Ereignisses wird gezeigt? Was wird betont, was ausgelassen? Welche Farben und Bildelemente dominieren – und mit welcher Wirkung?

IV.3 Ausdeuten und Einordnen

In einem dritten Schritt sollen die bisherigen Ergebnisse im Blick auf das Bildganze gedeutet und in den historischen und kulturellen Kontext eingeordnet werden. Hierfür ist es wünschenswert (aber nicht immer möglich), Zeit, Ort und Umstände der Entstehung oder der Aufstellung des Bildes zu bestimmen. Manchmal lassen sich sogar Auftraggeber:innen und Urheber:innen des Bildes sowie der ursprüngliche Standort rekonstruieren. Vor allem für transportable Kunstwerke ist das jedoch leider nicht immer möglich. In jedem Fall gilt es, eine Vorstellung von den historischen und kulturellen Gegebenheiten der Zeit zu gewinnen. Hierzu sollte Sekundärliteratur hinzugezogen werden, wenn vorhanden auch zum infrage stehenden Kunstwerk selbst.

Erst dann können die für die Deutung und Einordnung des Bildwerkes relevanten Fragen beantwortet werden:

- Deuten Sie das Bild als Quelle historischer Erkenntnis!
- Befindet sich das Bild in seinem ursprünglichen Zustand und an seinem ursprünglichen Ort? Lassen Bildträger und Aufstellungsort Rückschlüsse auf die Verwendung und Funktion des Bildes zu?
- Was bedeutet das Bild im Kontext seiner Zeit? Wie werden christliche Inhalte präsentiert? Welche theologischen Aussagen macht das Bild?
- Sollte bei der Bestimmung von Bildaussage und -funktion zwischen den Perspektiven von Auftraggeber:innen, Künstler:innen und Betrachtenden unterschieden werden? Wenn ja: Welche Funktion, welche Aussagen könnte das Bild für die verschiedenen Personen(kreise) gehabt haben?

Wie bei Texten, so kann auch bei Bildern ein Blick auf die Wirkung und Rezeption interessante historisch-theologische Erkenntnisse bringen:

Gibt es unmittelbare Reaktionen auf das Bild - in Text oder Bild?

Wurde das Bild in späteren Bildwerken zitiert oder verändert? Wenn ja: Welche Konsequenzen hatte dies für die Bildaussage und -funktion des neuen Bildes, und was sagt die Rezeption des Bildes über die späteren Zeiten aus?

Erst nachdem alle drei Arbeitsschritte vollzogen wurden, kann ein Text zur Bildinterpretation verfasst werden. Hier sollten die im Blick auf die Fragestellung relevanten Beobachtungen aus den drei Schritten zusammenfließen. Eine Darstellung, die in Berichtsform die drei Arbeitsschritte hintereinander darlegt, bietet sich in der Regel nicht an.

Praktischer, formaler Hinweis: Bildunterschrift

Zu jedem Bild gehört eine Bildunterschrift. Diese muss notwendigerweise korrekte Angaben zum Bild selbst und zu den Bildrechten enthalten. Folgende Informationen sollte eine Bildunterschrift idealerweise bieten: Urheber:in, Titel, Aufbewahrungsort (evtl. Register,- Katalog- oder Accessionsnummer), Entstehungszeit und -ort; Bildrechte. Die Reihenfolge dieser Angaben ist nicht standardisiert, und nicht in jedem Fall lassen sich alle Angaben ermitteln. Daher besteht eine gewisse Freiheit in der Gestaltung von Bildunterschriften.

Bei Bildern, die sich auf Erörterungen im Text beziehen, empfiehlt es sich, entweder in der Bildunterschrift oder im Text knapp zu erläutern, weshalb und inwiefern das Bild für die historische Darstellung von Bedeutung ist.

Anwendungsbeispiel

Die Dreifaltigkeitsikone von Andrej Rubljov

Abb. 13 Andrej Rubljov, Троица – Dreifaltigkeit, ca. 1422–1427, 142 × 112 cm, ursprünglich Dreifaltigkeitskloster Sergijev Possad, seit 1921 Tretjakov-Galerie Moskau.

Die „Dreifaltigkeit", russisch: троица, des russischen Malermönches Andrej Rubljov (ca. 1360–1430) gehört zu den populärsten Bildern der christlichen Ökumene. Seit 1929 befindet sich das tausendfach kopierte, 142 × 114 cm große Original dieser Ikone in der Moskauer Tretjakov-Galerie, wo ihr ein eigener Raum gewidmet ist. Gemalt aber wurde sie für die Ikonenwand des Dreifaltigkeitsklosters in Sergijev Possad, dem geistlichen Zentrum des Moskauer Großfürstentums und der von Sergij von Radonesh begründeten trinitarischen Mystik. *Urheber*

Drei Personen sitzen um einen Tisch. Sie ähneln einander in Körpergröße und -form, in Sitzhaltung und Frisur. Alle drei sind mit einem hellgelben Nimbus und mit goldenen Flügeln versehen, alle drei haben den Kopf geneigt und halten einen dünnen Stab in der rechten Hand. Nur durch die Farben ihrer Kleidung, durch die Blickrichtung und die Haltung der linken Hand sind sie voneinander zu unterscheiden. Im Hintergrund sind links ein Gebäude und in der Mitte ein Baum deutlich zu erkennen. Sind diese drei Elemente den Figuren zugeordnet? Stellt die dunkle Form über der rechten Figur auch etwas dar, vielleicht einen Felsen? Symbolisieren Haus, Baum und Felsen etwas? Geben sie vielleicht Hinweise für die Identifikation der einzelnen Personen? *Beschreibung*

Auf dem kastenförmigen Tisch befindet sich eine goldene Schale. Was sie enthält, ist kaum zu erkennen, am wahrscheinlichsten ist ein Tierkopf. Die mittlere Figur scheint mit ihrer rechten Hand auf die Schale und ihren Inhalt zu deuten. Oder ist es eine Segensgeste? Unter der Schale befindet sich, an der den Betrachtenden zugewandten Frontseite des Tisches, eine Öffnung – ein Hinweis auf den Aufbewahrungsort für Reliquien in orthodoxen Altären.

Die Füße der beiden seitlich dargestellten Figuren stehen auf zwei Brettern, die in Richtung der Betrachtenden aufeinander zulaufen. Dadurch entsteht unter dem Tisch ein gleichschenkliges Dreieck, welches jedoch nicht geschlossen ist, sondern zu den Betrachtenden hin geöffnet bleibt. Dies scheint die Öffnung zu sein, durch welche die Betrachtenden in das Geschehen einbezogen, sozusagen mit an den Tisch geholt werden sollen. Wer diesem Impuls folgt, wird tatsächlich in das Bild hineingezogen: über die Linie, die von der Öffnung im Tisch über die Schale und die Hand zum Kopf der mittleren Person führt. Dann folgt man unweigerlich den Kopfneigungen und Blicken der drei Figuren: Die mittlere schaut auf die (von der Betrachterin aus) links sitzende Figur, welche ihren Blick auf die rechte Figur gerichtet hat. Diese wiederum hat den Kopf etwas stärker geneigt als die beiden anderen. Erwidert sie den Blick über den Tisch hinweg? Oder schaut sie auf die Schale in der Mitte des Tisches? Gelingt ihr gar beides mit einem einzigen Blick? Jedenfalls stehen die drei Figuren in intensivem Blickkontakt miteinander. Sie umkreisen die Schale nicht nur mit ihren Blicken, sondern auch mit den Händen. Von der Schale geht der Blick der Betrachtenden wieder nach oben über die segnende Hand zum geneigten Kopf der frontal dargestellten mittleren Figur. Die Tischszene strahlt zugleich Ruhe und Bewegung aus. Je länger das Bild betrachtet wird, desto stärker entfaltet sich die Wirkung der permanenten ruhevollen Kreisbewegung, die in sich geschlossen und zugleich für die Betrachterin geöffnet ist.

Als Andrej Rubljov im frühen 15. Jahrhundert von Nikon von Radonesh mit der Anfertigung einer neuen Dreifaltigkeit für die Ikonenwand des Klosters beauftragt wurde, dürfte er das zu ersetzende Bild vor Augen gehabt haben. Höchstwahrscheinlich handelte es sich dabei um die unten (Abb. 15) abgebildete Ikone. Sie repräsentiert eine Bildtradition, die sich bis in die Antike zurückverfolgen lässt und *Entstehungskontext* in der griechischen und russischen orthodoxen Welt im Mittelalter weit verbreitet war. Selbst wenn Rubljov nicht exakt diese Ikone vor Augen hatte, so dürfte sein Vorbild sehr ähnlich ausgesehen haben. Ein Vergleich zeigt, dass Rubljov dieser Bildtradition im Bildaufbau und in den wesentlichen Elementen folgt, aber einige markante Änderungen im Detail vornimmt. Diese Änderungen bestehen vor allem in Reduktion. So sind die drei Schalen auf dem Tisch bei Rubljov auf eine einzige reduziert worden. Vor allem aber hat er die Anzahl der dargestellten Personen von fünf auf drei reduziert. Die Frau und der Mann, die traditionell zwischen oder auch vor den drei sitzenden Personen dargestellt sind, fehlen bei Rubljov. Was hat das zu bedeuten?

Traditionen

Die russische Dreifaltigkeitsikone beruht auf einer griechischen Bildtradition, die auf Ikonen und Mosaiken sowie in Handschriften manchmal als ἡ ἁγία τριᾶς die Heilige Dreifaltigkeit, und manchmal ἡ φιλοξενία τοῦ Ἀβράμου, die Gastfreundschaft Abrahams, gekennzeichnet ist. Dieser zweite Titel deutet auf den Ursprung

Abb. 14 Philoxenie Abrahams, Mosaik im Altarraum von Santa Maria Maggiore, Rom, unbekannter Künstler, 430er-Jahre. Bild: Katharina Heyden.

des Bildmotivs von den drei an einem gedeckten Tisch sitzenden Gestalten hin, die von einem Mann und einer Frau bedient werden: die Geschichte des Besuchs der drei geheimnisvollen Gäste bei Abraham und Sara im Hain Mamre (Gen 18,1–12). Von christlichen Autoren der Spätantike wurde diese Erzählung als erste Offenbarung der Trinität in der Heilsgeschichte gedeutet. In byzantinischen Kirchen brachte man dieses Bildmotiv in der Nähe des Altars an und stellte auf diese Weise einen Bezug zur Eucharistie her. Durch die Jahrhunderte hindurch lässt sich zudem eine Entwicklung von einer narrativen zu einer repräsentativ-symbolischen Darstellungsweise beobachten. Dies wird vor allem daran deutlich, dass Abraham und Sara nicht mehr bei ihren Tätigkeiten – Sara beim Zubereiten der Speisen im Zelt, Abraham beim Servieren am Tisch – dargestellt sind, wie auf dem Mosaik in Santa Maria Maggiore in Rom (Abb. 14), sondern zunehmend in die Figurengruppe integriert werden, wie es auf der Ikone von Radonesh (Abb. 15) schön zu sehen ist. All diese Traditionen nimmt Andrej Rubljov auf und führt sie konsequent weiter. Um zu verstehen, in welcher Weise und warum er dies tut, müssen wir den konkreten Entstehungskontext und die ihn prägende Frömmigkeit beachten.

Abb. 15 Ikone aus dem Dreifaltigkeitskloster des Sergij von Radonesh, unbekannter Maler, frühes 15. Jahrhundert. Quelle: Bunge 2018, 42.

Historischer Kontext

Das von Sergij von Radonesh (1314–1392) gegründete Kloster war das Zentrum der von dem Heiligen begründeten trinitarischen Mystik. Diese Frömmigkeitspraxis war darauf ausgerichtet, dass die Gläubigen im Gebet Anteil gewinnen an der innertrinitarischen Dynamik zwischen den drei göttlichen Personen Vater, Sohn und Geist. Dieses Anliegen verband sich mit einer in der gesamten orthodoxen Welt bestehenden eucharistischen Frömmigkeit. Die Versenkung in das Mysterium der Trinität im persönlichen Gebet und die regelmäßige Teilnahme am eucharistischen Mysterium der Kirche bildeten die Eckpfeiler des monastischen Lebens. Andrej Rubljov gehörte in Moskau einer Gemeinschaft von Malermönchen, dem Erlöser-Andronnikow-Kloster, an. Von dort wurde er von Nikon von Radonesh nach Sergijev Possad gerufen und mit der Neugestaltung der Dreifaltigkeitsikone für die Ikonostase beauftragt. Es ist also davon auszugehen, dass Andrej mit der Frömmigkeit der trinitarischen Mystik vertraut war und sie selbst pflegte. Die Reduktionen, die er gegenüber früheren Fassungen des Bildmotivs vornimmt, dienen der Konzentration. Andrej konzentriert seine Darstellung auf das im Kontext der trinitarisch-eucharistischen Mystik Wesentliche: die drei göttlichen Personen und den einen eucharistischen Kelch. Über die Öffnung am unteren Bildrand zieht er den Blick der Betrachtenden in die Dynamik der drei Personen hinein, die durch Blickrichtung und Handhaltung aufeinander bezogen sind. So ermöglicht er den Betrachter:innen, die vor der Ikonostase und damit vor dem eucharistischen Altar stehen, eine geistige Anteilhabe am Innenleben der göttlichen Dreifaltigkeit. Mit Blick auf die Bildtradition von der Philoxenie Abrahams könnte man sagen: Die Gläubigen sollen in der Betrachtung der Ikone von Rubljov auf geistige Weise anstelle von Abraham und Sara ins Bild treten und der göttlichen Dreifaltigkeit dienen.

Forschungsdiskurs

Viel ist in der Forschung zu dieser Ikone darüber gerätselt worden, ob und wie die drei Figuren den trinitarischen Personen zugeordnet werden können. Anhaltspunkte könnten entweder die Farbgebung der Gewänder oder die hinter den Figuren befindlichen Symbole sein. In der Gewandung ist jeweils ein blaues Element, das alle drei Figuren verbindet, mit den Farben Braun, Purpurrot und Grün kombiniert. Blau ist in der christlichen Kunst traditionell die Farbe der Transzendenz. Auffällig ist, dass bei der mittleren Figur das Obergewand, bei den beiden anderen das Untergewand in diesem auf Transzendenz hinweisenden Blau gehalten ist. Aber was lässt sich aus dieser Beobachtung ableiten?

Dass die lebhaften Diskussionen und Identifikationsversuche in der Forschung zu keinem Ergebnis geführt haben, entspricht vielleicht der Bildaussage und -intention der Ikone. Sie wurde nicht mit dem Ziel gemalt, die Trinitätslehre darzustellen, sondern in die geheimnisvolle innere Bewegung der Trinität hineinzuführen.

Ausdeutung

Angesichts der enormen politischen Spannungen, die im 14. und 15. Jahrhundert zwischen den Fürsten der Kiever Rus herrschten, wurde die Ikone bisweilen auch als ein Appell zur Einigkeit interpretiert. Auch wenn nicht auszuschließen ist, dass Nikon als Auftraggeber oder Andrej als Maler eine politische Botschaft mit dem Bild verbunden haben, scheint eine Reduktion auf diesen Aspekt angesichts der hier skizzierten Bildtradition und zeitgenössischen Frömmigkeit zur kurz gegriffen. Sie würde auch die enorme Wirkungsgeschichte nicht erklären können, die Rubljovs Dreifaltigkeit entfaltet hat. Auch dass die sogenannte Hundertkapitelsynode von Moskau im Jahr 1551 die Ikone als einzige dogmatisch richtige und verbindliche Darstellung der Dreifaltigkeit kanonisierte, könnte eine Botschaft des Klerus an die weltlichen Machthaber impliziert haben. Aber damit wäre nicht erklärt, warum die Dreifaltigkeit des Andrej Rubljov nicht nur in der russischen Orthodoxie, sondern in allen christlichen Konfessionen unzählige Male verehrt, ausgelegt, betrachtet und kopiert wurde und bis heute kopiert, betrachtet, ausgelegt und verehrt wird.

Literatur

Gabriel Bunge: Der andere Paraklet. Die Ikone der Heiligen Dreifaltigkeit des Malermönches Andrej Rubljov, Beuron ^{2}2018 (Würzburg 1994).

Katharina Heyden: Göttliche Dreifaltigkeitsikone und menschliche Gastfreundschaft. Drei Betrachtungen und zwei Ausblicke zur Dreifaltigkeitsikone, in: Internationale Kirchliche Zeitschrift, Bd. 110 (2020/2), S. 1–33.

Jutta Koslowski: Die Ikone der Heiligen Dreifaltigkeit des Andrej Rubljov, Paderborn 2017 (Nachdruck der Erstausg. von 2008).

Fünfter Teil: Verstehen, Einordnen und Bewerten historischer Quellen

Wir haben es als Aufgabe und Kompetenz der Historischen Theologie bezeichnet, Inanspruchnahmen des Christlichen in der Vergangenheit zu erkennen, zu beschreiben, zu untersuchen, einzuordnen, zu deuten und zu bewerten. Die Einordnung und Bewertung historischer Quellen innerhalb ihrer eigenen Zeit gehört als Ergebnis der Analyse und Interpretation zu jeder historischen Studie. Die Frage nach den Potentialen von Quellen - Texten wie Bildern - für die Gestaltung der eigenen Gegenwart und Zukunft muss nicht, aber sie kann gestellt werden. Ob überhaupt und - wenn ja - mit welcher Gewichtung diese Frage zur Sprache kommt, hängt selbstverständlich mit dem leitenden Erkenntnisinteresse und damit auch mit der Anlage des ganzen Forschungsprojekts zusammen [↗Forschungsinteresse und Frage, Zweiter Teil III.]. Die Frage nach den Potentialen von Quellen für die Gegenwart und die Zukunft ist daher für die Historische Theologie zwar keine Pflicht, aber eine lohnende Kür.

I. Historisch-theologische Urteile

Kontextsensibilität

Bei der Einordnung und Bewertung einer Quelle in ihrem historischen Umfeld sind Kontextsensibilität sowie die Fähigkeit und Bereitschaft zum Perspektivenwechsel gefragt [↗Perspektivenwechsel, Erster Teil V.]. Denn zunächst geht es einmal darum, die Quelle wirklich zu verstehen. Von den Wirkabsichten in Texten und Bildern war bereits die Rede. Wir können die Quelle aber nicht nur nach den Wirkabsichten in ihrer Zeit befragen, sondern auch daraufhin, welche Inanspruchnahme des Christlichen sich in ihr zeigt. Auch dabei geht es zunächst darum zu verstehen: Geschieht die Inanspruchnahme des Christlichen explizit oder implizit? Welche Ansichten vom „Christlichen" kommen zur Geltung? Werden christliche Glaubens- und Lehrinhalte diskutiert, kirchliche Institutionen adressiert, Elemente der biblisch-christlichen Tradition aufgenommen? Mit welchen Mitteln und mit welcher Wirkung geschieht dies? Und wie ist diese Inanspruchnahme im Kontext ihrer Zeit einzuordnen und zu beurteilen?

Fremdheit und Unwissen

Um historisch angemessene Urteile zu fällen, ist es grundlegend, nicht heutige Maßstäbe anzulegen, sondern das Wissen und die Werturteile derjenigen Zeit zu berücksichtigen, aus der die Quellen stammen. Es muss rekonstruiert und ins Bewusstsein gerufen werden, was in der jeweiligen Zeit als selbstverständlich galt, was überhaupt gedacht und gesagt werden konnte. Diese Anforderung betrifft sowohl methodische Aspekte wie etwa den Umgang mit der Bibel im Rahmen der Analyse von Traditionen als auch zeitbedingte Vorstellungen wie Auffassungen von Gesellschaft, Ethnizität, Familie, Macht, Frieden oder Gendergerechtigkeit. Daher ist eine fundierte Quellenkenntnis notwendig und kann gerade für Anfänger:innen entmutigend wirken. Aber auch die vollständige Kenntnis aller vorhandenen Quellen einer Epoche würde nichts daran ändern, dass bei Weitem nicht alles, was diese Epoche prägte, überliefert ist [↗ Zufall und Steuerung in der Überlieferung, Dritter Teil III.2]. Auch die erfahrensten Historiker:innen kennen immer nur einen ganz kleinen Ausschnitt der Welt, in die sie ihre Quellen einordnen möchten. Deshalb ist es für ein nachvollziehbares historisches Urteil zwar wichtig, so viel wie möglich über die jeweilige Zeit in Erfahrung zu bringen, noch wichtiger aber ist es, das eigene Unwissen wahrzunehmen und es zu reflektieren.

Bewertung

Unter diesem Vorbehalt kann und soll eine historisch-theologische Einordnung und Bewertung der Quellen unternommen werden. Dies kann einerseits synchron geschehen, also im Blick auf die zeitgenössische historische Landschaft: Handelt es sich um eine konventionelle oder um eine innovative Sicht auf das Christentum? Haben wir eine Mehrheits- oder eine Minderheitsposition vor uns? Es kann aber andererseits auch diachron stattfinden, indem nach Entwicklungen in der Zeit gefragt wird: Wo liegen die Besonderheiten gegenüber vorangegangenen und zeitgenössischen Sichtweisen? Welche Traditionen rezipiert die Quelle? Und welche Auswirkung hatte sie auf die weitere Institutionen- oder Ideengeschichte des Christentums?

deskriptiv – normativ

All diese Fragen bewegen sich noch auf der Ebene des Verstehens und des beschreibenden Einordnens in den historischen Kontext. Wir können aber auch die normative Frage stellen, wie berechtigt und plausibel in der Vergangenheit beobachtete Formen der Inanspruchnahme des Christlichen waren. Auch diese Frage ist wiederum synchron und diachron möglich. Bei einer synchronen Bewertung urteilen wir über die Inanspruchnahme des Christlichen im Kontext der damaligen Zeit. Wie schnell aber geschieht es, dass historische Personen oder Quellen etwa mit Verweis auf die Bibel (wie wir sie heute verstehen) oder auf moralische Standards (wie wir sie heute vertreten) verurteilt werden. Die kritische Aufgabe und Kompetenz der Historischen Theologie besteht darin, die Quellen und ihre Urheber:innen gegen allzu simple ahistorische Beurteilungen zu verteidigen und auf ihre Zeitgebundenheit (und die Zeitgebundenheit heutiger Anschauungen und Urteile) hinzuweisen. Nur innerhalb der damaligen Wissensstände und ethisch-moralischen Normen können historisch angemessene Urteile über Personen und ihre Werke gefällt werden. Die Leitfrage für eine historisch-theologische Beurteilung historischer

Quellen und Phänomene muss also lauten: War diese Art der Inanspruchnahme des Christlichen in der damaligen Zeit legitim und plausibel?

Literatur

Achim Landwehr: Historische Diskursanalyse, Frankfurt 2008, 2., aktual. Aufl. 2018.

II. Historisch-theologische Potentiale

Wir blicken mit dem Wissen der Nachgeborenen auf die Geschichte. Im Gegensatz zu den Urheber:innen und Adressat:innen von historischen Texten und Bildern wissen wir, was „danach" und „damit" geschah. Wir wissen heute, dass Augustinus zum wichtigsten Theologen des westlichen Abendlandes wurde und dass seine Erbsündenlehre die lateinische Theologiegeschichte zutiefst, und auf nicht unproblematische Weise, prägte. Wir wissen, was theologische Traktate gegen die Juden und was Kreuzzugspropaganda in Wort und Bild bewirkten. Wir wissen, dass die reformatorische Bewegung zur Kirchentrennung führte und Europa in konfessionell konnotierte Kriege gestürzt wurde. All das konnten die Autor:innen der Texte und Bilder und ihre Zeitgenoss:innen noch nicht wissen, und deshalb sollten wir sie nicht an diesem Wissen der Nachgeborenen oder an heute gültigen gesellschaftlichen Standards messen. Dennoch wäre es falsch, dieses Wissen zu ignorieren, denn es gehört zu der Geschichte, die unsere Gegenwart mit prägte.

Ambivalenz der Potentiale

Wir dürfen das, was in der Wirkungsgeschichte aus Texten, Bildern, Musik, Ideen oder Brauchtum gemacht wurde, nicht ahistorisch den Quellen und ihren Urheber:innen selbst anlasten oder auch zugutehalten. Wir können sie aber als Potentiale verstehen, die den Quellen innewohnen. Diese Potentiale sind fast immer ambivalent, sie bergen lebensförderliche und lebenshinderliche Aspekte. Sowohl die negative Beurteilung von Sexualität in weiten Teilen der christlichen Theologie wie auch die reformatorische Lehre von der unbedingten Rechtfertigung des Sünders durch Gott gehören zu den Potentialen der Theologie Augustins von der Erbsünde. Wann, wie und mit welchen Wirkabsichten diese Potentiale in der Geschichte zur Geltung gebracht wurden, können wir nur mit zeitlichem Abstand sehen.

Missbrauch

Natürlich gibt es auch Missbrauch von historischem Traditionsgut. Texte und Bilder können gänzlich konträr zu ihrer eigenen Wirkabsicht rezipiert und vereinnahmt werden. So war etwa die Bemühung der Deutschen Christen im Dritten Reich, Jesus zu einem Arier zu erklären, eine eindeutige Verdrehung aller historischen Evidenz und der Darstellung in den Evangelien. Dies haben bereits Zeitgenoss:innen, etwa die Anhänger:innen der Bekennenden Kirche, erkannt. In solchen Fällen hat Historische Theologie die Aufgabe, die missbräuchliche Inanspruchnahme des Christlichen aufzudecken. Darin besteht das kritische Leistungsvermögen der Historischen Theologie: Sie kann aufzeigen, wo zu Unrecht auf eine angebliche Tradition als eine Inanspruchnahme des Christlichen zurückgegriffen wurde und wird.

Allermeist aber haben wir es in der Geschichte mit ambivalenten Phänomenen der Inanspruchnahme des Christlichen zu tun. Die Quellen und Traditionen sind deutungsoffen, sie enthalten keine an sich „wahren" oder „guten" Lehren, sondern sie sind Errungenschaften von Menschen und Gemeinschaften, die in konkreten Kontexten nach Gott fragten und um Wahrheit rangen. Bei der Beurteilung, ob etwas gut oder schlecht war, muss deshalb nicht nur der Referenzrahmen beachtet werden (gut oder schlecht für wen? in welcher Hinsicht?), sondern auch die Tatsache, dass wir diese Urteile mit heutigen Werturteilen fällen.

Beschreibung und Positionierung

Die Aufgabe und der Wert einer hermeneutisch verstandenen Historischen Theologie besteht zunächst darin aufzuzeigen, welche Potentiale des Christlichen in der Vergangenheit in den verschiedenen politischen, sozialen und kulturellen Kontexten realisiert wurden und wie diese Realisierung zur Gestaltung der Welt und zur dynamischen Weiterentwicklung der christlichen Tradition beitrug. In einem zweiten Schritt *kann* historische Hermeneutik auch danach fragen, welche der für die Vergangenheit rekonstruierten Potentiale der christlichen Traditionen in der je eigenen Gegenwart aktiviert werden müssten, um den politischen, sozialen und kulturellen Herausforderungen angemessen zu begegnen. Diesen Schritt von der Kritik in die Konstruktion, diese Frage nach den Lehren aus der Vergangenheit für die Gegenwart kann und sollte Historische Hermeneutik wagen – vor allem dann, wenn sie im Bereich der Theologie, also im Bereich einer positionierenden Wissenschaft, betrieben wird. Die Historikerin wird, wenn sie sich auf diesen konstruktiven und bisweilen auch normativen Schritt einlässt, zu einer Hermeneutin nicht nur der Vergangenheit, sondern auch der eigenen Gegenwart. Dies setzt eine Analyse der eigenen Zeit voraus, die ebenso kontextsensibel, kritisch und komplex ist wie jede historische Fallstudie. Dabei sind historische Theolog:innen aber selbst Kinder ihrer Zeit und sprechen nicht selten aus dem Innenraum einer bestimmten Konfession oder Tradition des Christentums. Das birgt die Gefahr von Einseitigkeiten und Verzerrungen, eröffnet aber zugleich die Möglichkeit, die eigene Tradition durch die historisch-hermeneutische Arbeit mitzugestalten und damit ihre Gegenwarts- und Zukunftstauglichkeit zu pflegen.

Auch bei der Frage nach der Geltung von Quellen in der eigenen Gegenwart ist daher darauf zu achten, dass der Unterschied zwischen Beschreibung und Positionierung erkennbar bleibt. Für die Beschreibung der Wirkung einer Quelle in der Gegenwart können die oben bereits genannten Fragen und Indizien verwendet werden. Es ist aber auch möglich, die normative Frage zu stellen, ob eine Quelle heute mehr - oder auch weniger - Einfluss haben sollte, als sie es faktisch hat, und ob sie in anderer Weise gelesen und benutzt werden sollte, als es faktisch geschieht.

Mit jeder Textanalyse und Bildinterpretation tragen wir unweigerlich zur Rezeption der Quellen in unserer Gegenwart bei und unterstellen ihnen damit eine gewisse Relevanz. Um die Forderung nach mehr oder weniger Einfluss in der eigenen Gegenwart zu begründen, muss die bleibende Relevanz unter Berücksichtigung des zurückliegenden Entstehungs- wie auch des aktuellen Aufnahmekontextes überzeugend dargelegt werden. Worin lag die Bedeutung der Quelle zur Zeit und im Umfeld ihrer Entstehung? Inwiefern ist diese - oder eine andere - Relevanz auch für heute vorhanden? Welche bisher unausgeschöpften Potentiale birgt die Quelle? Und wie lassen sich diese als Inanspruchnahme des Christlichen für die heutige Zeit fruchtbar machen?

Literatur

David Nirenberg: The Historian as Theologian. A Conflict of the Faculties?, in: Adrian Brändli/Katharina Heyden (Hg.): Claiming History in Religious Conflicts (Bibliotheca Helvetica Romana, Bd. 39), Basel 2021, S. 335–352.

Volker Sellin: Einführung in die Geschichtswissenschaft, erw. Neuausg. Göttingen ^{2}2008 (1995), S. 32–43: Das historische Urteil.

Pragmatisch & Kompakt

Historische und theologische Urteile

Die Quellen können in zweierlei Hinsicht ausgewertet und bewertet werden, nämlich einerseits allein mit Blick auf die Vergangenheit und andererseits mit Blick auf Vergangenheit und Gegenwart. Die historische Verortung und Bewertung fragt danach, inwiefern die Quellen typisch für ihre Zeit und ihren Ort der Entstehung sind. Wo lassen sich Eigentümlichkeiten feststellen? In welcher Weise beanspruchten die Quellen in ihrer Zeit das Christliche und mit welchen Wirkabsichten? Und welche tatsächlichen Wirkungen konnten sie in ihrer Zeit und allenfalls auch darüber hinaus erlangen? Welche Potentiale der Quellen konnten realisiert werden? Welche Potentiale waren möglicherweise angelegt, vielleicht sogar als Wirkung auch beabsichtigt, konnten aber nicht entfaltet werden?

Mit dieser letzten Frage kann, muss aber nicht, auch die Frage verbunden sein, welche Potentiale eine Quelle der Vergangenheit für die eigenen Gegenwart, allenfalls sogar für die Zukunft in sich birgt. Diese Potentialanalyse für die Gegenwart reflektiert kritisch, welche Impulse oder Anstöße die Quelle für heutige gesellschaftliche oder theologische Fragen geben kann. Diese Frage für die eigene Gegenwart kann nicht von der tatsächlichen Wirkung der Quelle in der Vergangenheit absehen. Zudem ist es notwendig, die eigene Zeit sorgfältig und kontextsensibel wahrzunehmen.

Beigaben: Arbeitsmaterialien

I. Übersicht über die Methoden der Historischen Theologie

Diese Übersicht bietet eine kompakte Zusammenfassung der wesentlichen Inhalte des Buches. Wir hoffen, dass sie sich bei der konkreten Quellenarbeit als Leitfaden als nützlich erweisen kann. Sie folgt der Struktur des Buches, sodass die ausführlichen Erläuterungen schnell auffindbar sind.

Vorklärungen: Fragen, Suchen, Finden

Fragen

↗ Zweiter Teil III. (S. 43–53)

Relikte der Vergangenheit werden erst dadurch zu historischen Quellen, dass sie auf ihren Erkenntniswert hin befragt werden. Eine präzise Fragestellung stellt sicher, dass die wissenschaftliche Beschäftigung mit der Überlieferung weder lediglich zum Quellenreferat noch zur Projektionsfläche für eigene Vormeinungen wird. Eine Fragestellung kann entweder aus der Quelle selbst bzw. einer historischen Situation gewonnen oder aus Problemstellungen der eigenen Gegenwart abgeleitet und auf die Vergangenheit angewendet werden. Vergangenheit und Gegenwart sind relational aufeinander bezogen.
Wichtige Vorklärungen historischer Arbeit beziehen sich auf das Erkenntnisinteresse und den Charakter der Antworten. So ist vorab zu fragen:

- nach dem Ausgangspunkt der Forschung: Ist die Quelle vorgegeben? Oder gehe ich von einer Frage oder Ausgangsthese aus?
- nach dem Erkenntnisinteresse: Bezieht es sich auf Ereignisse, auf Strukturen, auf Vorstellungen oder auf Ideen?
- nach den anvisierten Antworten: Sollen sie ausschließlich deskriptiv ausfallen, oder suche ich in der Vergangenheit nach Impulsen für normative Aussagen für die eigene Gegenwart?

Suchen und Finden

↗ Zweiter Teil I.–II. (S. 33–43)

Je nach Frage- oder Problemstellungen, die behandelt werden sollen, müssen entsprechende Materialien gesucht und gefunden werden. Unterschiedliche Quellen wie Texte, Bilder, Bauten oder Gerätschaften können beigezogen und untersucht werden. Dieselben Quellen können je nach Fragestellung unterschiedlich gelesen werden, sodass sie verschieden „sprechen". Um herauszufinden, ob die Quellen für die Behandlung der Fragestellung überhaupt geeignet sind, müssen sie einer ersten Analyse unterzogen werden.

Recherche

↗ Zweiter Teil IV.–VI. (S. 53–61)

Für die Suche nach Quellen und nach Forschungsliteratur gibt es Hilfsmittel, die von Fachgebiet zu Fachgebiet unterschiedlich sein können. Für einen ersten Einstieg in ein Thema bieten sich folgende Hilfsmittel an:

- Bibliographien in den neuesten Auflagen von Handbüchern und Lexika (z.B. TRE, RGG, LThk)
- Bibliographien, Literaturberichte, Sammelrezensionen in Fachzeitschriften (z.B. Theologische Literaturzeitung, Zeitschrift für Kirchengeschichte)

- Datenbanken, für theologische und angrenzende Forschungsgebiete (vor allem www.ixtheo.de oder www.jstor.org), für alle wissenschaftlichen Gebiete (www.oxfordbibliographies.com)
- Bibliothekskataloge wie beispielsweise Swisscovery (baselbern.swissbib.ch) oder den Kasseler Virtual Catalog (kvk.bibliothek.kit.edu)

Lesen, Untersuchen und Ausdeuten von Textquellen

↗ Dritter Teil I. (S. 62–70)

Drei Weisen, einen Text zu lesen

Eine Quelle kann und muss - je nach Erkenntnisinteresse und Fragestellung - in unterschiedlicher Weise gelesen werden:

(1) „gemäß der Intention" - um die Absicht im Blick auf die zeitgenössische Leserschaft zu rekonstruieren
  - *Leitfrage: Was sollte der Text den Adressat:innen in seiner Zeit mitteilen bzw. bei ihnen bewirken?*

(2) „zwischen den Zeilen" - um die Lebenswelt von Autor:innen und Adressat:innen zu rekonstruieren (z.B. zeitbedingte Selbstverständlichkeiten wie geopolitische, kulturelle und soziale Aspekte)
  - *Leitfrage: Welche Informationen werden von der Quelle beiläufig weitergegeben, welches Wissen wird als selbstverständlich vorausgesetzt?*

(3) „gegen den Strich" - um Ansichten und Ereignisse zu rekonstruieren, die der Intention der Quelle gegenläufig sind, aber ohne sie verloren wären (z.B. über divergierende theologische Ansichten)
  - *Leitfrage: Welche Ereignisse oder Ansichten lassen sich hinter den Wertungen rekonstruieren?*

↗ Dritter Teil II. (S. 70–93)

Das Umfeld des Textes

- Autorschaft und Echtheit des Textes
- räumliche und zeitliche Bedingungen (historischer Kontext)

	Methode/Gegenstand	Frage/Ziel	Vorgehen/Hilfsmittel
↗ II.1 (S. 70–82)	Autorschaft und Authentizität	Ist der Text wirklich das, wofür er aufgrund von Autorenangabe, Form und Inhalt gehalten wird oder gehalten werden will? Ist die Quelle wirklich vom genannten Autor verfasst? Falls nicht: Welche Wirkung/ Absicht verbindet sich mit dem Pseudonym bzw. der Anonymität?	Bei zweifelhafter Autorschaft: Informationen aus der Einleitung zur Edition diskutieren, unter Einbezug der Erkenntnisse aus der inneren Quellenkritik Bei anonymer Autorschaft: textinterne Informationen und Hinweise auswerten, um ein Autoren-Profil zu erstellen
↗ II.2 (S. 83–93)	Zeit und Ort der Entstehung (Datierung und Lokalisierung)	Wann und wo wurde der Text verfasst? - Datierungsrahmen bestimmen und örtliche Eingrenzung festlegen Gibt es textintern explizite oder implizite Hinweise?	Informationen aus Sekundärliteratur sammeln und am Text prüfen, gewichten und bewerten *terminus post quem* und *terminus ante quem* bestimmen

Historischer Kontext	Was waren die prägenden Ereignisse, Strukturen, Personen, Ansichten in der zeitlichen und örtlichen Umgebung des Textes?	Nach Hinweisen in der Quelle suchen, weitere Informationen aus Sekundärliteratur erheben Makro- und Mikrokontexte unterscheiden *Auf die für die eigene Fragestellung relevanten Aspekte fokussieren*	

Die äußere Gestalt des Textes

↗ Dritter Teil III. (S. 93–122)

- Wie wurde der Text überliefert, was ist eine brauchbare Textbasis?
- Welcher literarischen Gattung gehört der Text an, welche etablierten Formen enthält er? Welche Erwartungen werden damit bei der Leserschaft geweckt, und wie geht der Text mit den zeitgenössischen Konventionen für Gattung und Formen um?
- Gibt es Spuren von oder Hinweise auf spätere Überarbeitungen? Mit welcher Absicht könnten sie vorgenommen worden sein?

Methode/Gegenstand	Frage/Ziel	Vorgehen/Hilfsmittel	
Text und Überlieferung	Erstellung einer guten Textbasis und Übersicht über die Varianten in der Überlieferung	Kritische Edition konsultieren, im Einzelfall textkritische Entscheidungen mithilfe des Apparates oder direkt an den Handschriften treffen *Nur berücksichtigen, wenn für die eigene Fragestellung relevant*	↗ III.1–3 (S. 94–104)
	Wo und wann war der Text wie stark verbreitet?	In der Einleitung zur kritischen Edition oder zu anderen Textausgaben sowie in spezifischer Fachliteratur Informationen über die Verbreitung einholen und auswerten	
Überarbeitungen und Redaktionen	Gibt es Hinweise auf Überarbeitungen?	Eigene Beobachtungen am Text mit Sekundärliteratur vergleichen	↗ III.4 (S. 105–110)
	Wenn ja: Welche Veränderungen wurden vorgenommen, von wem und mit welcher Auswirkung auf den Text? Wie haben sich die Überarbeitungen auf Informationsgehalt und Pragmatik des Textes ausgewirkt?	Identifikation: „Schichten" des Textes bestimmen und je für sich analysieren und interpretieren Interpretation: Auswirkungen auf den Quellenwert bestimmen: Welche Überarbeitungsschicht enthält die glaubhafteren Informationen über Ereignisse und Strukturen? Wie und mit welcher Absicht verändern die Redaktionen inhaltliche Aussagen, Wertungen oder theologische Lehren? *Auf konkretes Erkenntnisinteresse fokussieren*	

↗ III.5 (S. 110–122)	Gattung und Form	Ist das Werk in einer etablierten Gattung verfasst? Welche Merkmale sind dafür typisch? Was sagt die Gattung über den „Sitz im Leben" des Textes? Welche Signale an die Leserschaft sind mit der Wahl der Gattung (und ggf. mit Abweichungen von der Norm) verbunden? Werden sie vom Text eingehalten oder irritiert?	Identifikation: Gattung bestimmen [↗ Übersicht S. 115 f.], Informationen über die Gattung aus Sekundärliteratur einholen, textspezifische Elemente mit den gattungstypischen vergleichen, Übereinstimmungen und Abweichungen bestimmen Interpretation: Übereinstimmungen und Abweichungen im Blick auf die Wirkung des Textes deuten Überlegungen zum Umfeld und der Adressatenschaft anstellen

↗ Dritter Teil IV. (S. 122–155)

Die innere Ausgestaltung des Textes

- Wie ist der Text strukturiert, in welcher Sprachwelt bewegt er sich? (Syntaktik, Semantik)
- Welche Tendenzen und Urteile enthält die Quelle (Informationsgehalt, Tendenzen)?
- In welchen Denkwelten ist der Text beheimatet? (Traditionen)
- Welche Wirkabsichten hat der Text im Blick auf die zeitgenössischen Adressaten (Rhetorik, Pragmatik)?

	Methode/Gegenstand	**Frage/Ziel**	**Vorgehen/Hilfsmittel**
↗ IV.1 (S. 126–133)	Syntaktik	Welche narrative oder argumentative Struktur hat der Text? Wo sind Brüche? Gibt es Wort- oder Satzkonstruktionen, die auffallend häufig vorkommen?	Makroebene: Gliederung bzw. Mindmap zur Struktur des Textes erstellen, ggf. Einbettung in größere literarische Zusammenhänge bestimmen Mesoebene: Einzelne Abschnitte, die für die Fragestellung besonders relevant sind, in ihrer Struktur nachvollziehen Mikroebene: Zentrale Sätze oder Passagen in ihrer grammatischen und logischen Struktur analysieren und deuten
↗ IV.2 (S. 133–139)	Stil und Rhetorik	Welche Redearten und Stilmittel prägen den Text? Welche Arten der Leserlenkung lassen sich bestimmen?	Redearten und Stilmittel markieren und unter Berücksichtigung der zeitbedingten Konventionen im Blick auf die beabsichtigte Wirkung deuten [↗ Übersicht S. 135–137] *Originalsprache des Textes berücksichtigen*
↗ IV.3 (S. 140–144)	Semantik	In welcher Sprach- und Zeichenwelt bewegt sich der Text? Welche Motive und Sprachbilder treten besonders häufig auf? Welche zeit- oder gattungstypischen Elemente fehlen?	Liste mit Leitbegriffen und -motiven erstellen Semantische Felder visualisieren, ggf. Mindmap *Originalsprache des Textes berücksichtigen*

Traditionen	In welchem Denkraum bewegt sich der Text? Welche biblischen, philosophischen, theologischen oder historiographischen Quellen oder Motive sind im Text explizit oder implizit verarbeitet bzw. stehen im Hintergrund? Wie wird mit den Traditionen textpragmatisch umgegangen?	Identifikation: Zitate und Anspielungen mithilfe des Quellenapparates der kritischen Edition oder selbst erkennen und identifizieren Interpretation: durch Vergleich mit den Referenztexten eigene Deutungen formulieren *Auf für die eigene Fragestellung besonders relevante Stellen beschränken*	↗ IV.4 (S. 144–153)
Pragmatik	Welche Wirkabsichten verfolgt der Text? Was soll den (zeitgenössischen) Adressat:innen mitgeteilt, wozu sollen sie bewegt werden? Welche Wertungen und Urteile enthält der Text, welche impliziten Aufforderungen?	Zwischen konstativen und performativen Aussagen unterscheiden, unter Berücksichtigung der Erkenntnisse aus vorigen Methodenschritten (besonders Gattung, Syntaktik, Rhetorik, Semantik, Tendenzen) eigene Thesen zum Text als „Sprechakt" formulieren und anhand von Sekundärliteratur prüfen *Ggf. verschiedene Redaktionsstufen beachten*	↗ IV.5 (S. 153–155)

Wirkungen eines Textes ↗ Dritter Teil V. (S. 155–163)

- Gibt es Hinweise darauf, dass der Text die beabsichtigten Wirkungen tatsächlich erzielt hat? Was sind unmittelbare, kurzfristige und was sind langfristige Wirkungen des Textes? Wurde der Text in späteren Zeiten als Quelle wiederverwendet?

Methode/Gegenstand	Frage/Ziel	Vorgehen/Hilfsmittel	
Beabsichtigte Wirkungen Tatsächliche Wirkungen	Wie hat die Quelle auf die zeitgenössischen und späteren Leser:innen tatsächlich gewirkt? Stimmen intendierte und tatsächliche Wirkungen überein? Gibt es Unterschiede zwischen kurzfristigen und langfristigen Wirkungen? Gibt es Hinweise auf Aufnahmen in anderen Medien (z. B. Bilder, Film)?	Mithilfe von Sekundärliteratur oder in der Überlieferungsgeschichte nach Hinweisen auf direkte Reaktionen auf den Text oder historische Effekte suchen und diese analysieren Eigene Thesen in Zusammenschau und Auswertung der oben genannten Methodenschritte formulieren (sofern sie für die Fragestellung relevante Ergebnisse erbracht haben)	↗ V.1 (S. 155–157) ↗ V.2 (S. 157–163)

Betrachten, Untersuchen und Ausdeuten von Bildquellen

↗ Vierter Teil (S. 165–189)

Der hier präsentierte Dreischritt stellt eine Synthese aus der ikonographisch-ikonologischen Methode und der Cluster-Methode dar, die im Vierten Teil erläutert werden.

Schritt	**Fragen/Ziel**	**Vorgehen/Hilfsmittel**
1. Beschreibung des Sichtbaren	Detailliertes Erfassen der Bildelemente: - Aus welchem Material ist das Bild angefertigt? Was lässt sich über den Bildträger sagen? - Welche Maße hat es? - Gibt es Bearbeitungsspuren oder Beschädigungen? - Wie ist das Bild aufgebaut? Welche Bildelemente sind zu sehen? - Wie lassen sich Form- und Farbgebung beschreiben? Welche Wirkung entfalten sie? - Gibt es Textelemente im oder am Bild? Was besagen sie? In welcher visuellen Beziehung stehen sie zum Bild?	Das Bild einer blinden Person beschreiben: Alle Beobachtungen möglichst vollständig und deutungsoffen sammeln Häufigkeit oder Intensität in Größe, Farbe, Form notieren *Arbeit am Bild, mit viel Zeit und Wiederholung, keine weiteren Hilfsmittel*
2. Identifikation und Analyse	Identifikation und Verknüpfung: - Welche Vorgeschichte haben die Motive und Symbole, was bedeuten sie? - Welche Bildelemente haben eine Schlüsselfunktion für das Gesamte? - Welche Elemente werden durch Farben, Formen oder andere Merkmale miteinander verbunden, welche gegeneinander abgesetzt? - Wodurch werden Verbindungen oder Gegensätze hergestellt?	Kulturelle Codes entschlüsseln: - Geschichte und Gehalt zentraler Motive erheben, mit Sekundärliteratur Cluster bilden: - Begriffe und Darstellungen graphisch erfassen (Tabelle oder Mindmap) und deren Verknüpfung näher beschreiben (lokale Nähe, Ursache-Wirkungs-Zusammenhang, Ähnlichkeiten in Farbe oder Form) Text-Bild-Relation bestimmen - Vergleich des Bildes mit Referenztexten (Bibel, Tradition, zeitgenössische Werke)
3. Deutung	Interpretation im Kontext: - Was bedeutet das Bild im Kontext seiner Zeit? - Wie werden christliche Inhalte präsentiert? Welche theologischen Aussagen macht das Bild? - Wurde das Bild in späteren Bildwerken zitiert oder verändert?	Eigene Thesen aufgrund der Beobachtungen am Bild und in Sekundärliteratur *Ggf. Unterscheidung zwischen den Perspektiven von Auftraggeber:innen, Künstler:innen und Betrachtenden*

Verstehen, Einordnen und Bewerten historischer Quellen

↗ Fünfter Teil (S. 190–194)

Methode/Gegenstand	Frage/Ziel	Vorgehen/Hilfsmittel
Historische Einordnung und Bewertung	In welcher Hinsicht ist der Text typisch für Zeit und Ort seiner Entstehung, wo repräsentiert er Besonderheiten? Welche Wirkungen entfaltete er in der Geschichte? Wie ist die beobachtete Inanspruchnahme des Christlichen in die Geschichte einzuordnen und im historischen Kontext zu bewerten?	Eigene Interpretation mit Erkenntnissen aus der Sekundärliteratur zum Umfeld der Quelle und zum zeitgenössischen Diskurs vergleichen Kritisches Urteil formulieren und begründen *Perspektivenwechsel: keine a-historischen Urteile fällen*
Theologische Potentialanalyse	Kritisch-konstruktive Reflexion auf Potenziale für die Gegenwart: Welche Impulse oder Anstöße kann die Quelle für heutige gesellschaftliche oder theologische Fragen geben? Welche Potentiale stecken in der Quelle?	Hauptaussagen der Quelle vergegenwärtigen Kontexte und Diskurse der damaligen wie auch der heutigen Zeit reflektieren; eigenständige und differenzierte Überlegungen zu Potentialen der Quelle formulieren *Kontextsensibilität im Blick auf die historische Situation und die eigene Gegenwart*

II. Wegleitung für das Erstellen einer schriftlichen Arbeit

Es gibt ganz verschiedene Wege, eine wissenschaftliche Qualifikationsarbeit zu verfassen. Welcher am besten geeignet ist, hängt von der forschenden Person, dem Gegenstand und dem Umfang der Arbeit sowie von den äußeren und inneren Umständen ab. Dies ist ein Vorschlag, der auf Erfahrungen beruht und den jede:r für sich anpassen kann.

1. Erster Zugang zum Text und Themensuche
   a. Quellentext lesen und erste Fragen, Erkenntnisse, Diskussionspunkte markieren
   b. Erste Sichtung von Sekundärliteratur: lesen, prominente Forschungsthesen oder -fragen identifizieren
   c. Aus der Zusammenschau von a) und b) eine eigene Fragestellung entwickeln
2. Fragestellung präzisieren
   a. Den Text nochmals mit der Fragestellung im Kopf lesen
   b. Fragestellung präzisieren
   c. Methodeninstrumentarium auswählen
   d. Spezifische Literatur (weitere Quellen und Sekundärliteratur recherchieren)
3. Exposé erstellen und diskutieren
   Ein Exposé ist ein kurzes Konzept, das der Strukturierung der eigenen Arbeitsweise dient, aber auch als Grundlage für ein Feedback durch andere dienen kann. Es sollte möglichst kompakt und präzise folgende Informationen enthal-

ten: (1) Fragestellung, (2) Begründung der Quellenauswahl, (3) Darstellung der Methodenschritte und Begründung ihrer Auswahl, (4) vorläufige Gliederung der Arbeit, (5) wichtige Literatur, (6) grober Zeitplan.
Sinnvoll ist es auch, Ausgangsthesen oder erste Vermutungen zu den Ergebnissen und zu erwartende Herausforderungen auf dem Weg zu formulieren.
Das Exposé stellt den „Arbeitsplan“ dar, wobei es flexibel gehandhabt und bei Bedarf angepasst werden sollte.

4. Methodenschritte anwenden, Textstücke produzieren
   a. Die ausgewählten Methodenschritte auf die Quelle anwenden und die Erkenntnisse notieren.
   b. Verwendete Forschungsliteratur korrekt und sorgfältig zitieren und bereits bei der Erarbeitung gut bibliographieren (das erspart zeitraubendes Suchen im Nachhinein).
5. Verfassen der Arbeit
   Erfahrungsgemäß ist es sinnvoll, zuerst die analytischen Hauptteile der Arbeit zu verfassen und im Anschluss daran - auf der Grundlage der Notizen und des Exposés - das Fazit und die Einleitung zu schreiben.
6. Korrekturen vornehmen (lassen) und einarbeiten
   Es hat sich bewährt, die Arbeit vor Abgabe ein bis zwei Personen zur Lektüre vorzulegen und um kritische Rückmeldung zur Plausibilität der Struktur und Argumentation sowie zur Verständlichkeit der Sprache zu bitten. Hierfür muss, ebenso wie für die Einarbeitung der Korrekturen, von Anfang an ausreichend Zeit eingeplant werden.

III. Exposé für eine schriftliche Forschungsarbeit

Ein Exposé dient der strukturierten Planung und ist eine Art „Fahrplan“ für die Erstellung einer selbstständigen wissenschaftlichen Arbeit (Proseminararbeit, Seminararbeit, Abschlussarbeit, Doktorarbeit). Es eignet sich auch sehr gut als Grundlage für eine Diskussion mit Kommiliton:innen oder mit betreuenden Dozierenden. In einem fertigen Exposé steckt bereits eine ganze Menge an Recherchearbeit und Reflexion. Gleichzeitig sollte ein Exposé flexibel und dynamisch benutzt werden.

Struktur eines Exposés

1. Arbeitstitel
   nennt Thema, Fragestellung oder These und Quellenbasis
2. Abstract
   ca. 300 Wörter, erläutert Fragestellung bzw. These, Quellenbasis und die ausgewählten Methodenschritte
3. Vorläufige Gliederung
   Aufbau der Arbeit
4. Zeitplan
   nennt konkrete Arbeitsschritte und Termine
5. Stolpersteine und Herausforderungen
   Welche methodischen oder praktischen Schwierigkeiten könnten sich bei der Arbeit ergeben?
6. Wichtige Literatur
   Quellenausgaben, Sekundärliteratur in korrekter Bibliographie

IV. Grundlegende Literatur

Die folgende Liste enthält einige wenige, zumeist epochenübergreifende Werke und Reihen, die einen ersten Zugang zu Themen und Quellen der Christentumsgeschichte ermöglichen. Die Auswahl folgt dem für dieses Buch leitenden Prinzip „pragmatisch und kompakt“. Eine ausführliche, kommentierte Liste mit Fachliteratur, geordnet nach verschiedenen Genres und Epochen, bietet die „Kleine kirchengeschichtliche Bücherkunde“ von Volker Leppin, die als aktualisierter online-Anhang zugänglich ist in: Tobias Jammerthal/David Burkhart Janssen/Jonathan Reinert/Susanne Schuster: Methodik der Kirchengeschichte. Ein Lehrbuch, Tübingen 2022 (online: https://www.methodik-kg.mohrsiebeck.com/wp-content/uploads/2022/07/Kleine-kirchengeschichtliche-Buecherkunde.pdf).

Weitere Hinweise zur gezielten Literaturrecherche finden sich im Zweiten Teil des vorliegenden Buches „Suchen, Finden, Fragen“, Kapitel IV–VI sowie unter: https://www.methodik-kg.mohrsiebeck.com/index.php/home/materialien/#recherche.

Quellen in deutscher Übersetzung

Volker Leppin/Harry Oelke/Adolf Martin Ritter (Hg.): Kirchen- und Theologiegeschichte in Quellen (KTGQ). Ein Arbeitsbuch, Neukirchen-Vluyn,
Bd. 1: Adolf Martin Ritter (Hg.): Alte Kirche, ^{12}2019;
Bd. 2: Adolf Martin Ritter/Volker Leppin (Hg.): Mittelalter, ^{9}2021;
Bd. 3: Volker Leppin (Hg.): Reformation, ^{7}2021;
Bd. 4: Neubearbeitung: Martin Greschat (Hg.): Vom Konfessionalismus zur Moderne, ^{6}2021;
Bd. 5: Martin Greschat/Hans-Walter Krumwiede (Hg.): Das Zeitalter der Weltkriege und Revolutionen, ^{2}2022;
Bd. 6: Klaus Koschorke/Frieder Ludwig/Mariano Delgado (Hg.): Außereuropäische Christentumsgeschichte, ^{5}2012 (Nachdruck 2021).

Die bewährte Reihe bietet in sechs Einzelbänden kurze Ausschnitte aus wichtigen Quellen zur Geschichte des Christentums in deutscher Übersetzung. Während die älteren Bände den verschiedenen Epochen gewidmet sind, erschließt ein weiterer Band den thematischen Bereich der außereuropäischen Kirchengeschichte. Die Reihe bietet damit einen Überblick über den Quellenbestand und dank der kurzen Einführungen und weiteren Literaturhinweise einen guten Einstieg in die weitere Suche nach Quellen und Editionen.

Lexika und Nachschlagewerke

Traugott Bautz/Uta Timpe-Bautz (Hg.): Biographisch-Bibliographisches Kirchenlexikon. Ein theologisches Nachschlagewerk (BBKL), 44 Bde., Hamm 1975–2022 (Reihe unabgeschlossen).
(BBKL online: http://www.bautz.de/bbkl/welcome.html)

Hubert Cancik/Herbert Schneider/Manfred Landfester (Hgg.): Der neue Pauly. Enzyklopädie der Antike (DNP), 16 Bde., Stuttgart 1996–2003; Sonderausg. Darmstadt 2015.
(Der Neue Pauly online: https://brill.com/view/db/npog)

Siegmar Döpp/Wilhelm Geerlings (Hgg.): Lexikon der antiken christlichen Literatur (LACL), Freiburg i. Br. 1998, ^{2}1999, vollst. neu bearb. ^{3}2002.

Martin Greschat (Hg.): Personenlexikon Religion und Theologie, Göttingen 1998.

Christian Hornung/Sible de Blaauw/Therese Fuhrer/Hartmut Leppin/Winrich Löhr/Heinz-Günther Nesselrath/Maren Niehoff/Georg Schöllgen/Ilinca Tanaseanu-Döbler (Hg.): Realenzyklopädie für Antike und Christentum (RAC), 31 Bde., Stuttgart 1950–2021 (Reihe unabgeschlossen).

Hubert Jedin/Kenneth Scott Latourette/Jochen Martin (Hg.): Atlas zur Kirchengeschichte. Die christlichen Kirchen in Geschichte und Gegenwart, Freiburg i. Br. ^{3}1988, Sonderausg. 2004.

Engelbert Kirschbaum/Wolfgang Braunfels (Hgg.): Lexikon der christlichen Ikonographie (LCI), 8 Bde., Freiburg 1968–1976, Sonderausg. Rom 1994, Sonderausg. Darmstadt 2012.

Bettina Marquis/Charlotte Bretscher-Gisiger/Thomas Meier (Hgg.): Lexikon des Mittelalters (LexMA), 10 Bde., München/Zürich 1977–1999, Taschenbuchausg. München 2002.

Markus Vinzent (Hg.): Metzler Lexikon christlicher Denker. 700 Autorinnen und Autoren von den Anfängen des Christentums bis zur Gegenwart, Stuttgart 2000.

Wörterbücher

Allgemein

Carl Andresen/Georg Denzler (Hg.): Wörterbuch der Kirchengeschichte, München ^{4}1993, Lizenzausg. Wiesbaden 2004.

Luc Courtois (Hg.): Dictionnaire d'histoire et de géographie ecclésiastique (DHGE), 32 Bde., Paris 1912–2019 (Reihe unabgeschlossen).

Eugen Haberkern/Joseph Friedrich Wallach: Hilfswörterbuch für Historiker. Mittelalter und Neuzeit, 2 Bde., Tübingen/Basel ^{9}2001.

Joachim Ritter/Karlfried Gründer/Gottfried Gabriel (Hg.): Historisches Wörterbuch der Philosophie (HWPh), 13 Bde., Darmstadt 1971–2007, Lizenzausg. Basel 2017, Sonderausg. Darmstadt 2019.
(HWPh online: DOI: 10.24894/HWPh.7965.0692)

Gert Ueding/Gregor Kalivoda (Hg.): Historisches Wörterbuch der Rhetorik, 12 Bde., Tübingen/Boston 1992–2015.

Griechisch

Theodor Brunner (Begr.): Thesaurus Linguae Graeca (TLG), CD-ROM, Irvine 1985–2000.
(TLG online: https://stephanus.tlg.uci.edu/index.php#login=true)

Geoffrey William Hugo Lampe (Hg.): A Patristic Greek Lexicon, Oxford ^{23}2010.

Latein

Karl Ernst Georges/Heinrich Georges (Hg.): Ausführliches lateinisch-deutsches Handwörterbuch, 2 Bde., Basel ^{10}1959; Neubearbeitung: Thomas Baier (Hg.): Der neue Georges. Ausführliches Handwörterbuch. Latein – Deutsch, Darmstadt 2013.
(Ausführliches lateinisch-deutsches Handwörterbuch online: http://www.zeno.org/georges-1913)

Albert Sleumer/Joseph Schmidt (Hg.): Kirchenlateinisches Wörterbuch, Hildesheim 1990, 7. Nachdruck 2020.

Eduard Wölfflin (Begr.): Thesaurus Linguae Latinae (TLL), München 1894–2022 (unabgeschlossen).
(TLL online: https://tll.degruyter.com)

Mittel- und Neuhochdeutsch/schweizerdeutsche Sprache

Ulrich Goebel/Anja Lobenstein-Reichmann/Oskar Reichmann (Hg.): Frühneuhochdeutsches Wörterbuch (FWB), 12 Bde., Berlin/Boston 1986–2022 (Reihe unabgeschlossen).
(FWB online: https://fwb-online.de)

Jacob und Wilhelm Grimm (Begr.): Deutsches Wörterbuch, 33 Bde., München 1984 (16 Bde. und Quellenverzeichnis, Leipzig 1854–1971).

Ludwig Tobler/Friedrich Staub (Begr.): Schweizerisches Idiotikon. Wörterbuch der schweizerdeutschen Sprache, 17 Bde., Frauenfeld 1881–2022, Nachdruck Basel 2014 u. Norderstedt 2010 (Reihe unabgeschlossen). (Schweizerisches Idiotikon: https://www.idiotikon.ch)

Überblickswerke und Reihen

Überblickswerke

Hans Ammerich/Lenelotte Möller: Einführung in das Studium der Kirchengeschichte (Einführung Theologie), Darmstadt 2014.

Carl Andresen/Adolf Martin Ritter: Geschichte des Christentums, Bd. 1/1: Altertum, Stuttgart u. Berlin 1993; Bd. 1/2: Frühmittelalter – Hochmittelalter, 1995; Gottfried Seebaß: Bd. 2: Spätmittelalter – Reformation – Konfessionalisierung, 2006; Hans-Walter Krumwiede: Bd. 3: Neuzeit: 17. bis 20. Jahrhundert, ²1987 (ersetzt durch: Hans-Martin Kirn/Adolf Martin Ritter: Bd. 4/2: Pietismus und Aufklärung, Stuttgart 2019).

Franz Xaver Bischof/Thomas Bremer/Giancarlo Collet/Alfons Fürst: Einführung in die Geschichte des Christentums, Freiburg i. Br. 2014.

Christian Danz: Einführung in die Theologie Martin Luthers (Einführung Theologie), Darmstadt 2013.

Peter Dinzelbacher (Hg.): Handbuch Religionsgeschichte im deutschsprachigen Raum, Bd. 1: Altertum und Frühmittelalter, Paderborn 2011; Peter Dinzelbacher/Daniel Krochmalnik (Hg.): Bd. 2: Hoch- und Spätmittelalter, 2000; Kaspar von Greyerz/Anne Conrad (Hg.): Bd. 4: 1650–1750, 2012; Michael Pammer (Hg.): Bd. 5: 1750–1900, 2007; Volkhard Krech/Lucian Hölscher (Hg.): Bd. 6/1: 20. Jahrhundert – Epochen und Themen, 2015; Lucian Hölscher/Volkhard Krech (Hg.): Bd. 6/2: 20. Jahrhundert – religiöse Positionen und soziale Formationen, 2016.

Jens Holger Schjørring/Norman A. Hjelm/Kevin Ward (Hg.): Geschichte des globalen Christentums, 3 Bde., Stuttgart 2017–2018. (Geschichte des globalen Christentums online: https://referenceworks.brillonline.com/browse/geschichte-des-globalen-christentums-online)

Hubert Jedin/Konrad Repgen (Hg.): Handbuch der Kirchengeschichte, 7 Bde. in 10 Teilen, Freiburg/Basel/Wien 1962–1979, Sonderausg. Freiburg 1985, Sonderausg. Darmstadt 2017.

Christian Lange: Einführung in die allgemeinen Konzilien (Einführung Theologie), Darmstadt 2012.

Bernd Moeller: Geschichte des Christentums in Grundzügen, Göttingen ¹⁰2011.

Bernward Schmidt: Kirchengeschichte des Mittelalters (Theologie kompakt), Darmstadt 2017.

Klaus Unterburger: Kirchengeschichte der Frühen Neuzeit (Theologie kompakt), Darmstadt 2021.

Reihen, Einzeldarstellungen und Handbücher

Carl Andresen/Adolf Martin Ritter (Hg.): Handbuch der Dogmen- und Theologiegeschichte, 3 Bde., Göttingen ²1999.

Wolfgang Artur Bienert: Dogmengeschichte (Grundkurs Theologie 5/1), Stuttgart 1997.

Peter Gemeinhardt: Geschichte des Christentums in der Spätantike (Neue Theologische Grundrisse), Tübingen 2022.

Katharina Greschat: Kirchengeschichte I (Lehrwerk Evangelische Theologie, Bd. 3), Leipzig 2023.

Gert Haendler/Kurt Meier/Joachim Rogge/Ulrich Gäbler (Hg.): Kirchengeschichte in Einzeldarstellungen, 39 Bde., Leipzig 1978–2012.

Wolf-Dieter Hauschild/Henning Drecoll: Lehrbuch der Kirchen- und Dogmengeschichte, Bd. 1: Alte Kirche und Mittelalter, vollst. überarb. Neuausg. Gütersloh ⁵2016; Wolf-Dieter Hauschild: Bd. 2: Reformation und Neuzeit, ³2005.

Raymund Kottje/Bernd Moeller: Ökumenische Kirchengeschichte, Bd. 1: Alte Kirche und Ostkirche, Mainz/München [5]1989; Bd. 2: Mittelalter und Reformation, [5]1993; Bd. 3: Neuzeit, [4]1989; Neuausgabe: Thomas Kaufmann/Raymund Kottje/Bernd Moeller/Hubert Wolf (Hg.): Bd. 1: Von den Anfängen bis zum Mittelalter, Darmstadt 2006; Bd. 2: Vom Hochmittelalter bis zur frühen Neuzeit, 2008; Bd. 3: Von der Französischen Revolution bis 1989, 2006.

Volker Leppin: Geschichte des mittelalterlichen Christentums (Neue Theologische Grundrisse), Tübingen 2012.

Jean-Marie Mayeur/Charles und Luce Pietri/André Vauchez/Marc Venard (Hg.): Die Geschichte des Christentums. Religion – Politik – Kultur, deutsche Ausgabe hg. v. Norbert Brox/Odilo Engels/Georg Kretschmar/Kurt Meier/Heribert Smolinsky, 14 Bde., Freiburg i. Br./Basel/Wien 1991–2004, Sonderausg. 2007 u. 2010.

Bernd Moeller (Hg.): Die Kirche in ihrer Geschichte. Ein Handbuch, begründet von Kurt Dietrich Schmidt/Ernst Wolf, Göttingen 1961–2006.

Wolf-Friedrich Schäufele: Kirchen- und Theologiegeschichte II. Vom Spätmittelalter bis zur Gegenwart (Lehrwerk Evangelische Theologie 4), Leipzig 2021.

Geschichte des Christentums in der Schweiz

Amy Nelson Burnett/Emidio Campi (Hg.): A Companion to the Swiss Reformation, Leiden/Boston 2016; dt. Ausg.: Martin Ernst Hirzel/Frank Mathwig (Hg.): Die schweizerische Reformation. Ein Handbuch, Zürich 2017.

Rudolf Pfister: Kirchengeschichte der Schweiz, 3 Bde., Zürich 1964–1985.

Lukas Vischer/Lukas Schenker/Rudolf Dellsperger (Hg.): Ökumenische Kirchengeschichte der Schweiz, Freiburg/Basel 1994, [2]1998; fr. Ausg.: Lukas Vischer/Lukas Schenker/Rudolf Dellsperger/Olivier Fatio (Hg.): Histoire du christianisme en Suisse. Une perspective oecuménique, Genf/Freiburg 1995.

Personenregister

Abraham (biblisch) 186–188
Aland, Kurt 131, 133
Altendorf, Hans-Dietrich 180
Ambrosius von Mailand 151f.
Amerbach, Johannes 101
Ammerich, Hans 15, 205
Anastasios von Antiochien 85, 87, 89
Anderson, Benedict 25, 28
Andresen, Carl 204f.
Aphroditianos 83
Arius von Alexandrien 65f.
Asper, Hans 166
Assmann, Aleida 26
Assmann, Jan 26, 28
Atargatis (Göttin) 87
Athanasius von Alexandrien 76
Augustinus von Hippo 71, 76, 80, 100–104, 151f., 192
Aurelia Bellias 111
Austin, John Langshaw 153f.

Bachmann-Medick, Doris 47
Bachtin, Michail 145, 149
Badmington, Neil 73
Bailey Shackleton, David Roy 138
Balduin I. (König von Jerusalem) 109f.
Bärlocher, Markus 129
Barth, Karl 21, 23
Barthes, Roland 25, 28, 71, 73, 145
Bautz, Traugott 293
Bergmann, Lutz 161
Beutel, Albrecht 11, 15, 22
Beyreuther, Erich 131
Bienert, Wolfgang Artur 206
Bischof, Franz Xaver 205
Blaauw, Sible de 204
Blanke, Fritz 93
Blondel, David 79
Böhme, Hartmut 161
Bolliger, Daniel 93
Bornkamm, Heinrich 22f.
Bose, Johann Andreas 108f.
Bostelmann, Annika 154
Brandt, Doreen 154
Braunfels, Wolfgang 204
Brecht, Martin 132f.
Bremer, Thomas 205
Bretscher-Gisiger, Charlotte 204
Broich, Ulrich 146
Brox, Norbert 206
Brunner, Theodor 204
Bucer, Martin 93
Bunge, Gabriel 187, 189
Burke, Kenneth 172, 180
Burke, Peter 168, 172
Busch, Eberhard 53
Busch, Wilhelm 135
Büsser, Fritz 93

Campi, Emidio 206
Cancik, Hubert 203
Capito, Wolfgang 93
Cassirer, Ernst 167
Celan, Paul 135
Chosrau I. (Sassaniden-Shah) 90
Chrysostomus, Johannes 152
Clark, Elisabeth Ann 22
Clemens VII. (Papst) 149
Climacus, Anti- (siehe Kierkegaard) 76
Climacus, Johannes (siehe Kierkegaard) 76
Collet, Giancarlo 205
Conrad, Anne 205
Conzemius, Victor 22f.
Courtois, Luc 204
Cranach, Lukas der Ältere 166
Cyprian von Karthago 152

Danz, Christian 205
De Silentio, Johannes (siehe Kierkegaard) 76
Decius (römischer Kaiser) 111
Delgado, Mariano 203
Dellsperger, Rudolf 24, 206
Denzler, Georg 204
Derrida, Jaques 25
Dingel, Irene 153
Dinzelbacher, Peter 205
Dittrich, Bernhard 153
Dönike, Martin 161
Döpp, Siegmar 203
Droysen, Johann Gustav 12, 14, 33, 35

Ebeling, Gerhard 21, 23, 148
Eckert, Michael 133
Egli, Emil 139

Ekkehart von Aura 108–110
Engels, Odilo 206
Erasmus von Rotterdam 101, 139, 175–178
Eremita, Victor (siehe Kierkegaard) 76
Ernesti, Johann August 20
Esch, Arnold 88, 90
Eugippius 103

Farner, Oskar 93
Fast, Heinold 93
Fatio, Olivier 24, 206
Faulenbach, Heiner 53
Finnern, Sönke 14f., 106, 119, 135, 138
Finsler, Georg 93, 139
Fischer, Konrad (siehe auch Kujau, Konrad) 75
Fitschen, Klaus 23
Flaccus, Horatius Quintus 138
Foss, Sonja K. 167, 172, 180
Foucault, Michel 26, 28, 71, 73
Franck, Sebastian 93
Franz I. (König von Frankreich) 138f., 149
Froben (Frobenius, Basler Buchdrucker) 101
Frohnes, Heinzgünter 23
Frutolf von Bamberg 107–110
Fuhrer, Therese 204
Fürst, Alfons 205
Füssli, Hans 173

Gäbler, Ulrich 205
Gabriel, Gottfried 204
Gadamer, Hans-Georg 28, 49f.
Gebhard, Rudolf 163
Geerlings, Wilhelm 67, 70, 203
Gelasius I. (Papst) 152
Gemeinhardt, Peter 205
Gemünden, Petra von 15, 37
Gensichen, Hans-Werner 23
Georges, Heinrich 204
Georges, Karl Ernst 204
Goebel, Ulrich 204
Goetz, Hans-Werner 45
Göttler, Christine 180
Grel, Johann 91
Greschat, Katharina 205
Greschat, Martin 203
Greyerz, Kaspar von 205
Grimm, Jacob 205
Grimm, Wilhelm 205
Gründer, Karlfried 204
Gymnich, Marion 119

Haas, Martin 93
Haberkern, Eugen 204
Haendler, Gert 205
Haizmann, Albrecht 132f.
Halbwachs, Maurice 26, 28
Haller, Berchtold 51, 90f.
Hallet, Wolfgang 119
Harnack, Adolf 163
Hartmann, Wilfried 82
Heidegger, Martin 44f.
Heinrich V. (König von England) 108f.
Heinrich von Halle 143
Hermas, Aurelius 111f.
Herms, Eilert 133
Hesse, Hermann 163
Heyden, Katharina 60, 67, 87, 90, 186, 189, 194
Hieronymus 132
Hilberath, Bernd Jochen 133
Hitler, Adolf 75
Hjelm, Norman A. 205
Hobsbawm, Eric 27f.
Hofmann, Alfred 102
Hölscher, Lucian 205
Homer 17
Hornung, Christian 204
Hüneburg, Martin 78

(Pseudo)-Isidor von Sevilla 79–82

Jammerthal, Tobias 15, 203
Jannidis, Fotis 73
Janssen, David Burkhart 15, 203
Jaspert, Bernd 20
Jedin, Hubert 22f., 204f.
Jenny, Markus 93
Jezler, Peter 180
Johann von Sachsen (Kurfürst, genannt der Beständige) 149
Johannes von Damaskus 85, 87
Jones, Hugh Oldbury 28
Jordan, Stefan 45
Julius I. (Papst) 82
Jüngel, Eberhard 133
Justinian I. (oströmischer Kaiser) 90

Kalivoda, Gregor 204
Karl V. (deutscher Kaiser und König von Spanien) 149f.
Karsthans 175–180
Kaufmann, Thomas 23, 206

Kierkegaard, Søren 72, 76–78
Kinzig, Wolfram 20, 23, 113
Kirn, Hans-Martin 205
Kirschbaum, Engelbert 204
Knorr, Uwe Walter 23
Kohle, Armin 23
Köhler, Walther 93, 139
Kolb, Franz 51, 91
Konrad II. (König) 109f.
Korsch, Dietrich 122
Koschorke, Klaus 203
Koselleck, Reinhart 25, 47f.
Koslowski, Jutta 189
Köster, Beate 133
Kottje, Raymund 23, 206
Kraus, Karl 135
Krech, Volkhard 205
Kretschmar, Georg 23, 206
Kristeva, Julia 145, 149
Krochmalnik, Daniel 205
Krumwiede, Hans-Walter 203, 205
Kuhn, Thomas Samuel 46f.
Kühneweg, Uwe 12, 15, 37, 94
Kujau, Konrad (siehe auch Fischer, Konrad) 75
Künzli, Edwin 93

Lampe, Geoffrey William Hugo 204
Landfester, Manfred 303
Landwehr, Achim 209
Lange, Christian 205
Latourette, Kenneth Scott 204
Lauer, Gerhard 73
Leander von Sevilla 80
Leeb, Rudolf 15, 37
Leo IV. (Papst) 79
Leonardo da Vinci 168, 171
Leppin, Hartmut 204
Leppin, Volker 18, 20, 23, 122, 140, 153, 203f., 206
Lessing, Gotthold Ephraim 20f., 24
Leu, Urs B. 93
Lobenstein-Reichmann, Anja 204
Locher, Gottfried W. 53
Löhr, Winrich 204
Ludwig, Frieder 203
Luther, Martin 119–122, 131, 149f., 153, 162, 166, 175–178, 205
Lyotard, Jean-François 26, 28

Mabillon, Jean 101
Mahler, Andreas 45
Manuel, Niklaus 53
Manz, Felix 91
Maria (biblisch) 87, 168, 180, 186f.
Markschies, Christoph 12, 14f., 37, 94, 106, 123, 164
Marquis, Bettina 204
Martin, Jochen 204
Martínez, Matías 73
Maximilla (Gattin Konrad II.) 109
Mayeur, Jean-Marie 206
McCarthy, Thomas John Henry 110
Mechtild von Magdeburg 141-144
Meier, Kurt 205f.
Meier, Thomas 43, 204
Meiser, Martin 15, 37
Melanchthon, Philipp 149f., 152f.
Mentelin, Jean 101f.
Mercator, Marius 80
Migne, Jaques-Paul 101, 103
Milbank, John 23f.
Moeller, Bernd 23, 121, 205f.
Möller, Lenelotte 15, 205
Mommsen, Wolfgang Justin 48
Moretti, Franco 125f.
Muhammad 50
Müller-Bahlke, Thomas 43
Mulsow, Martin 45
Munier, Charles 70
Muralt, Leonhard von 93
Murner, Thomas 180

Nelson Burnett, Amy 206
Nesselrath, Heinz-Günther 204
Neukirchen, Thomas 180
Neumann, Birgit 119
Neumann, Hans 144
Neuser, Wilhelm Heinrich 53
Niebuhr, Barthold Georg 12
Niehoff, Maren 204
Niemeyer, August Hermann 209
Nikolaus von Kues 79, 152
Nikon von Radonesh 185, 188
Nirenberg, David 194
Nünning, Ansgar 119, 126

O'Donnell, James Joseph 102
Oecolampad, Johannes 91
Oelke, Harry 203
Ott, Michael R. 43

Pammer, Michael 205

Panofsky, Erwin 167–172, 180f.
Patzold, Steffen 82
Paulus (Apostel) 78, 131f., 151f., 175f.
Pfister, Manfred 149
Pfister, Rudolf 93, 206
Philippos von Side 85
Pickstock, Catherine 24
Pietri, Charles 206
Pietri, Luce 206
Pius II. (Papst) 152
Platon 145
Pörksen, Bernhard 28

Radbertus, Paschasius 79
Ranger, Terence 27f.
Ranke, Leopold von 13, 15, 24, 36
Rathbone, Dominic William 113
Reichmann, Oskar 204
Reinert, Jonathan 15, 203
Repgen, Konrad 205
Ripa, Cesare 165
Ritschl, Dietrich 28
Ritter, Adolf Martin 203, 205
Ritter, Joachim 204
Roger I. von Sizilien (Herzog) 109
Rogge, Joachim 205
Rubljov, Andrej 167, 184–189
Rüggemeier, Jan 14f., 106, 119, 135, 138
Rüsen, Jörn 48

Sallmann, Martin 139
Sara (biblisch) 187f.
Sattler, Margaretha 92f.
Sattler, Michael 92f.
Sauer, Rebecca 43
Saussure, Ferdinand de 46
Schäufele, Wolf-Friedrich 122, 206
Scheidegger, Christian 40
Schenker, Lukas 24, 206
Schilling, Johannes 121
Schirrmeister, Albert 161
Schjørring, Jens Holger 205
Schleiermacher, Friedrich Daniel Ernst 21, 24
Schmale-Ott, Irene 110
Schmale, Franz-Joseph 110
Schmeller, Thomas 15, 37
Schmidt, Bernward 205
Schmidt, Joseph 204
Schmidt, Kurt Dietrich 22, 24, 206
Schmidt, Margot 144
Schmitz, Gerhard 82
Schneider, Herbert 203
Schöllgen, Georg 67, 70, 204
Schrempf, Christoph 163
Schuster, Susanne 15, 203
Schwarz, Dieter 172
Schwarz, Reinhard 122
Seebaß, Gottfried 153, 205
Seger, Martin 173
Sellin, Volker 43, 194
Serenus, Aurelius 111
Sergij von Radonesh 185, 187f.
Sforza, Ludovico (Herzog von Mailand) 170
Simon, Frank 128
Skottki, Kristin 154
Skutella, Martino 104
Sleumer, Albert 204
Smolinsky, Heribert 206
Spalatin, Georg 221
Spener, Philipp Jakob 131–133
Staedtke, Joachim 93
Staub, Friedrich 205
Strübind, Andrea 93

Tanaseanu-Döbler, Ilinca 204
Thadden, Rudolf von 22, 24
Thomas, Julia 73
Timpe-Bautz, Uta 203
Tobler, Ludwig 205
Töpfer, Georg 161
Tränkle, Hermann 104
Tucholsky, Kurt 18

Ueding, Gert 204
Unterburger, Klaus 205

Vauchez, André 206
Venard, Marc 206
Verheijen, Lucas 101–104
Vinzent, Markus 204
Vischer, Lukas 24, 206
Vollmann-Profe, Gisela 144

Wallach, Joseph Friedrich 204
Wallmann, Johannes 132f.
Walter, Marco 161
Warburg, Aby 167
Ward, Graham 24
Ward, Kevin 205
Weitbrecht, Julia 161

Wenzel, Peter 126
Winko, Simone 211
Winnebeck, Julia 163
Wittgenstein, Ludwig 46
Wolf, Ernst 206
Wolf, Hubert 20, 23, 206
Wolf, Matthias 172
Wölfflin, Eduard 204

Zahnd, Ueli 60
Zechiel-Eckes, Klaus 82
Zunner, David 131
Zwingli, Huldrych 52f., 90–93, 138f., 161f., 166, 173, 179f.

FSC
www.fsc.org
MIX
Papier | Fördert gute Waldnutzung
FSC® C083411

Zeitfracht Medien GmbH
Ferdinand-Jühlke-Straße 7
99095 Erfurt, Deutschland
produktsicherheit@kolibri360.de